Cahiers libres

DU MÊME AUTEUR

Les Faiseurs de nuages, essai sur la genèse des marxismes français, 1880-1914, Le Sycomore, Paris, 1980.

Le Familistère Godin à Guise. Habiter l'utopie (dir.), Les Éditions de La Villette, Paris, 1981 ; 2e édition avec une préface inédite, 1998 ; 3e édition refondue et augmentée, 2004.

La Décomposition du marxisme et autres essais (anthologie de textes de Georges Sorel, choisis et présentés par), PUF, Paris, 1982.

Les Nobel de l'économie, préface de Marc Guillaume, coll. « Repères », hors commerce, La Découverte, Paris, 1985.

Lire Braudel (dir.), La Découverte, Paris, 1988.

Les Passions Le Corbusier (dir.), Les Éditions de La Villette, Paris, 1989.

Homo urbanus, essai sur l'urbanisation du monde et des mœurs, Le Félin, Paris, 1990.

Villes et civilisation urbaine, XVIIIe-XXe siècle (anthologie réalisée par et avec Marcel Roncayolo), Larousse, Paris, 1992 (épuisé).

Mémoires d'un faiseur de livres, entretiens et correspondances avec Thierry Paquot (avec Henri Desroche), Lieu Commun, Paris, 1992.

La Bibliothèque des deux rives, ou la Méditerranée en livres (dir.), Lieu Commun, Paris, 1992.

Vive la ville !, Arléa-Corlet, Condé-sur-Noireau, 1994.

Rêver demain. Utopie-Science Fiction-Cités idéales (avec Laurent Gervereau et Yolène Dilas), Alternatives, Paris, 1994.

Un anthropologue dans le siècle, entretiens avec Thierry Paquot (avec Paul-Henry Chombart de Lauwe), Descartes & Cie, Paris, 1996.

Le Monde des villes (dir.), Complexe, Paris, 1996.

« L'improbable philosophie de l'art », *in* Jean-Michel Besnier (dir.), *Histoire des idées*, Ellipses, Paris, 1996 (traduction : Roumanie).

L'Utopie, ou l'idéal piégé, Hatier, coll. « Optiques-philosophie », Paris, 1996 (traductions : Portugal, Grèce, Italie, Turquie, Corée, Brésil).

L'Art de la sieste, Zulma, Paris, 1998 (traductions : Italie, Allemagne, Portugal, Grande-Bretagne, Chine, États-Unis).

La Ville et l'urbain, l'état des savoirs (dir. avec Michel Lussault et Sophie Body-Gendrot, postface de Claude Bartolone), La Découverte, Paris, 2000.

Éthique, architecture, urbain (dir. avec Chris Younès), La Découverte, Paris, 2000.

Le Quotidien urbain. Essais sur les temps des villes (dir., préface d'Edmond Hervé), La Découverte, Paris, 2001.

Philosophie, ville et architecture. La renaissance des quatre éléments (dir. avec Chris Younès), La Découverte, Paris, 2002.

De la ville et de l'urbain (avec Marcel Roncayolo, Jacques Lévy, Olivier Mongin et Philippe Cardinali), Parenthèses, Marseille, 2003.

L'urbain et ses imaginaires (dir. avec Patrick Baudry), Maison des sciences de l'homme d'Aquitaine, 2003.

Le Toit, seuil du cosmos, Alternatives, Paris, 2003.

Géométrie, mesure du monde (dir. avec Chris Younès), La Découverte, Paris, 2004.

Inde, côté villes, L'Harmattan, coll. « Carnets de villes », Paris, 2004.

Les Agences d'urbanisme 1963-2003. Témoignages pour une histoire (avec Laurent Coudroy de Lille et Bernard Écrement), CDU, 2005.

Demeure terrestre. Enquête vagabonde sur l'habiter, Les Éditions de l'Imprimeur, Besançon, 2005.

La Ville au cinéma, encyclopédie (dir. avec Thierry Jousse), Cahiers du cinéma, Paris, 2005.

Éloge du luxe. De l'utilité de l'inutile, Bourin-Éditeur, Paris, 2005 (traductions : Italie, Turquie).

Des corps urbains. Sensibilités entre béton et bitume, Autrement, Paris, 2006.

La Ville et l'urbain, dictionnaire (avec Denise Pumain et Richard Kleinschmager), Economica/Anthropos, coll. « Villes », Paris, 2006.

Thierry Paquot

Terre urbaine

Cinq défis pour le devenir urbain de la planète

La Découverte
9 *bis*, rue Abel-Hovelacque
75013 Paris

ISBN 10 : 2-7071-4943-8
ISBN 13 : 978-2-7071-4943-5

Si vous désirez être tenu régulièrement informé de nos parutions, il vous suffit d'envoyer vos nom et adresse aux Éditions La Découverte, 9 *bis*, rue Abel-Hovelacque, 75013 Paris. Vous recevrez gratuitement notre bulletin trimestriel *À La Découverte*. Vous pouvez également retrouver l'ensemble de notre catalogue et nous contacter sur notre site **www.editionsladecouverte.fr**.

Avant-propos

Encore un livre sur les villes ? Qu ignorons-nous donc de l'urbanisation ?

La presse écrite, la radio et la télévision rendent compte régulièrement des données statistiques sur les villes et leur démographie. Des enquêtes et des reportages s'inquiètent des conditions de vie des plus démunis dans les mégapoles multimillionnaires, présentent des initiatives populaires souvent impulsées par des organisations non gouvernementales (ONG) qui améliorent le logement des uns ou génèrent davantage de solidarité entre les habitants, s'attardent sur les émeutes urbaines, le mal-être des « jeunes » dans les banlieues, la multiplication des SDF (sans domicile fixe), les difficultés à se déplacer ou encore les effets des pollutions urbaines sur la santé de chacun... Bref, le citoyen lambda se croit informé.

Ce qu'il ignore, peut-être, ce sont les processus, à l'œuvre à l'échelle planétaire, qui, à terme, modifieront son propre environnement. Ces processus peu ou pas visibles, aux causes pas toujours bien repérées et aux conséquences rarement mesurables, il nous faut néanmoins tenter de les décrire et de les analyser. Après une introduction qui retrace à grands traits l'urbanisation du monde, j'aborderais successivement cinq thèmes qui sont à mes yeux autant de réels défis à relever.

Quels sont-ils ?

Premièrement, le foncier, c'est-à-dire les modalités de contrôle, de distribution et d'occupation du sol et l'observation de ses usages tant privés que publics, individuels que collectifs, communs que personnels. Si longtemps la ville a pu associer l'accessibilité et la gratuité, la généralisation des « enclaves résidentielles », des centres commerciaux ou des parcs à thèmes sélectionnent désormais les entrants. Les communaux sont en voie de disparition, la ville se muséifie et le citadin se mue en consommateur.

Deuxièmement, les mobilités généralisées qui transforment la notion même de communication, et font du déplacement perpétuel le principal fondement du nouveau nomadisme et du branchement à divers réseaux la clé de son insertion sociale et de sa capacité à s'affirmer, non pas habitant dans la ville mais de la ville. L'accès ou non aux divers modes de déplacements participe aux nouvelles ségrégations soft, tout aussi insupportable que la discrimination par l'argent, l'âge ou la provenance ethnico-géographique... Un droit à la mobilité se « cherche », qui repose à la fois sur une libre circulation des migrants, une hospitalité cosmopolitique garantissant à chacun l'accueil et la sûreté et la fin de la tyrannie de la vitesse et de l'urgence.

Troisièmement, le changement climatique et plus généralement la préoccupation écologique, c'est-à-dire le rapport des humains à la nature, leur aptitude à l'aimer, à en prendre soin. Se pose alors et à nouveau la question du « progrès technique » comme atout pour une meilleure habitabilité de la Terre. Il s'agit de promouvoir une écologie existentielle qui combine le respect des rythmes propres à la nature, la protection des espèces vivantes (j'y inclus les humains) et une croissance économique mesurée qui ne gaspille pas les ressources non renouvelables de l'écosystème. Cette écologie existentielle, à la différence de l'idéologie du « développement durable », met l'accent sur la diversité culturelle, les langues et les arts.

Quatrièmement, la démocratie, et les pratiques inédites et variées à inventer pour en réaliser l'essence, selon les différents territoires de notre existence. Si dorénavant notre géographie personnelle, affective et professionnelle, englobe différents territoires, comment y exercer la démocratie ? À des territoires de vie à géométrie variable, quelle démocratie appliquer ? Ainsi, je réside en banlieue et souhaite élire le maire de la capitale où je me rends régulièrement, en plus de celui de ma commune. Par ailleurs, membre de l'Union européenne (UE), j'aspire à être plus fréquemment sollicité sur les orientations qu'elle définit. Enfin, citoyen du monde, je veux faire entendre mon opinion aux institutions internationales et, si nécessaire, les désavouer en préconisant la désobéissance civile. La politique doit s'inscrire dans ma géographie personnelle en mille-feuille et s'adapter à mes temporalités : prendre le pas du territoire et le temps du débat.

Cinquièmement, l'urbanité et l'altérité, ce rapport ouvert à l'Autre avec lequel chacun se construit et déploie son humanité ou au contraire se replie sur lui-même et adopte une indifférence plus ou moins polie. La ville et l'urbain ne sont pas des entités extérieures à nous, c'est charnellement et par l'imaginaire que nous en faisons l'expérience, à chaque instant. La ville, comme idéal civilisationnel à la définition si secrète, assure à chacun une place dans le spectacle qu'elle ne cesse de donner. Les villes sont les lieux de tous les possibles ; pourtant, l'urbanité se fait sélective et l'altérité inquiète plus qu'elle n'enchante. Les interactions seraient-elles compromises ?

Ces défis ont une dimension universelle, même si chacun d'entre eux se présente spécifiquement ici ou là. Il nous faut apprendre, en Occident, à positionner correctement l'universalité d'une question, d'un problème, d'une solution, d'une conviction, d'une intuition, d'une hésitation. Nous avons trop souvent eu tendance, aux pays des Lumières, à occidentaliser l'universalité. Il est grand temps d'être plus modeste et d'épouser les méandres des références culturelles, les parcours surprenants des histoires locales et nationales, les divergences d'appréciation d'un même phénomène entre cultures voisines, les multiples interprétations de la même « valeur » dite « universelle » selon le genre de l'interlocuteur, son âge, son histoire, d'accepter l'imprévisible, l'incomplétude, l'intranquillité.

En 1954, l'écrivain portugais Miguel Torga prononce au Brésil une conférence devant des condisciples sur la prégnance de la terre natale pour chacun, y compris le migrant, l'exilé, le fuyard. Il explique que « le transplanté transpire la sève dont il est issu ». Il affirme plus loin : « L'universel, c'est le local moins les murs. C'est l'authentique qui peut être vu sous tous les angles et qui sous tous les angles est convaincant, comme la vérité. » Cet universel est-il universalisable ? Voilà une question forte et embarrassante à la fois que nous ne pouvons esquiver. Peut-être, avec Paul Ricœur, nous faut-il admettre « qu'il y ait de l'indéchiffrable dans nos histoires de vie, de l'irréconciliable dans nos différends, de l'irréparable dans les dommages subis et infligés » ? (« Où vont les valeurs ? », colloque de l'UNESCO sous la direction de Jérôme Bindé, Albin Michel, 2004)

Ce qui paraît universel, c'est-à-dire commun à tous les peuples de la Terre, ce sont davantage les questions que les solutions, ou les procédés cognitifs nécessaires à leur élaboration. Si je dis, par exemple, que la question essentielle en ce début du XXIe siècle est celle du « devenir urbain de l'être » couplé au « devenir urbain du monde », je ne présume pas des manières de la résoudre, sachant que les conditions matérielles, géographiques, techniques de cet urbain qui enveloppe et conditionne l'être, varient considérablement entre deux individus. Alors qu'en penser à l'échelle de la planète ? Et puis l'« être » n'est pas une donnée universelle : si elle fonde l'ontologie dans la tradition philosophique grecque, elle est absente de la philosophie orientale, tout comme le verbe « être » de la langue chinoise, par exemple.

L'« universel » n'est aucunement synonyme de « mondial ». La mondialisation — qui sera présente tout au long de cet essai — est celle du capitalisme, système économique et ensemble de normes sociétales et individuelles, qui ne conçoit la possibilité de son vital renouvellement qu'à l'échelle mondiale. Le mot « globalisation » d'origine anglo-saxonne (*globalization*) serait plus approprié, mais il a été évincé en français au profit de « mondialisation ». Le terme « universel » vient du latin « *universalis* » qui signifie « relatif au tout », ce qui dépend d'une totalité, d'une même unité, d'un ensemble (la gravitation universelle) et ce qui s'applique à chacun (le suffrage universel).

L'urbanisation planétaire relève de l'universalité, comme unité qui concerne tous les peuples et toutes les cultures, mais ses manifestations et ses rythmiques sont tellement variées qu'elle inscrit la diversité dans son registre formel. Quant à la terre, qui figure dans le titre (« Terre urbaine »), le latin « *terra* » en précise les acceptions : il désigne l'un des quatre éléments (cinq en Orient) et surtout le « milieu » spécifique aux humains, le « lieu » où réside telle ou telle peuplade. En d'autres termes, la terre est l'habitation de l'humain en compagnie du vivant. Ainsi que l'attestent de nombreuses cosmogonies, la terre est une matrice qui donne la vie, assure la nourriture et recueille la dépouille du mort (« Poussière, tu retourneras à la poussière ! » ou cendres dispersées aux caprices du vent...).

La terre est fécondée, parfois épuisée par trop de cultures, parfois laissée en friche ; elle se montre sèche (c'est l'un des sens de la racine indo-européenne du mot « terre ») ou inondée, mais toujours elle fiance l'humain au vivant et contribue à donner à l'humain sa part de nature et à la nature sa dimension culturelle. Adam, selon la tradition juive, naît de la terre qu'il anime de son existence ; en hébreu, *adamah* veut dire « terre labourée » ou, selon une autre traduction, « terre des hommes ». Quoi qu'il en soit, la terre représente la possibilité d'habitabilité des humains. Comme l'explique Martin Heidegger, *habiter* est le propre de l'homme.

Nous verrons, au cours des pages suivantes, si nous dotons la terre de cette dimension existentielle ou si, au contraire, nous nous contentons de la consommer, de la souiller, de la dégrader en l'instrumentalisant. En d'autres termes, l'urbanisation du monde transforme-t-elle la Terre en écoumène pacifié ou en zones inhabitables traversées de tensions et de conflits ? Le pire peut arriver, d'où l'importance de relever ces cinq défis à partir des ressources des seuls humains, à leur mesure.

De l'urbanisation planétaire, en guise d'introduction

En 2030, la planète Terre aura sans doute entièrement effectué sa révolution urbaine. La population mondiale sera alors d'environ 8,5 milliards d'après les estimations, dont plus de 3 milliards de « pauvres ». L'Asie comptera à cette date près de 5 milliards d'habitants (dont la majorité en Chine et en Inde), l'Afrique 1,5 milliard, l'Amérique latine plus de 700 millions, l'Amérique du Nord plus de 360 millions, l'Europe avoisinera les 550 millions et l'ancienne Union soviétique 340 millions.

Les « valeurs » de la société urbaine sont d'ores et déjà présentes en ville comme à la campagne. Les agriculteurs aspirent au mode de vie des citadins de la classe moyenne, tant vanté par les feuilletons télévisés, les publicités et autres appels à la généralisation de la convoitise qu'Internet ne cesse de propager. L'urbanisation transforme à la fois les villes « historiques » et les campagnes. L'agriculture vit une mutation considérable que génèrent les changements technologiques et biologiques ininterrompus et, surtout, l'« urbanisation des mœurs ». Celle-ci n'est pas mesurable. Elle a à voir avec la condition existentielle de chacun et nécessite une analyse anthropologique de la vie quotidienne et de l'imaginaire des urbains. C'est ce à quoi nous nous essayons dans cet essai.

Tour d'horizon intercontinental

Visitons rapidement les cinq continents et tâchons de déceler ce qui s'y passera d'ici 2030 en matière d'urbanisation.

L'Afrique avant la « transition démographique urbaine »

En Afrique, encore et toujours déchirée par les rivalités, les exactions et les conflits armés, de plus en plus fréquemment, les camps de réfugiés s'improvisent « villes ». Celles-ci sont particulièrement étendues et conservent en leur sein des activités agricoles et des pratiques spatiales villageoises.

Un tel déploiement urbain nécessite de circuler, non seulement pour s'alimenter, trouver du bois de chauffe pour la cuisine, aller à l'école ou au dispensaire, mais surtout afin de travailler, principalement dans le secteur dit « informel ». Ne pas avoir accès à un transport constitue le principal facteur rédhibitoire d'exclusion. Observer une ville africaine c'est avant tout constater un mouvement perpétuel de piétons affairés et chargés. La ville africaine ne semble jamais au repos. Les transports collectifs (principalement des minibus et des taxis) sont privés, irréguliers dans leurs horaires comme dans leurs itinéraires, et plutôt vétustes. Une minorité de nantis (hauts fonctionnaires, militaires, commerçants, coopérants, etc.) possède une voiture qui demeure un impossible rêve pour les autres.

Bien sûr, il ne faut pas généraliser : l'Afrique est diverse en paysages, climats, populations, langues et cultures, activités économiques et systèmes politiques... Le Nigeria, avec plus de 120 millions d'habitants et Lagos, invraisemblable conurbation de 12 millions d'habitants n'est guère comparable au Togo, dont la population peine à atteindre les 5 millions et sa capitale, Lomé, les 800 000. De même, le Kenya possède une capitale relativement rutilante et moderne, Nairobi (3 millions d'habitants), avec ses fiers gratte-ciel et sa circulation automobile digne d'un pays développé, tandis que son voisin l'Ouganda, totalement désorganisé, ne réussit pas à assurer à Kampala des services élémentaires comme l'eau potable et l'électricité en continu.

Le point commun à l'ensemble de ce vaste continent est précisément l'urbanisation en cours. L'Afrique ne connaît pas encore sa « transition démographique urbaine ». Elle assiste à un exode rural massif et à une réorganisation de ses paysanneries. La pauvreté rurale — moins spectaculaire que le « bidonville », image tant prisée par les médias — se manifeste avec force et contraint à l'exode les plus démunis des paysans. L'apprentissage de la ville ne va pas de soi et les coups sont parfois rudes à accepter. Si vue du village, la situation du citadin est enviable, la réalité se révèle tout autre : difficulté à trouver un logement décent, marché du travail incertain, coût de la vie plus élevé, nombreuses entourloupes réservées au migrant fraîchement arrivé (à Cotonou, on le nomme « DVC », « directement venu de la campagne »), etc.

Le roman et le cinéma africains sont intarissables sur la supériorité du citadin, son dédain vis-à-vis du campagnard et, en même temps, ils n'entretiennent aucune illusion sur la fragilité de la ville, ses dysfonctionnements, ses iniquités, ses violences. Rien ne va en ville et pourtant c'est là qu'on se presse ! Gaston Kabore, dans son film *Zan Boko* (1988), montre le conflit qui oppose une riche famille « moderne » à un paysan incorruptible. Le film insiste sur l'écart culturel entre l'*homo urbanus* et l'agriculteur, à qui l'on reproche l'odeur des plats préparés par son épouse ! Mongo Beti, après quarante-deux ans d'exil en France, s'en revient au Cameroun. Résidant à Yaoundé, il rédige l'un de ses derniers textes, dont le titre résume parfaitement la situation des villes africaines : « Yaoundé, capitale sans eau, où il pleut sans cesse. »

Au Proche-Orient, Moyen-Orient, Maghreb et au Machreq, l'urbanisation actuelle rompt radicalement avec les formes traditionnelles des villes édifiées lors de l'islamisation de ces contrées, la médina par exemple est déchirée par le tracé d'autoroutes urbaines ou paupérisée par l'afflux d'une population rurale désargentée. Le souk, et sa hiérarchie des métiers plus ou moins proches de la mosquée du vendredi selon leur degré de pureté et d'impureté, se voit concurrencé par les supermarchés et les centres commerciaux appartenant à des firmes multinationales. Les villes s'étendent démesurément sans aucun plan d'urbanisme, dans une confusion incroyable où dominent la combine, le passe-droit, le détournement du règlement. Les réseaux suivent rarement cette urbanisation désordonnée, de même que les équipements collectifs tardent a être programmés. Si la médina assurait une certaine concordance du temps liturgique (les cinq prières quotidiennes) et du temps communal en permettant aux habitants de travailler, prier, respecter tout une organisation sociale et familiale dans sa seule enceinte cela est dorénavant entièrement illusoire. L'habitant de la médina a généralement un emploi à l'extérieur de la vieille ville et prend l'autobus pour s'y rendre, ou la motocyclette et la voiture pour le plus aisé. Il effectue ses achats en-dehors du souk, sauf pour les achats de dernière minute dignes d'un dépanneur montréalais ou de l'épicerie de proximité que chaque quartier de n'importe quelle agglomération possède, et sa famille est dispersée aux quatre coins de l'immense nappe urbaine.

À observer les extensions de Rabat, Constantine, Tunis, Alep, Izmir, Tabriz, Herat et de quantité d'autres villes de ces régions, je remarque de nombreuses similitudes : un pavillonnaire linéaire plus ou moins autoconstruit en parpaings. Les maisons sont cubiques, avec un toit-terrasse provisoire, hérissé de fers à béton qui laissent imaginer l'ajout d'un futur étage. Les voies en terre battue sont parfois doublées par une canalisation de tout-à-l'égout. Aux croisements des rues se trouvent des bennes métalliques qui débordent de déchets triés par une horde de chats faméliques en rivalité avec des chiens errants. Les raccordements électriques semblent souvent bricolés et parfois la seule lumière disponible, la nuit tombée, est celle du réverbère, sous lequel se réunissent les écoliers avec leurs livres et leurs cahiers. Les exceptionnels ensembles immobiliers à caractère social sont édifiés en-dehors de la « ville », comme un satellite, et deviennent vite des cités-dortoirs réservés aux fonctionnaires. Seules les opérations de lotissements privés haut de gamme qui entourent Le Caire, Istanbul, Beyrouth, ou qui font la raison d'être de Dubaï, paraissent un tant soit peu urbanisé. Pourtant, à y regarder de plus près, ce ne sont que des images de ville sans ville, juste une enclave protégée...

Exode rural massif en Asie

En Asie, l'urbanisation se nourrit également de l'exode rural et non de son seul accroissement naturel. Comme en Europe et en Amérique au cours des années 1830-1930, les paysans tentent leur chance en migrant vers les grandes villes.

Malgré une croissance nationale chinoise d'environ 9 % par an depuis un quart de siècle, les disparités salariales entre les ruraux et les urbains ne cessent de s'aggraver, provoquant des millions de nouveaux départs chaque année. En 1980, les villes rassemblaient

20 % de la population totale ; on annonce qu'elles en accueilleraient plus de 50 % en 2010. Leur nombre est passé de 321 en 1985 à 658 en 2001.

Le mot « ville », du reste, ne désigne plus la même réalité ni administrative ni géographique, et encore moins sociale et culturelle. De nombreuses agglomérations urbaines intègrent arbitrairement des territoires ruraux voisins. Depuis les réformes urbaines de 1984, qui marquent un relatif effacement du modèle des unités productives — *danwei* — et un léger assouplissement des règles du permis de résidence — *hukou* —, le pays rénove les anciens centres (sans trop se soucier du patrimoine, notion occidentale) et surtout crée de nouvelles zones urbanisées en hauteur qui rivalisent avec les quartiers les plus récents des villes en pointe (Tokyo, Dubaï, Londres...). La Chine compte dorénavant plus de cinquante villes millionnaires, vastes comme des régions européennes.

D'où d'énormes difficultés en transports, en réseaux techniques, en approvisionnement de toutes sortes, en gestion des déchets, etc. Et aussi en citadinité. En effet, le nouvel arrivant accepte des conditions de logement plus qu'inconfortables et de travail particulièrement aberrantes. Que peut-il faire d'autre ? Par ailleurs, il perd ses traditionnels repères et découvre, non sans traumatisme, de nouvelles règles sociales et de nouveaux comportements individuels. Là encore, le roman chinois contemporain et le cinéma rendent bien compte de ce décalage culturel et des dégâts qu'il produit. Dans *Beijing Bicycle* (Wang Xiaoshuai, 2001), Guei, jeune provincial candide venu à Pékin pour être coursier, se fait dérober son vélo. S'ensuit plus d'une mésaventure. Avec *Shanghai Baby* (Wei-Hui, 2001) et *Les Bonbons chinois* (Mian Mian, 2001), le lecteur est invité à accompagner de jeunes « marginaux » dans leurs dérives au sein de la grande métropole à l'histoire déjà longue et tourmentée.

Le nouvel arrivant doit s'adapter coûte que coûte. Il ne peut décevoir l'espoir que sa famille — restée au village, qui lui a parfois fourni de l'argent — a mis en lui. Il se doit impérativement de réussir l'ascension sociale programmée. Mais que signifie une telle injonction ?

L'autre grand « pays » continental d'Asie, l'Inde, s'urbanise aussi à vitesse grand « V » et voit les inégalités sociales non seulement perdurer mais s'accentuer au sein des mégapoles comme entre la ville et la campagne. Là également, le logement est fréquemment synonyme de bidonville et l'emploi dépend surtout du secteur informel. Entre 1900 à 2000, la population de Calcutta est passée d'environ 800 000 habitants à 12 millions, celle de Bombay d'un million à 16 millions et celle de New Delhi (la capitale de l'Union indienne) de 200 000 à plus de 13 millions. Mais c'est l'ensemble du sous-continent indien qui est bouleversé par le gonflement excessif de ses villes reliées entre elles par des voies ferrées, des autoroutes et des lignes aériennes. Tout le pays palpite au rythme urbain. Les échanges entre les villes et les villages urbanisés ne sont pas que commerciaux ; ils sont aussi affectifs, symboliques et religieux. Voilà une comptabilité délicate à tenir : qui influence qui, de la ville et du village urbanisé ? Comment, et pour combien de temps ? Les mélanges sont incongrus, déroutants. Et pourtant, les Indiens semblent s'en accommoder.

C'est en Asie, la partie du monde la plus peuplée, que les mégapoles de plus de 12 millions d'habitants sont aussi les plus nombreuses : Tokyo, Bombay, New Delhi, Calcutta, Shanghai, Jakarta, Dacca, Osaka-Kobe, Karachi, Pékin, Manille... C'est toujours en Asie que l'exode rural se poursuit car la majorité des « pauvres » (selon le critère de la Banque mondiale, est « pauvre, l'individu qui dispose de moins de deux dollars par jour pour vivre ») sont plus nombreux dans les campagnes que dans les villes, où les retombées de la croissance touchent également les plus démunis (*Le Monde*, 11 juillet 2006). Est-ce pour autant un continent homogène ? Assurément pas. L'urbanisation revêt à chaque fois des tenues différentes qui combinent d'anciens vêtements à des coupes et des tissus venus d'ailleurs. Certains le regretteront avec un soupçon d'amertume, d'autres se persuaderont qu'ils atteignent ainsi le comble de la modernité mondialisée. Pendant ce temps, la grande ville fera fonctionner son moteur à intégrer et à exclure, sans aucun état d'âme...

Assemblage urbain hétéroclite en Amérique du Nord

La population urbaine des États-Unis s'installe dans la *Sunbelt* pour des raisons climatiques évidentes. Néanmoins, les métropoles demeurent attractives. Elles créent de la richesse et des emplois et réceptionnent les nouveaux migrants. Selon des données statistiques de 2000, les 276 aires métropolitaines recensées aux États-Unis rassemblent environ 80 % de la population. Celles de plus de 5 millions d'habitants progressent davantage que les plus petites et trois d'entre elles dominent largement : New York (21 millions pour l'aire urbaine, 8 millions pour la ville), Los Angeles (16 millions et 3,6 millions) et Chicago (9 millions et 3,8 millions). Les villes qui connaissent un fort taux de croissance (de 80 % à 40 % pour la décennie 1990-2000) sont Las Vegas, Naples, Yuma, Austin, Phoenix, c'est-à-dire des établissements urbains situés au soleil.

Chaque métropole possède sa propre répartition de population entre la ville-centre (*down town*) et la banlieue (*suburb*). Detroit et La Nouvelle-Orléans, par exemple, ont perdu globalement des habitants depuis le début des années 1990, tandis que Philadelphie ou Memphis enregistrent un léger fléchissement dans la ville-centre, compensé par un accroissement à l'échelle métropolitaine. L'étalement urbain (*urban sprawl*) conquiert l'espace libre de la métropole et sème ses maisons individuelles dans des lotissements résidentiels sécurisés ou des villes-à-la-frontière d'autres agglomérations (*edge city*). Jean Baudrillard l'avait déjà constaté dans *Amérique* (1986), le ventre de ce pays est mou, dépeuplé, abandonné au désert. Sur votre carte murale des États-Unis, vous pouvez épingler les centres urbains le long des côtes océaniques et sur les lignes frontalières. Quand je dis « centres urbains », c'est d'un curieux assemblage territorial hétéroclite dont je parle : de petites villes propres sur elles, avec leur rue principale à l'allure nostalgique, des maisons solitaires, des bouquets de buildings étirés vers le ciel, des banlieues pavillonnaires regroupées autour du parking du centre commercial ou éparpillées sur de vastes étendues monotones.

Tout cela n'est pas nouveau. Les États-Unis font, depuis leur constitution, coexister les urbanophobes et les urbanophiles, et aucun d'eux ne s'affirme totalement radical dans son choix. L'historien des techniques et des villes Lewis Mumford (1895-1990), par exemple, apprécie les cités-jardins, prêche pour des « unités régionales », tout en reconnaissant à la grande ville son potentiel unique en brassage des groupes sociaux, mélange des cultures, animation des rues et des commerces. L'architecte Frank Lloyd Wright (1867-1959) projette au début des années 1930 ce qu'il nomme la *broadacre city*, une urbanisation décentralisée qui permet à l'individu une totale liberté en contact permanent avec la nature, tout en bénéficiant d'unités urbaines plus denses, où se concentrent les commerces et les services. « C'est la campagne, écrit-il, qui prend vie sous forme d'une véritable grande ville. » Une « ville » sans limites, décousue en quelque sorte (l'un de ses livres a d'ailleurs pour titre *The Disappearing City*, « la ville en voie de disparition »), qui correspond pour Wright au cadre « organique » indispensable à l'épanouissement de l'individu, ce garant de la démocratie. En ce sens il s'opposait aux partisans de la « vraie » ville, comme le sociologue Robert Park (1864-1944) ou la journaliste Jane Jacobs (1916-2006), pour qui, justement, l'individualisme réclame l'anonymat de la grande ville.

Avec la montée en puissance, à l'échelle mondiale, de la « culture du paradoxe », le dilemme n'est plus entre « ville peuplée » ou « habitat isolé », mais entre une variété de situations et un choix unique et changeant. L'*homo urbanus* rassemble paradoxalement en lui les deux tendances opposées : il souhaite être seul avec d'autres, le calme avec le bruit, résider en ville comme à la campagne, etc.

Pour ce qui est de l'urbanisation, le Canada s'apparente à son voisin : deux tiers de ses habitants logent dans des métropoles qui appartiennent à des réseaux de villes nord-américaines. Les trois premiers ensembles urbains (Toronto, Montréal et Vancouver) dépassent les deux millions d'habitants et continuent à attirer des migrants. Elles ont des tours aux vitres miroirs, des rues piétonnes, des quartiers « ethniques », un village gay, des événements culturels tout au long de l'année. Elles appartiennent à l'Amérique et, dans l'esprit du migrant, s'ouvrent comme des huîtres. Le plus chanceux d'entre eux en obtiendra la perle. Le « rêve américain » n'est plus vraiment américain, mais il agit encore. C'est sa version abâtardie que les industries du divertissement vantent sur tous les écrans du monde. Elle s'appuie sur une vérité de pacotille : « Que le meilleur gagne ! »

Art de vivre urbain « populaire » et « urbanisme international » en Amérique latine

Avec Mexico, São Paulo, Buenos Aires et Rio de Janeiro, mégapoles surpeuplées, aussi désarticulées que dangereuses, l'Amérique latine figure dans le peloton de tête des continents urbanisés. À côté des installations coloniales, au plan en échiquier, et des plus récentes cités qui témoignent de la modernisation du continent, des villes « nouvelles » sont régulièrement édifiées. Cet ensemble disparate consolide, de fait, une armature urbaine dont les nœuds multiplicateurs de richesse et catalyseurs des dynamismes économiques et culturels sont les aérogares, les autoroutes, les centres commerciaux et les quartiers d'affaires particulièrement denses, souvent hérissés de gratte-ciel avec vue imprenable sur les bidonvilles et autres favelas ou les quartiers historiques revisités version patrimoine.

L'Amérique latine concilie, tant bien que mal, et souvent avec les moyens du bord, un art de vivre urbain « populaire » marqué par les cultures locales et un « urbanisme international » qui emprunte leurs standards aussi bien à l'Amérique du Nord — le plan en damier (*grid*) — qu'à l'Europe — le culte des monuments (« espaces publics »). Le résultat est plutôt baroque et non dénué de charme. Il est vrai que, à la différence de l'Afrique noire, l'Amérique latine forme ses propres architectes, talentueux et audacieux. Rogelio Salmona en Colombie, Luis Barragàn au Mexique ou Oscar Niemeyer au Brésil n'ont rien à envier aux stars adulées dans les écoles d'architecture occidentales...

En Europe, les nouveaux « villageois » de l'« après-ville »

L'Europe adhère à l'idéal de la campagne en ville, c'est-à-dire d'une nature artificielle produite par la ville consolidée et historique, la banlieue antichambre de la « vraie » ville et l'urbain diffus, sans oublier les si pittoresques villages du terroir. Depuis plus de cinquante ans, l'automobile individuelle représente la condition de la mobilité (valeur essentielle de la modernité urbaine associée à la liberté de se déplacer et à l'image sociale de soi). Elle est de plus en plus sûre, confortable, obéissante et gadgétisée. Les enfants peuvent y retrouver leur écran et leurs jeux vidéos. Ainsi le virtuel et le réel s'unissent-ils dans l'actuel.

L'Institut national de la statistique et des études économiques (INSEE) a rendu publics, le 17 janvier 2006, les résultats du recensement de janvier-février 2005 : la population française a augmenté cette année-là de 367 600 individus et l'on dénombre 62,9 millions d'habitants. Où résident-ils ? Si jusqu'en 1999 les zones urbaines s'accroissaient plus rapidement que le monde rural, la tendance s'inverse sensiblement. Ce sont dorénavant les bourgs de moins de 2 000 habitants, et même les petits villages de moins de 500 habitants, qui accueillent les citadins de l'après-ville.

La dispersion des habitations, à quelques kilomètres du centre-ville, résulte de très nombreux facteurs : la rareté et la cherté des terrains à construire en ville, la bonne qualité des routes et des voitures qui facilitent un relatif éloignement des quartiers denses, la présence de la « nature », le choix d'un mode de vie moins stressant, l'existence d'un réseau relationnel que l'on espère plus solidaire et fidèle, etc. Une sociologie de ces nouveaux « villageois » serait à encourager, de même qu'une étude sur leur impact sur la campagne. L'anthropologue Pascal Dibie constate que dans son village bourguignon de Chichery (*Le Village métamorphosé*, 2006) arrivent non pas des néovillageois ou des propriétaires de pavillons en lotissements, mais des « habitants périphérisés en milieu rural », en d'autres termes des exclus de la ville. Ils n'ont aucunement décidé d'être là. Souvent indifférents aux autres habitants, ils expriment par des comportements asociaux le fait qu'ils sont des victimes de la discrimination sociale. Pascal Dibie note judicieusement : « Nous vivons à des temps pluriels et assistons sans plus pouvoir résister à une mise en œuvre d'un temps sans rapport avec le temps historique que nous connaissions et que nous avons décrit. Il y a un temps majoritaire, un temps paradigmatique qu'on voudrait nous faire intégrer afin de nous sortir de nos temps locaux. »

Je crois qu'il en est de même pour l'espace : il y a un « espace majoritaire », justement l'urbain dont je parle ou la « non-ville », dans lequel on doit bâtir sa demeure en rompant avec l'espace de la « maison natale » — bien souvent plus imaginaire que réelle —, avec l'espace local, c'est-à-dire « localisé », où nous pouvons nommer ce qui nous entoure (les gens, les lieux, les choses, les êtres vivants). Et les nommant, ils deviennent familiers, proches, amicaux. C'est à partir de ces liens, parfois ténus, que nous élaborons nos conditions d'habitabilité. C'est ce que nous perdons avec l'émiettement du temps de notre quotidien et des territoires de notre existence. La diffusion de l'« esprit de la ville » généralise l'urbain — qui, j'insiste encore, n'est ni du rurbain, ni du périurbain — et homogénéise les comportements et les valeurs, sans nécessairement les uniformiser.

Il y a près de quarante ans, le sociologue Placide Rambaud (*Société rurale et urbanisation*, 1969) étudiait l'acculturation des ruraux au contact des urbains et constatait : « L'urbanisation se présente ainsi comme un mouvement complexe, économique et social, intellectuel et affectif, défini par ses orientations et sa finalité plus que son point de départ. Sa capacité d'extension est universelle, mais son terme apparemment achevé ne peut revêtir que des formes toujours provisoires. Elle pose ville et village comme la projection écologiquement différente d'une unique société en continuelle invention d'elle-même. Elle implique un changement culturel généralisé. »

Il voyait juste. Cette population exige un confort urbain comme en ville (trottoirs, éclairage public, ramassage des ordures ménagères, etc.) inaccessible budgétairement aux collectivités concernées. Elle attend également des services collectifs (crèche, école, conservatoire, équipe sportive, etc.) dignes de ceux d'une agglomération, ce qui provoque de la frustration et parfois même un sentiment de ségrégation. Enfin, ces maisons individuelles défigurent le paysage et ne font aucunement « ville ». Le trafic routier en expansion provoque des embouteillages (du jamais vu dans certains villages !), du bruit et de la pollution atmosphérique.

Il est grand temps de cesser de se plaindre sur les méfaits de l'étalement urbain pour enfin penser les conditions urbanistiques de sa réalisation, tout en manifestant une réelle préoccupation environnementale. Il convient de saisir cette tendance à l'éparpillement de l'urbanisation comme un défi. Si les habitants préfèrent ce type de résidence, il paraît aberrant de le contrecarrer. Le désir en matière de logement n'a guère varié depuis la grande enquête de 1946 conduite par Jean Stoetzel. Selon une étude parue en 2004 du Centre de recherche pour l'étude et l'observation des conditions de vie (CREDOC), 82 % des personnes interrogées considèrent que le logement idéal est la maison individuelle. 77 % souhaitent devenir propriétaires d'une maison, 12 % optent pour la propriété d'un appartement et 11 % choisissent la location. En France, 55 % des résidants sont propriétaires de leur domicile, qui une fois sur deux est une maison.

Le choix de la maison est principalement motivé par la possession d'un jardin (plus des deux tiers des réponses). L'« aspect extérieur » et la « typologie intérieure » semblent totalement secondaires, ce dont on se serait douté au vu de la laideur de nombreux pavillons et le non-recours à un architecte ! La maison individuelle est perçue comme un « espace à géométrie variable », ce qui explique peut-être que la plupart des pavillons aient un sous-sol avec garage plus vaste que la partie habitée ! Faire construire apparaît à la majorité (plus des deux tiers) comme une aventure périlleuse (endettement, chantier compliqué, malfaçons et contentieux...). Néanmoins, « on » croit que le pavillon est moins bruyant que l'appartement et que la sécurité y est plus grande que dans une cité. La préférence des propriétaires va aux villes petites ou moyennes. L'enquête n'évoque pas le rôle de l'automobile et la qualité du réseau routier sans lesquels ces localisations pavillonnaires ne seraient guère envisageables. À cette étonnante stabilité de l'opinion publique correspond l'entêtement, tout aussi durable, des décideurs qui veulent le bonheur du peuple, même contre lui, et imposent le « grand ensemble », la « ville nouvelle », l'« immeuble collectif », un urbanisme zoné et fonctionnel, rejeté par les citadins unanimes et qui rompt avec la ville « historique », son noyau dense et ses faubourgs plus aérés.

Les régions qui gagnent en population sont, dans l'ordre décroissant : le Languedoc-Roussillon, Midi-Pyrénées, l'Aquitaine, Rhône-Alpes, la Corse et la région Provence-Alpes-Côte d'Azur. Le phénomène de double résidence qui se développe parallèlement au vieillissement de la population reste à quantifier, sachant qu'il n'enrichit pas nécessairement ni de la même manière les deux régions choisies.

L'urbanisation pavillonnaire de piètre qualité mite cruellement le paysage de certaines régions. Pourtant, un urbanisme « paysager » amical avec la nature est envisageable. Certains praticiens le préconisent et l'expérimentent, mais contre les partisans du tourisme de masse et des infrastructures autoroutières... Dans un article prémonitoire, (« Grandeur et misères de l'urbanisation moderne », *Urbanisme*, n° 88, 1965), le géographe Jean Gottmann, inventeur de la notion de *megalopolis*, distinguait bien l'urbanisation et l'urbanisme : « L'urbanisme consiste à disposer dans l'espace défini urbain (et suburbain) tous les équipements matériels nécessaires au logement et aux activités des occupants de cet espace. C'est un art et même de plus en plus une science, complexe, difficile, utilisant des techniques diverses et interdépendantes. L'urbanisation est le processus économique et social, politique et culturel, qui entraîne l'humanité vers des formes nouvelles de civilisation, des formes de plus en plus urbaines, c'est-à-dire non agricoles et reposant sur des formations de densité élevée et des occupations divorcées du travail de la terre. [...] On ne peut éviter entre les deux à la fois conflit et étroite complémentarité. »

Concilier patrimoine, urbain éparpillé et nouvelles polycentralités

J'insiste sur le cas français, mais cela vaut *grosso modo*, pour toute l'Europe. Le territoire urbanisé européen accommode les « restes » historiques, l'urbain éparpillé et les nouvelles polycentralités. Bernardo Secchi, fin observateur de l'urbanisation européenne, considère l'aire métropolitaine du Nord-Ouest (Bruxelles, Anvers, Amsterdam, Cologne) comme emblématique de la mégacité distendue en cours de formation. Il la présente ainsi : « Composée de banlieues dépourvues de centre dominant, elle ressemble davantage à un grand parc habité dans lequel, noyés au milieu d'implantations dispersées, quelques noyaux ou nœuds plus denses sont identifiables : des villes compactes de taille moyenne qui témoignent d'une trame urbaine européenne plus ancienne, ainsi que des villages à longue histoire » (*Urbanisme* n° 346, 2006).

Les limites de cette mégacité chevauchent sans aucun complexe celles des États et des régions administratives. L'Europe se composerait de plusieurs mégacités, chacune associant plusieurs villes et leurs banlieues respectives. Il s'agit là d'une nouvelle approche du fait urbain qui a le mérite de reconnaître les anciennes formulations comme obsolètes. Les géographes et urbanistes italiens, à la suite de Francesco Indovina (1990), parlent de la « *città diffusa* ». En Allemagne, on évoque la « *Zwischenstadt* » (« entre-ville ») théorisée par Thomas Sieverts (2001). En Suisse, à la suite d'André Corboz, on considère que la « ville-réseau » est plus vaste que la « ville-surface » et que les trente régions urbaines de la Confédération helvétique forment dorénavant une seule *hyperville*, desservie par des autoroutes et des voies de chemin de fer.

Dans l'ancien « monde soviétique » cohabitent un parc immobilier déglingué, qui généralement a été décollectivisé et vendu par appartement aux anciens locataires, et des constructions neuves et luxueuses, souvent au style kitch, pour la poignée de nouveaux riches que la privatisation des industries d'État et plus généralement le retour au marché a sécrétée. À l'ouest de Moscou, derrière une palissade (*zabor*), le long de la Roubliovka s'édifient des villas monumentales au luxe insolent dont les moins chères se négocient cinq millions de dollars ! On prétend que pour vivre dans ce ghetto doré, il faut aligner un revenu annuel de 5 à 10 millions de dollars (*Libération*, 25 juillet 2006). La Russie affiche présentement l'une des plus forte inégalité économique et sociale au monde, qui se traduit dans les conditions de logement, mais aussi dans le « confort urbain » particulièrement insatisfaisant. Les anciens États de l'Union soviétique devenus « indépendants » connaissent les mêmes évolutions, la Georgie, l'Arménie, le Tadjikistan, par exemple, pratiquent des rationnements en eau et en électricité, les réseaux routiers ne sont pas toujours bien entretenus, l'habitat « social » est totalement défectueux et délabré, mais ces pays sont les proies faciles — et demandeuses — de grandes enseignes de la distribution de masse et de constructeurs automobiles. C'est toute leur configuration territoriale qui se modifie en adhérant à ce modèle de croissance économique, dit de « société de consommation », dans lequel le taux d'équipement des ménages en voiture individuelle — et tout le système qui lui est lié — est l'indicateur de réussite. Bien sûr, des chantiers existent, mais pour édifier quels logements, destinés à quelle partie de la population ? Le cas très médiatisé de Achkhabad, la capitale du Turkménistan aux mains du dictateur Saparmourad Niazov qui confie à Bouygues l'édification de bâtiments imposants, héritiers de l'époque stalinienne, confirme ces tendances, de manière disproportionnée et d'une certaine façon, tristement ridicules.

Partout, des chercheurs mais aussi des professionnels s'interrogent sur les mutations urbaines et leur désignation. Les imbrications du rural et de l'urbain se banalisent et sont présents sur tous les continents, à côté de villes encore compactes. Thomas Sieverts considère que la *Zwischenstadt* est un phénomène international, que personne ne contrôle vraiment et qui résulte d'« innombrables décisions rationnelles isolées ». Il note : « La *Zwischenstadt* n'a pas d'identité autonome, pas plus dans le champ politique que dans la représentation que s'en font ses habitants. Les moyens conventionnels de l'urbanisme et de l'architecture sont incapables de proposer des solutions d'aménagement ; il faut imaginer de nouvelles voies qui restent encore mal définies. Enfin, et ce n'est pas le moins important, notre fascination à l'égard du mythe de la ville ancienne biaise le regard que nous portons sur la réalité de la périphérie. »

En effet, cette forme d'urbanisation n'a pas trouvé ses urbanismes. De même, elle pénètre parcimonieusement l'imaginaire des créateurs.

Enjeux énergétiques et climatiques

À ce trop rapide tour d'horizon de la planète urbaine, il me faut ajouter deux autres dimensions écologiques importantes pour le devenir urbain du monde : les énergies et le climat.

Il serait bien présomptueux d'esquisser en quelques « formules chocs » une géopolitique du pétrole, tout comme de mesurer l'ampleur des pollutions liées à l'automobilisation généralisée. Pourtant, indéniablement une « crise pétrolière » se profile à l'horizon 2010-2040, selon les estimations des experts et des compagnies pétrolières. Elle ne résulte pas d'une pénurie de pétrole, mais d'une demande incroyablement plus élevée que l'offre non seulement disponible, mais potentielle. La demande s'accroît pour l'industrie tout d'abord et ensuite pour les automobilistes. Ces derniers sont de plus en plus nombreux — l'Asie et l'Afrique commencent à peine à acquérir des voitures particulières — et effectuent des déplacements plus longs et plus fréquents. Un surenchérissement du prix du baril est obligatoire, nonobstant la fiscalité spécifique à chaque pays. Compte tenu de l'importance du pétrole et de ses dérivés dans la vie quotidienne, des conflits armés ne sont pas à exclure à moyen terme. D'« anciennes » sources d'énergie (l'eau, le soleil, le vent, le charbon...) pourraient être plus sollicitées et de « nouvelles » expérimentées (l'hydrogène pour la voiture, la biomasse...) tandis que des procédés économisant les énergies se multiplieront. Je reviendrais sur ce défi dans le chapitre 2.

Que dire des mutations climatiques annoncées sans tomber dans le catastrophisme ou l'optimisme béat ? L'augmentation de l'émission de CO_2 (l'un des principaux gaz à effet de serre) provoquera inéluctablement le réchauffement de la planète. Selon les scénarios du Groupe intergouvernemental sur l'évolution du climat (GIEC), la température du globe montera de 1,4 °C à 5,8 °C d'ici le XXIe siècle et de 2 °C à 3 °C en France. Les vendanges et la collecte des fruits auront ainsi lieu dix à quinze jours plus tôt. Cette plus forte température aura des effets bénéfiques pour les prairies et les forêts, accroissant leur productivité, parfois d'un bon tiers. Pour d'autres continents, les conséquences seront globalement plus négatives. Des villes encore éloignées de la mer devront s'équiper d'un port, des stations de sports d'hiver se recycleront faute de neige, des zones tempérées deviendront pluvieuses, etc. L'économie touristique (on annonce deux milliards de touristes en

2015-2020, soit un être humain sur quatre, contre 700 millions en 2005) épousera la carte météorologique sans se soucier des faillites, du chômage et des équipements abandonnés... Ces transformations écosystémiques seront examinées plus précisément dans le chapitre 3.

Les scénarios sont innombrables et leur réalisme dépend largement des éléments pris en considération et de leurs curieuses combinaisons. En matière de prévision, une seule chose est relativement acquise, c'est l'inattendu. Qui avait prévu l'*edge city* aux États-Unis, l'éparpillement urbain en Europe, les « grands ensembles » et le zonage en Asie, tant décriés ailleurs ? Aussi faut-il être prudent dans l'interprétation des données. Quelques réalités sociales, comme la famille (certes recomposée...) ou la religion (pas encore entièrement intimisée...), résistent beaucoup plus que ne le prédisaient les spécialistes. De même, des comportements perdurent alors qu'on en annonçait la disparition... Il nous faut, par conséquent, observer les évolutions du monde en acceptant les décalages, les télescopages, les oppositions, les résistances, le tout avec des temporalités aux rythmes contrastés. Avant d'explorer le devenir urbain de la planète, un petit retour sur la tumultueuse épopée des villes, me paraît opportun.

Une histoire à « trois temps » ?

Les historiens s'accordent sur les conditions de naissance du « phénomène urbain », ses localisations géographiques (principalement dans les vallées fluviales) et sa datation (environ 8 000 ans avant J.-C., pour les premiers sites archéologiques). À l'origine de ce que nous nommons « villes », il y a la révolution néolithique, qui permet l'agriculture et l'élevage, c'est-à-dire la domestication de plantes, d'espèces végétales et d'animaux. Les populations de chasseurs-cueilleurs, chacune à son rythme, se sédentarisent et s'adonnent progressivement à l'agriculture, dégageant, les bonnes années, un surplus agricole qui sera commercialisé. Une organisation sociale inédite se met en place là où se déroulent les échanges — au carrefour des routes et des voies de circulation fluviales et maritimes — qui repose sur une division technique et sociale du travail de plus en plus poussée. La ville apparaît comme un ensemble de bâtiments et le lieu des pouvoirs (militaire, religieux et économique), à l'intersection de ces routes.

On a beaucoup glosé sur les critères de définition de « la » ville : une fortification, des artisans, une forte densité de population, des plans en damier ou radioconcentrique, des rues, etc. À dire vrai, il semble que les « villes » égyptiennes ne possédaient pas d'enceintes, alors que le mot désignant la ville en chinois, en grec, en russe, par exemple, signifie également « citadelle », « muraille » ou « fort ». De même, certaines de ces villes avaient un artisanat puissant alors que d'autres se contentaient de marchands itinérants qui leur procuraient des biens fabriqués ailleurs. Une chose semble certaine : « la » ville n'a jamais existé seule. Il convient par conséquent de saisir le « phénomène urbain » comme pluriel, et de parler de « villes » en réseau, ayant des temporalités spécifiques et des articulations bien typées à leurs campagnes environnantes. En d'autres termes, ce qui paraît commun à ce processus d'urbanisation c'est la constitution d'unités urbaines, dont les éléments constitutifs s'agencent différemment et évoluent selon des modalités propres. Aucune ville n'a la même histoire.

Création des premières villes

Cela dit, nous pouvons dater les premières villes à – 10 000 ans environ, ce qui, à l'échelle temporelle de la Terre, et des diverses espèces animales et végétales, constitue une histoire plutôt courte. La Terre a longtemps été peuplée de nomades qui coexistaient — le sachant ou non — avec des semi-nomades et des sédentaires, dont une toute petite partie seulement résidait dans des villes... La taille de ces villes était très variable et la plupart d'entre elles avoisinaient les deux à trois milles âmes, et encore. Seule une poignée de villes était fortement peuplée : Babylone à son apogée (– 1730/– 1690) a peut-être rassemblé plus de 200 000 personnes ; Rome, au IIe siècle après J.-C., abritait certainement un million d'habitants ; Bagdad, au VIIIe siècle, en dénombrait plus de 800 000, de même que Byzance ou Changan. Ces villes connurent leur heure de gloire avant de dépérir et d'être parfois rayées de la carte et des mémoires !

Développement de l'économie-monde

Avec l'ouverture de nouvelles voies maritimes à la suite de la découverte de l'Amérique et la constitution de nouvelles entités géopolitiques, au tournant des XVe-XVIe siècles, c'est le monde qui se mondialise et se dote de nouvelles villes ou en dope certaines au détriment d'autres, naguère brillantes et enviées. À partir de 1492, l'Europe pivote de la Méditerranée vers l'Atlantique, de nouveaux ports s'enrichissent du commerce lointain — et souvent négrier —, tandis que d'autres périclitent. L'Asie entre définitivement en contact avec l'Afrique et l'Europe, *via* le Proche-Orient et le Moyen-Orient. Une nouvelle hiérarchie des cités se compose qui, instable, se renouvelle périodiquement, à la suite d'alliances entre puissances colonisatrices, de la diffusion de progrès techniques, de la croissance économique, des migrations, etc. Fernand Braudel montre bien comment les villes-mondes se font concurrence entre elles et connaissent des destinées contrastées, selon leur place dans l'économie-monde et leur rôle dans l'invention et la diffusion de nouvelles techniques. Bruges profite de la mise au point du gouvernail d'étambot pour contrôler les routes maritimes, mais sera vite supplantée par Venise, qui accueille dans son port les caravelles chargées de produits à vendre. Venise décline au profit de Gênes qui abandonne son rang pour Cordoue, qui laisse la place à Amsterdam, qui à son tour s'incline devant Londres, etc.

Urbanisation planétaire

Londres, capitale d'un empire sur lequel, dit-on, « le soleil ne se couche jamais », voit sa population passer de plus de 500 000 habitants au début du XVIIe siècle à 2 millions en 1845, et 7 millions en 1910 ! Ce saut démographique incroyable résulte de la « révolution industrielle », troisième temps fort de l'urbanisation planétaire. La mécanisation de l'agriculture, la généralisation des transports mécaniques, la multiplication des industries équipées de machines-outils accroissent les échanges ; l'hygiène et l'amélioration du cadre sanitaire assurent une croissance démographique. L'ensemble favorise les mouvements migratoires (exode rural et immigration), redistribue les cartes du jeu économique et redessine profondément les morphologies sociales, et donc urbaines.

La ville de la modernité technique est en permanence traversée par des flux de toutes natures. C'est ce qui la distingue de la ville d'avant, ville dans laquelle on stockait, pour simplifier outrancièrement : des militaires (villes de garnison), des prêtres (villes épiscopales), des étudiants (villes universitaires), des marchandises (villes marchés)... Dorénavant, la ville « moderne » est ébranlée par la circulation ininterrompue des capitaux et des travailleurs, des biens manufacturés et des services, des rumeurs et des nouvelles, des désirs et des sexes, des peurs et des espérances, etc.

Ce troisième temps est encore, selon moi, le nôtre et contient ce qui va le subvertir et le remplacer. Il est caractérisé, non seulement par l'urbanisation au sens démographique du terme — c'est-à-dire une population urbaine qui dépasse en nombre la population rurale, ce qui est le cas pour les pays industriels dès les années 1900-1910 — mais par l'« urbanisation des mœurs ». Celle-ci introduit et généralise l'« esprit de la ville » sur l'ensemble des territoires et contamine chacun. Les « comportements » des citadins, qu'ils soient affectifs, sexuels, vestimentaires, alimentaires, cultuels ou culturels, sont préférés aux valeurs « rurales », adoptés et adaptés. En ce sens, il est possible de parler d'une « urbanisation planétaire », non seulement parce que démographiquement le poids des villes est supérieur à celui des campagnes, mais parce que la majorité adhère à cet « esprit de la ville » et combine — en des dosages mystérieux — les valeurs de la civilisation urbaine à sa propre culture. La diffusion du modèle urbain, d'abord impulsée par les pays industriels, est à présent relayée par la globalisation de l'économie capitaliste et l'internationalisation des nouvelles technologies de l'information et des communications (NTIC).

Récapitulons. Le premier temps est celui de la création des villes entretenues par le surplus agricole. Le deuxième temps correspond à celui de la mondialisation du monde et des villes commerciales « branchées » au réseau transcontinental. Le troisième temps débute avec l'industrialisation et accompagne le déploiement de la *modernité-monde* (expression de l'historien Jean Chesneaux), qui voit la réalisation de l'urbanisation sur tous les continents (d'abord dans les pays industriels, puis le tiers monde) et l'effacement programmé et irréversible des paysanneries (à des rythmes différents selon les régions). Cette dernière urbanisation s'accompagne d'une multiplication des villes millionnaires (11 en 1900, 80 en 1950, 276 en 1990, 370 en 2000 et vraisemblablement 550 en 2015) et de l'apparition de gigantesques mégalopoles de plus de 10 millions d'habitants (2 en 1950, 18 en 2000).

Ce troisième temps est aussi celui du passage de la ville à l'urbain. En effet, les villes historiques sortent de leurs limites administratives et s'éparpillent en un urbain diffus. Le désir pavillonnaire, la qualité du réseau routier, les nouvelles temporalités du quotidien urbain et aussi la difficulté à se loger au centre-ville à des conditions abordables font le lit de l'étalement urbain, ce fleuve de béton et de jardinets si difficile à dompter ! Certes, il existe encore des villes — et chacun de nous en connaît et les apprécie —, et des communes de banlieues, mais elles sont submergées par l'urbain, ce « quelque chose » qui se manifeste après l'ère de la ville et après l'aire de la ville.

C'en est donc terminé avec le périurbain, notion dorénavant caduque puisque le centre n'est plus central et que la périphérie n'entoure plus mais au contraire apparaît « pleine » ! Cet urbain varie selon des chronologies spécifiques aux divers processus d'urbanisation : ici, il mite le paysage, s'insère dans la forêt, épouse les méandres de la rivière et là, se greffe sur un équipement collectif ou un centre commercial, voire un nœud autoroutier. Ici, il drape le territoire, qu'il recompose en ses mille plis, et là, se pose comme une nappe à carreaux sur la table d'un bistrot. La continuité du bâti assure la jonction, parfois en un fil ténu, entre des villes jusqu'alors clairement séparées. Cet urbain questionne aussi la représentation politique des citadins éparpillés et l'image identitaire d'un site aussi dispersé, parfois dominé par une ville au puissant cachet. Il relève également de l'organisation temporelle liée à la transformation des modes de vie et aux mutations de la famille et du travail.

Cinq formes urbaines à l'œuvre

La planète est urbanisée selon des modalités bien contrastées. Il est possible de repérer cinq formes principales d'établissements humains : le bidonville, la mégacité, la ville globale, l'enclave résidentielle et la ville moyenne ou intermédiaire. Je précise d'emblée que ces formes s'entremêlent, donnant parfois naissance à de nouvelles formes hybrides.

Bidonvilles : l'urbanisation sans urbanisme

La moitié des citadins est constituée par des habitants de bidonvilles. Il est par conséquent impossible de les ignorer, d'autant plus qu'ils inventent parfois une culture particulière, plus ou moins métissée avec d'autres cultures. Squats, occupations illégales d'un terrain, constructions précaires et inconfortables, taudis éloignés de tout réseau technique et des voies d'accès à la grande ville, les bidonvilles accueillent les nouveaux migrants qui viennent chercher la fortune en ville. Là, ils retrouvent des « pays », qui les initient à la citadinité et les aident à dénicher un travail dans l'invraisemblable économie informelle.

Les bidonvilles ont déjà une longue histoire et il est indispensable de les étudier géologiquement, car à chaque « couche » correspondent une migration particulière et mille et un efforts pour s'en sortir ! Les baraques les plus anciennes sont souvent les plus consolidées. Leurs « propriétaires » les ont, d'année en année, équipées et embellies. Désespérés de ne pouvoir accéder à un logement social, ils se sont fait une raison en restant dans un quartier où ils ont de la famille et des amis et bénéficient d'un système d'entraide, tout en étant parfois rackettés par une mafia locale. Évitons d'enjoliver leur situation... Les cahutes en joncs, branchages et sacs de jute ou tôles rouillées sont les plus récentes. Elles sont quelques fois louées à un habitant d'un baraquement en parpaings.

Durant des années, les autorités ont voulu éradiquer les bidonvilles, les détruisant au bulldozer ou laissant se propager des incendies rarement accidentels... Mais le bidonville démoli repousse, à l'identique, sur le flanc d'une colline, dans le creux d'une vallée. Il appartient à la « vraie » ville, aspire à se « durcifier » et à se doter de toute une infrastructure. La question à régler en priorité est celle du foncier (sur laquelle nous reviendrons plus longuement au chapitre un). Il convient de sécuriser les « bidonvillois » en leur attribuant une parcelle assainie et en les encourageant à construire, selon leurs moyens, leur chez-soi. Par ailleurs, un urbanisme adapté au bidonville est à expérimenter par le biais de programmes « pilotes » soutenus par des ONG et diverses institutions nationales ou internationales, en liaison avec les comités d'habitants. De nombreuses réalisations mériteraient une plus large audience, non pour devenir des références et encore moins des modèles transposables, mais, plus humblement, afin d'enrichir le débat local.

Toute l'histoire de l'urbanisation planétaire, déclenchée au milieu du XIXe siècle, est accompagnée par la bidonvillisation. Les villes européennes et nord-américaines ne pouvaient loger les nouveaux arrivants, souvent sans emploi et sans ressource, et ont vu se taudifier des quartiers entiers. Le taudis (« *slum* », en anglais, aujourd'hui traduit par « bidonville ») est une figure familière de la grande ville décrite par Dickens ou Zola et encore mieux étudiée par les enquêteurs sociaux comme le docteur Villermé (1840) pour les cités manufacturières françaises ou Friedrich Engels (1845), dans le cas des conditions de vie du prolétariat anglais. Charles Booth (1840-1916) dessine les cartes de la pauvreté londonienne dans les dix-sept volumes de *Life and Labour of the People in London* et Jacob Riis enquête, à New York, sur *How the Other Half Lives* (1890). Les « marchands de sommeil » n'hésitent pas à exploiter les plus pauvres et à leur louer, de manière scandaleuse, quelques heures une paillasse à haute rentabilité. Les quartiers de migrants sont fréquemment insalubres. Ils sont la préfiguration du bidonville.

Concomitant à la crise de 1929, le mot est forgé en Algérie — où les ouvriers privés d'emploi utilisent les bidons de pétrole pour en faire des ustensiles, selon René Maunier (*Sociologie coloniale*, t. I, 1932, p. 150) : « [...] L'on peut voir, tout proche d'Alger, les cahutes formées de bidons ajustés, aveu des avantages matériels de nos produits » (*no comment* !) — ou au Maroc, où les travailleurs des huileries réduits au chômage déplient les bidons d'huile pour en faire des éléments de construction... Quoi qu'il en soit, le bidonville est caractéristique d'une situation de crise. En France, les bidonvilles apparaissent aux limites des villes. Sur des terrains vacants où dans la boue, des travailleurs algériens, marocains, portugais édifient des baraques de survie, détruites au moindre incendie.

À la une de *France-Soir* du 22 octobre 1965, le lecteur découvre « quatre-vingt-neuf bidonvilles aux portes de Paris » (Champigny, Nanterre, Massy, La Courneuve, Argenteuil, etc.). Un an plus tard, le ministère de l'Intérieur publie une carte de France localisant les principaux bidonvilles : Marseille, Toulon, Nice, Caen, Blagnac, Martigues, Aix, Saint-Étienne, Villeurbanne, etc. Le recensement officiel estime les bidonvillois à 75 000 ; les mouvements caritatifs qui y travaillent en annoncent trois fois plus, sans compter les sordides hôtels meublés, les désolants garnis, les secrètes caves où s'entasse cette main-d'œuvre corvéable à merci. Et encore, ces chiffres ne prennent en considération que les immigrants réguliers.

Tous les documents qui émanent des organisations internationales dans les années 1950 font état des bidonvilles. L'urbanisation, c'est d'abord la multiplication des « poches de pauvreté urbaine ». Les constats sont les mêmes que ceux du sociologue Bernard Granotier en 1980, à la suite de la rencontre Habitat I organisée à Vancouver en 1976, dans un ouvrage à charge, *La Planète des bidonvilles*. Un quart de siècle plus tard, ses propos sont étonnamment proches, comme si la condition du bidonvillois avait stagné. Bernard Granotier évoque le « dualisme de la structure urbaine », une ségrégation entretenue par les puissants au détriment des pauvres. L'absence d'accès à l'eau potable et à l'électricité, le dénuement total en matière de services urbains (ramassage des ordures, latrines, transports publics, dispensaire, écoles, etc.), l'insécurité foncière, la violence « ordinaire » des fonctionnaires et des « bandes » locales souvent acoquinées, la criminalité, la prostitution, l'alcoolisme, l'exploitation des enfants, appartiennent au quotidien de la plupart des bidonvillois, toujours menacés d'être expulsés d'un terrain squatté.

Le bidonville appartient au paysage urbain moderne quelle que soit sa dénomination : *villas miserias, favelas, barrios clandestinos, barriadas, ranchitos, baranguays, kampongs, gecekondus*... Les solutions que le sociologue préconise à la suite de la Banque mondiale et des mouvements associatifs actifs dans certains bidonvilles d'Asie, d'Afrique et d'Amérique latine sont : les trames d'accueil, l'autoconstruction assistée, la reconnaissance de l'occupation foncière. Les modalités de l'application de ces solutions sont variables : ici, une banque des matériaux, là des points « travail », etc. La « trame d'accueil » est une parcelle assainie et viabilisée que les autorités attribuent à un bidonvillois, charge à lui de construire dans un certain délai. L'architecte français Michel Écochard avait déjà imaginé ce mode de participation des habitants en proposant une parcelle de 8 mètres sur 8 mètres, au Maroc à la fin des années 1950. Dans la préparation d'Habitat I, l'architecte anglais John Turner, fort de son expérience auprès de paysans très pauvres du Pérou et des « propriétaires-bâtisseurs » aux États-Unis, dénonça l'intervention étatique, incitant les citadins sans logis à autoconstruire. Dans *Housing by People* (1976), il critiquait l'invention des « besoins en matière de logement » et des « politiques d'habitat » et indiquait deux tâches politiques « essentielles et complémentaires » : « Les gens doivent réaffirmer leurs pouvoirs de décisions en revendiquant leurs droits aux outils qu'ils peuvent le mieux utiliser, les gouvernements doivent répondre en protégeant et en garantissant ces droits. » Il ne sera pas entendu.

Et depuis, cette autonomie des bidonvillois et cette attention des autorités eu égard aux habitants sont réclamées. Le bidonville relève de l'urbanisation sans urbanisme, ou d'un urbanisme spontané et sans urbaniste, mais pas sans urbanité. Il faut rompre avec ce solide préjugé qui cantonne le bidonville à une zone de non-droit traversée par mille et une violences. Certes, la vie quotidienne y est plus difficile que dans d'autres quartiers de la ville, l'absence totale d'intimité joue sur le mental de chacun, mais le bidonville fait corps avec la ville.

Comme je l'ai observé en Inde, à Pune et à Bombay — après une dizaine de séjours en quinze ans —, il existe plusieurs bidonvilles dans le bidonville, ou plus exactement des étapes dans la bidonvillisation. J'ai vu des abris en joncs avec des sacs en plastique noués aux branches jouxter des cabanes en bois de récupération, couverture en tôle rouillée et sol de terre battue, et de petites maisons en brique, au sol cimenté avec arrivée d'eau et canalisation de tout-à-l'égout, porte métallique et fenêtres vitrées. Le bidonville, à l'image de la ville, comprend des populations aux revenus inégaux et aux activités plus ou moins régulières et légales. Certaines familles attendent là un logement social attribuée par la municipalité, une habitation dépendante de l'entreprise du mari, ou d'avoir assez épargné pour se lancer dans l'achat d'une maison, *via* une coopérative. D'autres, souvent des familles dites « monoparentales » où la mère élève seule — et sans pension alimentaire, bien sûr — ses enfants de pères différents, cumulent les difficultés. Ce sont les plus pauvres qui paient chers le loyer à un propriétaire également bidonvillois et les produits de base, souvent achetés à l'unité, ne pouvant se rendre au marché central, faute de moyens de transport.

N'adoptons pas non plus l'autre préjugé consistant à doter le bidonvillois d'une énergie à toute épreuve et d'une ingéniosité exceptionnelle. Le courage dans la lutte, la conscientisation indispensable pour imaginer une alternative future à sa situation présente, l'engagement auprès d'un comité d'habitants, l'appartenance à un réseau d'entraide, le maintien des relations avec la famille restée au village contribuent en partie à améliorer sa situation. D'autres éléments entrent aussi en ligne de compte, comme l'accès à des services, et là tout dépend de la politique sociale de la municipalité et des pratiques solidaires à l'échelle de toute la société.

Les pays du Nord comptent encore parfois de minibidonvilles (campements illégaux, cités de transit désaffectées, etc.), même si les gouvernements proclament qu'ils ont été éradiqués. N'empêche que le nombre des sans domicile fixe est toujours aussi important à Paris ou à New York, à Tokyo ou à Londres. Les squats pullulent dans les quartiers en cours de rénovation des villes du Nord, et ne sont pas toujours le fait d'artistes en quête de vastes espaces, mais d'immigrés sans papiers ou de marginaux réduits au vagabondage. En Île-de-France, un rapport confidentiel remis à Gilles de Robien, ministre de l'Équipement et du Logement, dénombrait 5 000 personnes occupant 2 000 appartements délaissés (*Le Monde* du 2 octobre 2002).

Les mégalopoles ou les géantes cannibales

Les mégalopoles plurimillionnaires des pays du Sud regorgent de ces bidonvilles illégaux qui voisinent avec des quartiers touristiques, de vastes centres commerciaux — propriétés de sociétés transnationales — et d'ensembles immobiliers sécuritaires privés. Ces mégalopoles ne cessent d'étendre leurs ramifications sur les terres arables, le long des autoroutes et des voies ferrées, assimilant une nébuleuse de petites villes et de bourgades. Ceux qui logent aux franges de ces énormes conurbations et n'ont pas les moyens d'emprunter les rares transports en commun sont astreints à résidence et trouvent, pour les plus chanceux, de quoi survivre en assurant le gardiennage, le jardinage ou l'entretien des clubs de remise en forme et de détente des populations aisées et des nombreux lotissements enclos.

Cette inscription territoriale des inégalités économiques ne semble choquer personne. Les sporadiques mouvements de contestation sont vite réprimés par l'armée et aucun d'entre eux ne se structure vraiment en une véritable force politique. Parmi la trentaine des mégalopoles dépassant les 10 millions d'habitants (nonobstant les difficultés statistiques...), quatre seulement sont originaires de deux pays parmi les plus riches — le Japon et les États-Unis (Tokyo en tête avec près de 26 millions d'habitants ; New York à la huitième place avec 18 millions ; Los Angeles à la quatorzième place avec 15 millions ; Osaka à la vingt-quatrième avec 11 millions...). Bombay, Lagos, Dacca, São Paulo, Karachi, Mexico caracolent en tête et connaissent d'énormes difficultés d'alimentation en eau, de traitement des déchets, d'embouteillages, de logements, de pollutions, d'insécurité, qui n'entravent pas pour autant une incontestable croissance économique, désordonnée, hors normes, entrecroisant les activités les plus rudimentaires (productions artisanales et manufacturières) et les plus sophistiquées (technologies de pointe).

Ces mégalopoles du Sud ne rivalisent pas pour autant avec les régions urbaines européennes et nord-américaines qui dégagent un PIB urbain bien supérieur parfois au produit national brut (PNB) de certains États du Sud. Une étude de l'économiste Rémy Prud'homme (*Le Monde des villes*, 1996), démontrait que le PIB de Tokyo égalait le PNB de la Grande-Bretagne, que celui de New York était supérieur au PNB du Brésil, et celui de Paris plus important que le PNB de l'Inde ! La hiérarchie des villes les plus peuplées du monde se différencie de celle des villes qui produisent le plus de richesse.

C'est encore plus saisissant lorsqu'on regarde les performances des « villes globales », pour reprendre l'expression de l'économiste américaine Saskia Sassen. Ainsi, Francfort et Milan, « petites » agglomérations en termes de population, s'affirment économiquement au point de s'apparenter aux « villes globales », comme Tokyo, New York ou Londres. Mais il faut se méfier des « données », que le géographe François Moriconi-Ebrard préfère qualifier de « construites ». Déjà, en juillet 1996, dans *Le Monde diplomatique*, le créateur de la banque de statistiques urbaines Géopolis révélait d'incroyables écarts entre les prévisions statistiques officielles (service démographique national quand il existe, administration municipale, ONU, etc.) et le correctif qu'un suivi régulier et prudent apporte. Ainsi, en 1976, on projetait pour l'an 2000 31 millions d'habitants à Mexico, 26 millions pour São Paulo, 24 millions pour Tokyo, 23 millions pour New York, etc. En

1996, ces statistiques ont été revues à la baisse, parfois de plus de 50 % ! En 2000, les estimations les plus fiables indiquaient des populations moins nombreuses encore que prévues. Que faut-il en conclure ? Que le chiffre est idéologique. *Primo*, un pays peut être fier d'annoncer posséder une ville multimillionnaire, d'autant que l'aide internationale est souvent attribuée au prorata du nombre d'habitants... *Secundo*, la taille d'une ville géante atteint vite sa « vitesse de croisière » (entre 15 et 22 millions). *Tertio*, de telles données exagérées inquiètent l'opinion, et font sortir de la liste des villes les plus peuplées celles du Nord — à l'exception de Tokyo —, alors que ce sont encore elles qui contrôlent l'économie globalisée !

La mégapole est-elle récente ? Pourquoi se constitue-t-elle ? Le philosophe et historien allemand Oswald Spengler dans *Le Déclin de l'Occident* (1918/1923) parle de *Weltstadt* dès le IVe siècle avant J.-C. et également pour le XIXe siècle. En 1938, Lewis Mumford publie *The Culture of Cities*, et consacre de nombreuses pages à la *megalopolis*, en se démarquant de l'analyse réactionnaire de Spengler. Il explique l'apparition de la mégalopole par la concentration des administrations au milieu du XIXe siècle dans quelques villes (souvent la capitale) des États occidentaux. La bureaucratie des entreprises et les fonctionnaires ne cessent de croître, attirant d'autres activités de service. « Une nouvelle trinité domine la scène métropolitaine, note Lewis Mumford, la finance, l'assurance et la publicité. » Le terrain d'action de celle-ci est transfrontière, et bien plus vaste que la ville elle-même.

C'est cela la mégalopole, un gigantisme qui rompt avec le local tout en le cannibalisant et trouve au-delà de ses limites physiques les conditions de son développement. Mumford craint que la *megalopolis* ne se transforme en *tyrannopolis*, puis en *nekropolis*... Les solutions ? La *garden city*, la « région urbaine », la « conurbation » (mot proposé, en 1915, par Patrick Geddes, l'un des maîtres à penser du jeune Lewis Mumford) et pourquoi pas la *broadacre city* de Wright. En fait, Mumford adhère à la conception organiciste de la ville et pense par conséquent qu'il y a des échelles et des rythmes à respecter. Un citadin ne se sent bien dans sa ville et n'accepte de se préoccuper de son destin que si celle-ci est à sa mesure, tant au niveau des distances à parcourir que du nombre des interlocuteurs à rencontrer.

Pour les géographes, le mot de *megalopolis* est associé au nom de Jean Gotmann (1915-1993), qui nomme ainsi la conurbation plus ou moins continue qui englobe Boston, New York, Philadelphie et Washington (soit 37 millions d'habitants en 1960, un cinquième de la population totale sur 1,8 % du territoire). Dans *Megalopolis : The Urbanized Northeastern Seabord of United States* (1961), il insiste sur les nouvelles « activités quaternaires » qui transforment ces villes en centres de décisions des firmes et des administrations, lieux privilégiés pour les transactions de haut niveau, le traitement des informations, la diffusion des inventions. La *Megalopolis* correspond à un nouveau stade dans le développement du capitalisme. Jean Gottmann écrit : « Plus l'économie d'un pays avance sur le chemin du progrès technologique et social, moins elle a besoin d'employer les bras de sa main-d'œuvre mais de plus en plus les cerveaux et les systèmes nerveux, dûment entraînés, éduqués et formés. »

Philippe Haeringer, géographe à l'IRD (Institut de recherche pour le développement), qui utilise le vocable de « mégapole », considère que « l'intensification des réseaux de communication et des processus d'intégration économique donne vigueur aux polarisations urbaines » (*Urbanisme*, 1997), mais observe que les processus de mégapolisation sont variés tant dans leurs trajectoires que dans leurs résultats. Il remarque que l'accroissement démographique des mégapoles du Sud est de plus en plus découplé de leurs capacités à produire de la richesse.

Les villes globales, des espaces dénationalisés performants

La richesse semble l'apanage des villes globales, territoires urbains performants, à l'infrastructure redoutablement efficace, réunissant le « *must* » du secteur bancaire et financier, des universités et des équipes de chercheurs, des laboratoires, des agences de presse, des sociétés de communication, des cabinets d'avocats et d'experts-comptables et juridiques, des sièges d'entreprises transnationales, des industries de l'immatériel, etc. Au sein de ces villes globales se conjuguent, souvent en s'ignorant, la *jet society* des décideurs (les « maîtres du monde ») et une population « flottante » d'immigrés disponibles pour n'importe quel travail à n'importe quelle condition... Au temps mondial des inclus de la société globalisée, s'articulent les temporalités spécifiques de celles et ceux qui, par choix ou par contrainte, demeurent à côté, en dehors.

Du coup, l'uniformisation des comportements (alimentaire, vestimentaire, résidentiel, communicationnel, professionnel, affectif, etc.) imposée par l'urbanisation ne se généralise pas irréversiblement, mais produit des mélanges, des rejets, des combinaisons souvent surprenantes. Ces villes globales provoquent une « dénationalisation » (selon la formule de Saskia Sassen) de la production et de la répartition des richesses. Ces villes globales sont davantage en accord avec la globalisation du capitalisme qu'avec les ambitions et les stratégies de leur État-nation, et s'en désolidarisent. Cette tendance pointe timidement mais ne tardera pas à s'imposer et à gagner le secteur culturel.

Enclaves résidentielles : l'entre-soi sécurisé

Au cœur de ces « villes globales », dans la banlieue chic des mégacités, à proximité des bidonvilles, un nouveau produit immobilier ne tarde pas à trouver des acquéreurs aisés : l'enclave résidentielle.

Née à Londres en 1743, lors de la réalisation de Leicester Square, la copropriété urbaine vise à privatiser non seulement des résidences et leurs dépendances mais aussi les voies de circulation et les jardins. Une version parisienne connaîtra aussi un certain succès : la villa, lotissement desservi par une rue centrale privée. Dès 1831, à New York, puis à Boston quelques années plus tard, les États-Unis se familiarisent avec le Common Interest Development (CDI). Les actuelles *gated communities* en sont les légitimes héritières.

Qu'il s'agisse de maisons individuelles dissimulées dans un cadre champêtre ou d'appartements luxueux d'un condominium au centre-ville, l'essentiel est la sélection de la population et le caractère sécuritaire de l'ensemble. Dans ces résidences surveillées, l'effet « club » domine : on est entre gens de la même condition et de la même culture. On accepte le même règlement. La gamme des *gated communities* est particulièrement variée : on en trouve à tous les prix et pour toutes les « spécificités » (communautaires et identitaires). Certaines sont réservées aux Asiatiques à Los Angeles ou aux plus de cinquante-cinq ans à côté de Phoenix (*Suncity*). Le libéralisme autorise cette diversité, sachant toutefois que chaque résidant en aura pour son argent. Les services (médicaux et paramédicaux), les boutiques, les équipements sportifs, la qualité des logements, la grandeur de la piscine, etc., dépendent en dernière instance du prix d'achat.

Ces « enclaves résidentielles » se construisent partout dans le monde : au Caire, à Istanbul, Moscou, Varsovie, Rome, Toulouse ou Dijon, Bombay, Rio, Mexico... Aucun spécialiste du « fait urbain » n'avait envisagé une telle prolifération, qui modifie le couple privé/public et privatise — c'est-à-dire confisque — une partie des réseaux et des équipements, autrefois entretenus collectivement. Il n'est plus étonnant de voir une association de voisins acquérir la rue sur laquelle donnent leurs maisons. Ce qui allait de soi en ville, comme l'accessibilité et la gratuité, devient problématique. Tout un ensemble d'usages est ainsi bouleversé : l'urbanité se fait discriminante et la cohabitation sélective. Le citadin s'efface devant le consommateur. La ville partagée appartiendrait-elle déjà au passé ? Le danger est réel.

Résistance des villes moyennes

Heureusement, disent certains, les villes moyennes restent vivaces (c'est là que vit la majorité de la population urbaine), mais à condition qu'elles s'associent et se branchent aux divers réseaux. En effet, la ville « moyenne » (notion statistiquement bien arbitraire et changeante d'un pays à l'autre) n'est aucunement idyllique. Le géographe Philippe Pinchemel nous prévient : « L'image de la ville moyenne aux fonctions harmonieusement équilibrées et complémentaires est certainement une des plus fausses qui soit » (*Urbanisme*, n° 136, 1973). La soi-disant autonomie de la ville « moyenne » est un leurre : elle est de plus en plus dépendante (en création d'emplois, en offres de formation, en lits d'hôpitaux et de maternité, en loisirs, en commerces, etc.) de la mégapole la plus proche, à laquelle elle est subordonnée.

L'urbanisation planétaire sépare de plus en plus le lieu (le territoire auquel on appartient) du flux (l'économie, les NTIC, les mobilités) et semble privilégier ce dernier. Certains rêvent d'un urbanisme de branchement et imaginent la « ville » tel un plateau technique (gare TGV, aéroport, autoroute, hôtels, centre de loisirs et de remise en forme, nombreux commerces aux horaires élastiques...) sur lequel les entreprises viendraient se brancher, avant de se délocaliser.

Ces cinq formes d'urbanisation peuvent s'hybrider, se métisser, s'entremêler. À l'origine, au tournant des XVIIIe et XIXe siècles, elles bénéficiaient de l'industrialisation et de la constitution du réseau ferré, dorénavant, elles sont entièrement indépendantes de la localisation des industries et plus généralement des « bassins d'emplois » qu'elles intègrent en les déplaçant. Par contre, elles sont toujours liées au déploiement des réseaux circulatoires, de plus en plus associé à celui des technologies nouvelles et à la délocalisation/relocalisation qu'il facilite. Elles ne pourront pas échapper à la sensibilité écologique qui invite à réconcilier le lieu et le flux en redéfinissant de nouveaux territoires et de nouvelles logiques productives, culturelles et existentielles.

1

Du contrôle du sol et de la privatisation rampante des territoires

Les trois quarts de la surface de la Terre sont occupés par les mers et les océans. Ce qui reste aux humains pour vivre — soit 149 millions de km^2 —, la terre, est urbanisée et constitue notre écoumène.

Il ne subsiste plus de recoins inconnus, de déserts à découvrir, de sommets à conquérir, de banquises à dénommer, de forêts tropicales à explorer. Non seulement le « tourisme de l'extrême » a ses adeptes, qui fréquentent des régions encore peu peuplées et hier pratiquement inviolées et nous en décrivent les moindres replis, mais depuis peu existe une autre source d'information, encore plus fiable, la photographie satellitaire. La Terre est ainsi cartographiée et nous pouvons, sur l'écran de notre ordinateur ou de notre cellulaire, recevoir l'image de telle ou telle rue ou contrée. Le secret n'est plus si bien gardé que cela, bien que les frappes « chirurgicales », lors des guerres à haute technologie, ne tombent pas toujours sur les édifices visés et provoquent de nombreuses victimes civiles...

La Terre dispose donc de terres à la qualité de sol et de sous-sol contrastée, et à l'habitabilité variée. Interviennent, dans le degré d'habitabilité d'un coin de terre, le climat, le relief, l'hydrologie, les cultures pratiquées, les formes d'organisation des groupes humains, les mythes et les croyances, les échanges et migrations et l'histoire urbaine.

La ville, même intimement mêlée à la nature, est un artifice, une création. Son assise, ses fondations, son implantation s'effectuent sur un sol préparé afin de recevoir les constructions, les jardins et les voies de circulation. Ce sol a certainement été conquis ou acheté. Il est devenu la propriété d'un seigneur, d'un temple, d'une collectivité quelconque ou de propriétaires individuels. Ou est occupé illégalement.

Numa Fustel de Coulanges remarque, dans *La Cité antique* (1864), que c'est l'autel consacré au culte des anciens qui constitue le cœur de la maisonnée. Il note que « le foyer prend possession du sol ; cette part de terre, il la fait sienne ; elle est sa propriété ». Les institutions semblent créées pour garantir ce droit à la propriété privée, et ceci dans de nombreuses sociétés. Cicéron l'affirme clairement : « Les États, les villes existent spécialement pour assurer à tout homme la libre et tranquille possession de sa propriété », et à plusieurs siècles d'intervalle, le juriste Montesquieu le confirme : « Comme les hommes ont renoncé à leur indépendance naturelle pour vivre sous des lois politiques, ils ont renoncé à la communauté naturelle des biens pour vivre sous des lois civiles. Ces premières lois leur acquirent la liberté, les secondes la propriété. » Et quand la France se dote d'une République c'est, certes, pour abolir les droits seigneuriaux et les privilèges aristocratiques, mais aussi et surtout pour stipuler le « droit de propriété » comme un droit imprescriptible, ainsi que l'indique la Déclaration des droits de l'homme et du citoyen, en 1789, dans son article 2, entre la « liberté » et la « sûreté ».

Avec l'industrialisation qui va profondément modifier les écarts entre les fortunes — je ne parle pas ici des seuls revenus — et supprimer quasi totalement les communaux, à la suite des enclosures, un Pierre-Joseph Proudhon va dénoncer dans *Qu'est-ce que la propriété ?* (1840 et 1841) l'iniquité profonde de ce droit, alors qu'un Adolphe Thiers en fera l'apologie, comme en témoigne *De la propriété* (1848). Depuis, dans tous les pays industrialisés, on a vu s'opposer les partisans de la nationalisation du sol et des moyens de production aux thuriféraires de la propriété privée. Collectiviste, socialiste, anarchiste, autogestionnaire, coopérateur, chacun y allait de sa méthode pour abolir la propriété au nom de la liberté. Le proprio, petit ou gros, était présenté comme l'ennemi du peuple (« Le vautour » au théâtre dès le Premier Empire comme dans les caricatures du XIXe siècle), le complice des puissants qui s'enrichissent sur le dos des travailleurs dépossédés de ce qu'ils produisent, sans pouvoir l'acquérir ! Divers populismes antimonopolistiques ont, ici ou là, imaginé les formes d'une « propriété populaire » non capitaliste...

Voilà un point à noter : tous les processus d'urbanisation à l'œuvre s'effectuent selon des législations différentes. S'interroger sur telle ou telle typomorphologie urbaine (le bidonville, la *gated community*...) revient à savoir qui possède quoi ? Chaque immeuble ou maison repose sur un sol (ou un sur-sol, en cas de construction sur une dalle), dont il faut bien se demander à qui il appartient et qui en a l'usage. Ne l'oublions pas, la situation du sol exprime les rapports sociaux à un moment donné et nous instruit également sur toute une culture juridique ou coutumière imprégnée d'une longue histoire. Je peux décrire un sol, mesurer son aridité, son acidité, son érosion, sa dégradation biologique, etc., en observer les destinations (agriculture, construction, élevage, plantation, loisirs...), en comprendre ce qu'il représente pour ses occupants (les Bouriates portent des *gutul*, souliers au bout recourbé afin de ne pas le blesser et le chef indien Seattle écrit au président américain Franklin Pierce, en 1854 : « Nous sommes une partie de la terre, et dans le même temps, elle est une partie de nous... »), en améliorer la qualité par l'irrigation, l'apport d'engrais naturels, la pratique de l'assolement triennal, le brûlis, que sais-je encore ? Pourtant les diverses formes d'urbanisation à l'œuvre altèrent sans vergogne les terres arables pour y édifier leurs habitations et y tracer leurs routes. Chaque année des milliers d'hectares de terres agricoles sont détournés de leur destination première, et deviennent constructibles et objet de spéculation.

Le droit au sol

Le sol constitue pour le terrien son assise, son point d'ancrage dans la nature. Par conséquent, il n'est pas curieux de voir tant de terriens réclamer un droit au sol. Les paysans sans terre du Brésil n'aspirent pas tant à être propriétaires qu'à pouvoir avant tout cultiver un lopin pour nourrir leur famille. Leur liberté repose en quelque sorte sur la propriété. Retour à la case 1789 ? Il en est de même pour le citadin fatigué de migrer, de squatter, de bivouaquer, d'errer à la recherche d'un impossible chez-soi ! L'accès au sol est une des conditions pour s'intégrer à un quartier et à se lier à des voisins, à socialiser. Le parcours type du migrant est connu : il arrive de son village natal et se rend dans le bidonville où logent des *pays*, qui d'abord l'hébergent, puis l'aident à louer une baraque ou à se procurer un bout de terre pour y édifier sa cahute. Son premier contact avec l'univers de la ville est souvent l'illégalité, ce sous-produit de la misère.

Nécessité de s'installer et illégalité

Si l'urbanisme se conçoit et se réalise, en principe, selon des procédures claires et nettes, des règlements et des lois que nul citoyen n'est censé ignorer, l'urbanisation emprunte plus volontiers les chemins escarpés de l'illégalité. Ce terme, construit à partir de son opposé « légalité », du latin *legalis*, « relatif à la loi » (*lex*, *legis*), désigne ce qui est non conforme à la législation. Mais quelque chose d'illégal peut être légalisé et devenir à son tour légal. Ainsi le légal se nourrit-t-il parfois de l'illégal... C'est souvent le cas dans la « fabrication de la ville », cette urbanisation désordonnée qui entraîne des populations entières loin de leur village natal et les localise dans des villes où rien n'est prévu pour les accueillir, d'autant moins lorsqu'elles ne roulent pas sur l'or...

La nécessité de s'installer coûte que coûte et de tenter de survivre à l'ombre de la grande ville génère des comportements et des situations hors-la-loi. Il s'agit bien souvent d'entorses imposées à la fois par un « vide juridique » (cette situation n'est pas prévue, ce terrain n'a pas de propriétaire ayant un acte, cette occupation est provisoire, etc.) et un réel dénuement. Cette « illégalité par ceux d'en-bas » n'a rien à voir avec l'« illégalité par ceux d'en-haut », ce mépris de la loi que confère, à certains, l'argent ou le pouvoir. Dans ce dernier cas, l'illégalité n'est qu'un moyen comme un autre — au même titre que la corruption, par exemple — pour arriver à ses fins. En contester la pratique apparaît bien incongru tant elle est banalisée. Les « affaires » qui secouent périodiquement certains gouvernements montrent à quel point la frontière entre le légal et l'illégal est ténue, surtout pour « ceux d'en-haut »...

Tolérer certaines formes d'illégalité, pour les plus démunis, relève du bon sens que peu de gouvernants semblent posséder. Si l'histoire urbaine corrobore cette attitude, elle montre également que l'insécurité dans laquelle se trouvent plongés les pauvres ne les aide guère à sortir de leur condition. Au contraire, la non-légalisation accroît la peur et la souffrance d'une population déjà affaiblie. En revanche, les cas où l'autorité part de l'illégalité afin de la corriger avec la complicité des « illégaux » se révèlent remarquablement efficaces. Un bidonville, par définition illégal puisqu'il s'agit d'un squat, qui bénéficie d'une reconnaissance légale — quelles qu'en soient les modalités concrètes, variables d'un cas à un autre —, se métamorphose rapidement en un quartier intégré à l'agglomération.

Le bidonvillois aspire à l'édification de sa demeure et n'hésite pas à travailler dur afin de substituer aux matériaux de fortune des briques de terre stabilisée (adobes) ou du parpaing, de se brancher sur un « vrai » réseau de distribution d'eau, de creuser une fosse septique, de planter un minuscule jardin, de cimenter le devant de sa maison, bref d'embellir son habitat. Par ailleurs, en réglant une facture, il prouve qu'il a une adresse, qui lui permet d'inscrire ses enfants à l'école, de trouver un emploi, de recevoir du courrier... La garantie de ne pas être expulsé est la condition *sine qua non* d'une véritable installation pérenne. La seconde condition est la sécurité. En effet, les *slums* du monde entier font régulièrement l'objet d'un contrôle maffieux — avec ou sans la complicité de policiers corrompus, du reste — qui terrorise les résidants et les empêchent de s'y sentir libres. Nombreux sont les associations d'habitants, les comités de quartier, les organisations non gouvernementales, les mouvements caritatifs religieux ou laïcs qui œuvrent dans les bidonvilles afin d'assurer la dignité de chacun et de les protéger contre les racketteurs...

L'illégalité sert aussi bien des intérêts privés. Un marchand de sommeil s'enrichit en louant à des sans-papiers ou à des ruraux qui ne possèdent pas le mode d'emploi de la ville, abusant de la méconnaissance que ces derniers ont de leurs droits. De même, des propriétaires de parcelles inconstructibles (terrains inondables, marécageux, à proximité d'un dépôt dangereux, etc.), taxent, en toute impunité, les squatters qui y bricolent leur abri. L'illégalité rapporte beaucoup.

Ceci ne date pas d'hier ! Les livres d'histoire regorgent de mésaventures, plus ou moins tragiques, mettant en scène un « honnête propriétaire » avec des migrants, non pas naïfs, mais dans l'incapacité de réclamer la légalité.

Le Marais, à Paris, a vu plusieurs hôtels aristocratiques transformés en logements locatifs surdensifiés avec des extensions imprévues, des séparations étonnantes, des appentis dans les cours, des pièces aveugles sous les escaliers, etc. Chaque mètre carré était judicieusement rentabilisé au grand désespoir du locataire qui n'avait pas d'autre choix. Il en est de même pour la plupart des centres anciens des villes de province. Quant à la banlieue qui va se développer au rythme de l'extension des lignes ferroviaires, elle se souvient encore des procédés illégaux qui étaient tant bien que mal acceptés par les autorités communales comme par les « mal-lotis » ; la réalisation, même imparfaite, de leur rêve d'une maison de ville à la campagne l'emportait sur les « dysfonctionnements », qu'ils espéraient momentanés.

L'appartenance du bidonville à la ville

En effet, il est possible d'être condamné à l'illégalité, tout en aspirant à la légalité. Les travaux préparatoires à Habitat I (Vancouver, 1976) — consacré à « l'habitat pour le plus grand nombre » — ne cessent d'inciter les dirigeants à légaliser des situations hors droit, à mobiliser les « illégaux » pour qu'ils déménagent sur des parcelles assainies, qu'ils s'auto-organisent afin de construire en dur leur logement (banques de matériaux, banque de temps, prêt d'outillage, échange de savoir-faire, etc.), qu'ils paient régulièrement un loyer (même symbolique) ou remboursent un modeste crédit. Le principal message d'Habitat I est que le bidonville appartient à la ville, que leurs destins sont irrémédiablement liés.

C'est l'époque où John Turner, à la suite de ses expériences andines et mexicaines, invite, dans son livre *Le logement est votre affaire*, les autorités à fournir aux pauvres le support de leur logement et non le logement, celui-ci étant construit par les futurs habitants à partir de « techniques appropriées ». Ce qu'espère l'architecte britannique, proche d'Ivan Illich, avec ces deux recommandations, c'est d'« accroître le contrôle des gens sur leur existence », en leur assurant la maîtrise de la richesse matérielle dont ils disposent, sans y ajouter une subvention qui les transformerait en « assistés », et en préservant l'environnement. Il parle même d'« agapè » ; c'est dire si pour lui le logement est plus qu'une habitation, c'est la possibilité de l'échange social, de l'accueil, de l'amitié.

Dix ans plus tard, c'est-à-dire un an avant l'« Année internationale des sans-abri » (1987) décidée par les Nations unies, Patrick McAuslan, dans *Les Mal-logés du tiers monde*, et Alain Durand-Lasserve, dans *L'Exclusion des pauvres dans les villes du tiers monde*, font le point sur la propriété foncière et immobilière des pauvres. Ils insistent sur l'importance des systèmes coutumiers encore vivaces, qui coexistent — à côté ou en superposition — avec le Code Napoléon ou la *Common Law*, selon l'origine du colonisateur. Ils remarquent également que, dans la plupart des pays du tiers monde, les institutions religieuses, les compagnies ferroviaires et l'armée sont de gros propriétaires fonciers et immobiliers. Alain Durand-Lasserve constate que l'écrasante majorité des pauvres occupent illégalement des parcelles et participent à la filière informelle du logement, entièrement aux mains des lotisseurs souvent irréguliers. En conclusion de sa remarquable analyse comparée, et sans illusion, il note que « la situation foncière et, par suite, la situation du logement urbain sont le résultat d'un rapport de forces qui détermine l'ampleur du mouvement d'appropriation/exclusion et en désigne les principaux acteurs ». Il ne croit guère en l'État pour constituer des réserves foncières et contrer la raréfaction/spéculation des lots et préconise une réforme du microcrédit, une réorganisation des subventions et surtout une régularisation de l'occupation — qui ne revêt pas nécessairement l'aspect d'un titre de propriété.

La persistance de systèmes hérités

Vingt ans après, lors d'Habitat II (Istanbul, 1996), on admet amèrement que le message est largement resté « lettre morte ». Et c'est du côté des ONG, beaucoup plus nombreuses qu'en 1976 et particulièrement actives sur ce terrain, qu'il faut regarder. On ressent un bizarre sentiment de surplace : le constat est le même, sauf que la population démunie s'est démultipliée. Étrangement, les solutions préconisées n'évoluent guère. Alors pourquoi ce surplace ?

Les raisons sont multiples : l'infranchissable distance politico-culturelle entre dirigeants et dirigés ; le poids absurde et budgétivore de la technocratie administrative qui cherche à appliquer des modèles urbains inappropriés ; le refus par le pouvoir en place de laisser s'exprimer le « peuple » (car la démocratie est un danger pour n'importe quel régime népotique, clientéliste ou autoritaire) ; la puissance de l'idéologie des institutions internationales qui vise à uniformiser un monde divers (pour son bien !) ; le dynamisme de l'économie capitaliste mondialisée qui s'oppose à toute « recette » locale ; la pesante culpabilité des « illégaux » ; le fatalisme et le désarroi du bidonvillois ; la dispersion des moyens pas toujours bien affectés aux fins ; le solipsisme si bien répandu, etc.

On le devine, la question dépasse grandement les simples clivages sociaux riches/pauvres, l'opposition pays développés/sous-développés, la tension culturelle entre « modernes » et « traditionalistes ». Elle marque l'inadéquation entre un droit et des usages, une législation et des pratiques obligées. À la ville inachevée qui s'enrichit des bidonvilles (de 1991 à 2000, à São Paulo, par exemple, on dénombrait un nouveau bidonville par semaine !) correspond l'imperfection d'un droit qui doit évoluer selon les exigences sociétales. L'illégalité qui caractérise le logement populaire oblige une politique de droit commun qui ne vise pas à l'établissement d'une légalité « abstraite », mais à un règlement sécurisant l'occupant, sans léser le propriétaire, au cas où ce dernier se manifesterait. En effet, de nombreuses occupations ont lieu sur des terres abandonnées, délaissées, inhabitables, le long de voies de chemin de fer, sur les bords d'une rivière, à proximité d'une décharge.

L'application du droit qui ferait rentrer l'informel dans le formel se complique avec les pratiques néocoutumières d'accès au sol observées dans la plupart des pays d'Afrique. Alain Durand-Lasserve considère, en 2006, que « les systèmes néocoutumiers sont animés par des individus qui vendent sur le marché plus de droit que le système coutumier ne leur reconnaît ». Face à la lenteur de l'administration, à son incompétence en matière cadastrale et urbanistique, à la corruption de potentats locaux, aux pratiques illicites de lotir, à la non-publicité (opacité) des droits du sol, etc., la situation des plus démunis s'aggrave. L'auteur écrit : « Les filières néocoutumières sont donc de moins en moins accessibles aux plus pauvres, qu'elles soient formellement reconnues (Ghana et Ouganda), bénéficient d'une reconnaissance de fait (Bénin, Afrique du Sud) ou ne soient pas reconnues (Cameroun, Sénégal, Tanzanie). Les tendances observées dans toutes les études de cas confirment ce processus d'exclusion des plus pauvres. » Il n'y a guère à fanfaronner. Je ne peux m'empêcher d'associer à cet invraisemblable surplace dans les pays du Sud la macabre comptabilité des SDF qui meurent chaque hiver dans les villes riches, plus nombreux que lorsque l'abbé Pierre déclencha l'« insurrection de la bonté », en 1954, il y a plus d'un demi-siècle !

Régulation et régularisation de la propriété

Dix ans après Habitat II, les enjeux civilisationnels de l'urbanisation sont encore plus importants, car la population urbaine est définitivement majoritaire, et l'écosystème grandement perturbé dans ses cycles régulateurs par une surconsommation — et un gaspillage — des matières énergétiques, une dégradation accélérée de l'environnement, une « poubellisation » accrue du monde urbain. Tout cela est connu, chiffré, modélisé. Le surplace est-il si agréable ? Ne ressemble-t-il pas à la position apparemment confortable du baigneur qui fait la planche ? Avant de couler !

Ne rêvons pas et n'imaginons pas une quelconque propriété collectivisée. Du reste serait-ce la « bonne » solution ? Voyons l'ex-URSS, Cuba, la Chine ! Mais il existe tout un éventail de solutions qui s'accorderaient aux pratiques juridiques des États et aux habitudes des populations, selon les « bassins » culturels. Un bailleur social construit des logements pour les louer, en dehors du marché. Le loyer varie alors selon la situation économique et familiale du loueur, et du montant des aides sociales. Pour les pays du Sud où n'existe pas l'équivalent de l'indemnité à la personne, c'est l'État qui pourrait réguler la redistribution ou la déléguer aux autorités territoriales décentralisées. C'est un peu le cas à Singapour, où près de 90 % de la population réside dans des grands ensembles de logements publics, majoritairement vendus lors d'une vaste opération d'accession à la propriété.

Ailleurs, en Asie du Sud-Est, l'on trouve encore des « poches urbaines infralégales » (selon l'heureuse expression du géographe Charles Goldblum), c'est-à-dire des endroits produits selon le système informel, mais en voie de légalisation selon de nouvelles normes « bricolées » qui échappent en partie à la normalisation « officielle », trop exigeante pour le type de population concernée. Parfois, le « propriétaire » du sol qui le loue au « propriétaire » de la maison est tout aussi illégal que ce dernier ! L'éviction — le « déguerpissement », dit-on au Sénégal — ne résout pas grand-chose à un tel imbroglio juridico-coutumier. Il est donc préférable de régulariser, si possible de façon administrative adaptée au cas par cas.

Un système coopératif associe divers futurs copropriétaires endettés auprès de la même banque pour les pauvres et leur assure la stabilité résidentielle. Un promoteur privé de type ONG propose des habitations à coûts contrôlés, avec une participation des habitants à l'entretien des parties communes, par exemple. Des études récentes rassemblent des monographies sur des cas exemplaires qui tentent de concilier la demande d'un logement bon marché et sain à une offre à inventer en mêlant les aides internationales ou nationales au potentiel des habitants. Il conviendrait de les suivre dans le temps. Souvent, de bonnes initiatives sont perverties par des agissements auxquels personne n'avait songé. Par exemple, afin d'éviter le favoritisme, l'on décide d'attribuer les parcelles par tirage au sort. Plus tard, on s'aperçoit que certains sont devenus propriétaires de plusieurs parcelles contiguës, ou le destinataire d'une parcelle était un « homme de paille » au service d'un potentat local qui se constituait un vaste terrain pour y lotir du collectif... Ailleurs, un locataire se révèle plus riche que son loueur ; un « habitat social » en Afrique ou en Asie coûte plus cher à fabriquer qu'une parcelle assainie et, du coup, se peuple de petits fonctionnaires et non pas des bidonvillois qu'il fallait reloger ; les normes promulguées sont totalement exubérantes eu égard aux conditions économiques de fabrication du logement et accroissent davantage encore l'écart entre le secteur formel et le secteur informel ; les réglementations, en s'empilant, découragent et gênent toute initiative, surtout celle de l'habitant sans grands moyens, etc.

Je dois dire que jamais un discours prétendant mener une politique de soutien à l'habitat populaire n'a vraiment été suivi d'effet. De même, je n'ai jamais vu se concrétiser le principe, pourtant élémentaire, d'appui aux projets des habitants à partir de leurs propres ressources... Alors, qu'est-ce qui peut fonctionner ?

Les enclaves privées

Le panneau « propriété privée » est si répandu qu'on n'y prête guère attention, en ville comme à la campagne. A-t-on l'impression d'enfreindre la loi en empruntant un chemin orné de cette pancarte ? « Privé » veut dire « personnel », « intime ». Une « propriété privée » ne concerne que ses propriétaires, généralement liés par des relations familiales. Ce qui est « privé » ne s'oppose pas à ce qui est « public », mais relève d'une nature différente. Il existe des usages privés d'un bien collectif, comme ce banc dans ce jardin public, toujours accaparé, en début d'après-midi, par les mêmes vieilles dames...

Homogénéité sociale, sécurité et rappel du passé

Depuis quelques années se développent, partout dans le monde, des « villes privées ». Si certains observateurs y voient avec satisfaction la victoire d'un capitalisme ultralibéral et l'effacement de l'intervention étatique, d'autres s'inquiètent d'une ségrégation volontaire reposant sur la revendication sécuritaire et la sélection résidentielle par l'argent. L'expression « ville privée » n'est pas bonne ; il conviendrait plutôt de dire « ville privatisée ». En effet, ces lotissements ceints d'un mur de protection, vidéosurveillés et protégés par des vigiles vingt-quatre heures sur vingt-quatre, ne constituent pas de véritables villes avec un statut de municipalité, mais des îlots réservés. C'est également le cas pour certains immeubles au centre des grandes villes, de Milan à New York, de Tokyo à Bombay, de Paris à Buenos Aires.

Ces « enclaves fortifiées » visent à offrir à une population choisie et socialement homogène des conditions de vie confortables et sûres. C'est l'argument sécuritaire qui est mentionné en premier lieu par les acquéreurs d'une maison ou d'un appartement dans ce type d'ensemble. C'est aussi ce qui explique que la majorité des résidants ne soient pas nécessairement recrutés parmi les plus fortunés. Un couple de cadres supérieurs peut investir dans l'achat d'un tel logement afin de garantir à ses enfants de jouer tranquillement dans la rue ou d'aller, sans danger, en vélo chez leurs copains. Dans son roman *America* (1995 ; traduction française Grasset, 1997), T.C. Boyle décrit un lotissement aux maisons semblables pour *middle-class*, qui, progressivement, accroît ses contraintes de protection, au fur et à mesure que la crainte de l'Autre — en l'occurrence, un étranger, un clandestin mexicain qui rôderait aux alentours — augmente... C'est aussi le cas à Celebration (Floride), la ville conçue et commercialisée par Disney. Ce n'est pas à proprement parlé une *gated community*, mais son dessin (inspiré du New Urbanism) et sa taille modeste lui assurent une réelle tranquillité qui sied aux habitants.

Le New Urbanism renoue avec le mouvement américain de la City Beautiful du début du XXe siècle, tout en utilisant les technologies modernes. Ses concepteurs, Elizabeth Plater-Zyberk et Andres Dauny, Jonathan Barnett, Peter Calthorpe et James Rousse, ont misé, dès le premier congrès du New Urbanism en 1993, sur le « village » avec ses coquettes maisons ouvrant sur les rues et pour certaines sur le mail central, la diversité des activités, l'importance accordée aux parcs et jardins, sans oublier les pistes cyclables. Le vocabulaire architectural emprunte à l'architecture vernaculaire traditionnelle comme le montre Seaside, en Floride, où a été tourné le film de Peter Weir, *The Truman Show* (1998). Ses principes urbanistiques s'opposent à ceux du mouvement moderne et préconisent la compacité, la priorité au piéton, le respect du lieu. On le voit, c'est davantage le rappel du passé avec un zest d'écologie qui explique l'engouement, réel mais limité, pour ce type d'urbanisation que ses vertus sécuritaires.

La « ville privatisée » propose un large éventail de prestations à des tarifs différents, ce qui la rend finalement accessible à toute une gamme de revenus. Elle est « privatisée », dans le sens où la plupart des services sont personnalisés, payants, et au choix. Elle est « privatisée » également parce qu'elle échappe à la règle du droit commun et se place volontairement en dehors de la sphère publique. Elle est « privatisée » aussi parce qu'elle regroupe une population sociologiquement « typée » et, de fait, impose une ségrégation.

La ville peut être aussi « générationnelle » (on connaît le succès de Sun City, près de Phoenix en Arizona, réservée aux plus de cinquante-cinq ans), « sexuelle » (il est facile d'imaginer des enclaves urbaines pour homosexuel(le)s de telle couleur de peau et de tel statut social, etc.), « confessionnelle » (pourquoi, en effet, ne pas laisser les membres d'une Église quelconque se regrouper en un même territoire à usage exclusif ?), etc.

Il existe donc de nombreuses manières de privatiser une ville, mais le résultat est toujours le même : exclure l'indésiré (peu importe lequel) et empêcher la ville de faire « société », c'est-à-dire de s'édifier à partir de la mixité des activités, du mélange social, de la diversité culturelle, des si enrichissants métissages. Cette exclusion suppose l'interdiction. Et l'interdiction appelle la réglementation (d'où les restrictions, y compris dans la couleur de la façade de sa maison ou dans l'agencement de son propre jardin !) et la surveillance.

La démocratie menacée par la privatisation de l'espace

Tout cela n'est pas nouveau, précise Evan McKenzie dans un remarquable essai, *Privatopia,* dans lequel il examine l'histoire des formes de promotion immobilière et de planification urbaine collectives et privées, qu'il nomme les *common-interest housing development* (CID) et dont il repère les premières manifestations en Angleterre au début du XIXe siècle. En ce qui concerne les États-Unis, il constate que le mouvement des cités-jardins selon Howard adopte des modalités juridiques qui favorisent la privatisation, non seulement de la construction et de la gestion, mais aussi de l'organisation municipale. Il s'arrête longuement sur l'exemple de Radburn (New Jersey, 1928) et sur les idées de Charles Stern Ascher, inventeur du *government by contract ou extra-municipal administration,* qui préfigure ce que l'on rencontre actuellement dans maints îlots pavillonnaires « privés » de Californie ou de Floride...

Accepter la privatisation des services publics urbains et l'enclosure de zones urbaines, selon des critères communautaires, identitaires et sécuritaires, constitue un véritable danger pour la démocratie. D'autant que cette privatisation « douce » n'inquiète que les plus démunis, qui ne peuvent se raccrocher à la société qu'à travers les trop rares signes de solidarité que représente le droit d'accès, pour tous, aux mêmes services collectifs. L'installation dans un quartier protégé, en échange d'un droit d'entrée, n'apparaît pas plus asociale que l'inscription dans un club. C'est pour cette raison que la « ville privée » se généralise si facilement. Elle transforme le citadin en consommateur. La logique est acceptable par chacun : je paie donc j'y ai droit.

Mais il n'est pas concevable d'admettre des « villes fermées » possédant leur propre règlement et excluant une partie de la population, pour qui considère que le bienfait de la ville consiste en son accessibilité sans entrave et sa gratuité. S'opposer à la privatisation de certaines enclaves urbaines revient à améliorer la qualité des services publics pour tous sur l'ensemble du territoire. C'est parce que la sécurité n'est pas garantie ici, que là se constitue une forteresse avec milice, vidéosurveillance et grillage. C'est parce que tel service public est peu performant qu'un service privé se présente en concurrence. Poser la question du développement de la ville privatisée comme une tendance « normale » c'est refuser de se donner les moyens d'une solidarité sociale, gage d'une démocratie renouvelée.

La banalisation de l'entre-soi

Ce n'est pas un scoop, tout juste une information : les enclaves résidentielles se banalisent. On en trouve à tous les prix — ou presque ! — ; elles s'installent dans pratiquement tous les pays (excepté au Japon et en Allemagne, pour l'instant du moins). Si le principe de ce nouveau bien immobilier — qui « a la cote » — est sans frontière, son principe promotionnel repose au contraire sur la frontière, le marquage physique, le contrôle à l'entrée ! Il s'agit de vendre, non seulement un logement confortable, et un emplacement pour les voitures des acquéreurs, mais un sentiment de sécurité ! Sans oublier une copropriété bien éduquée qui respecte les mêmes intérêts et partage les mêmes valeurs... Chacun chez soi certes, mais avec un entre-soi acceptable et accepté.

Le regroupement de certaines populations n'est pas une nouveauté, il semble exister depuis les tous premiers pas de l'humanité. Regroupement décidé pour se protéger (le fameux « instinct grégaire » repéré par les premiers anthropologues), mettre en commun ses moyens et ses forces, ou bien regroupement imposé par le pouvoir qui a très tôt compris que « diviser, c'est régner ». Parfois le regroupement apparaît relativement spontané, comme celui des migrants venus d'un même village, qui se retrouvent dans la même rue ou le même quartier (les Bretons autour de la gare Montparnasse ou les Algériens à Belleville, à Paris) afin de s'entraider et de maintenir vivant une culture locale, avec son parler, ses croyances et superstitions, ses liens familiaux et ses projets de retour au pays.

Ces migrants ont des métiers, des scolarités, des revenus bien différents. Mais leur présence en un même lieu ne l'homogénéise pas sociologiquement parlant, à l'inverse de ces résidences vidéosurveillées, engrillagées, vigilisées. Là, on recrée les règles du théâtre classique : unité de temps, unité de lieu et unité d'action, à quelques variantes près. Racine n'est plus à l'affiche, on assisterait plutôt à un dérivé de *Super-Cannes* du romancier anglais J.-G. Ballard...

L'argument sécuritaire l'emporte dorénavant sur d'autres motifs qui, aux États-Unis, avaient assuré — et assurent encore — le succès de certaines *gated communities* : le sport et l'entretien du corps (golf, tennis, piscine, kiné, antenne médicale...), la retraite médicalisée au calme (comme Sun City déjà mentionnée ou, parmi d'innombrables exemples, la SORIMO à Marseille qui commercialise des logements aux plus de cinquante ans, selon *La Marseillaise* du 12 mai 2005, ou le succès grandissant des « Senioriales » et autres « Jardins d'Arcadie » qui se multiplient dans le Tarn, le Lot-et-Garonne, l'Aude ou les Landes, selon *Le Monde* du 31 mai 2006).

La sécurité privatisée

L'argument sécuritaire exprime l'échec cuisant des politiques publiques incapables de policer la société, non pas dans le sens de la fliquer, mais dans celui d'apporter la simple sécurité des personnes et des biens, pourtant inscrite dans la plupart des Constitutions des États modernes. Le passage au privé d'une prérogative qui relève de la nation et de ses représentants est ni plus ni moins un signe d'affaiblissement de l'État et de recul pour la démocratie. Par ailleurs, rien n'est plus insaisissable qu'un sentiment, *a fortiori* celui d'insécurité. Ce dernier, et les études qui le prouvent abondent, est irrationnel et n'a pas nécessairement de bases « objectives » sur lesquelles se conforter.

Les industriels de la sécurité (pose d'alarme, vidéosurveillance, porte blindée...) le savent bien. Leur clientèle n'est pas celle qui est touchée directement par les incivilités répétées ou une violence plus ou moins retenue dans leur quartier, mais les habitants de zones relativement tranquilles qui s'inquiètent des moindres rumeurs et paniquent lors de la publication des chiffres de la délinquance ! Il ne s'agit pas de nier les cambriolages et autres dommages causés au patrimoine des particuliers. Il s'agit avant tout d'établir un état des lieux et des faits, d'en mesurer les évolutions et d'en indiquer les responsabilités, pour ensuite élaborer une politique, à la fois préventive et sécurisante. Parfois de simples mesures suffisent : la présence d'un concierge, la tournée d'îlotiers, l'ouverture plus tardive des magasins, un éclairage de qualité, un entretien méticuleux des cages d'escalier, des recoins, des parkings, des locaux pour les jeunes, des transports publics sûrs, etc., la mobilisation de la municipalité pour informer les administrés des actes de vandalisme et inciter à une solidarité de voisinage, les actions concertées entre l'école et la police pour contrecarrer le racket des enfants et exposer les règles élémentaires de la vie collective...

Ce n'est pas simple, bien sûr, surtout dans une société qui a si bien intégré le « pas vu pas pris » ! Ainsi la privatisation de territoires collectifs ressemble à l'enclosure que dénonçait Thomas More, dans son *Utopia*. Vous en souvenez-vous ? Il explique comment les seigneurs se sont accaparés brutalement les terres, y compris les communaux, ont chassés les paysans pauvres et remplacés ceux-ci par des moutons, plus rentables — les manufactures de laine réclamaient de la matière première ! Le procédé était simple comme bonjour : une clôture. Ici c'est chez moi, propriété privée, entrée interdite ! Le verbe « priver » vient du latin *privare* et signifie « mettre à part, ôter de », il a un arrière-goût « privatif », au sens juridique du terme, c'est-à-dire de « jouissance exclusive ». On est loin de *privus* (intime), qui donnera ce si beau mot français de « privance » (douceur, affabilité) tombé en désuétude... Une question s'impose : qui prive qui de qui et de quoi en privatisant ?

La réponse est aussi compliquée que la formulation de la question. Je pourrais évoquer la ville libre d'accès, qui se voit confisquer des morceaux entiers par celles et ceux qui ont les moyens financiers de les accaparer. Je pourrais verser une larme sur les espaces publics devenus (sauf en Europe) une peau de chagrin... Ou encore exhorter les citoyens dignes de ce nom à refuser toute privatisation territoriale au nom de l'idéal démocratique, du respect pour la trinité républicaine « liberté, égalité, fraternité », tous deux bafoués par ces formes urbaines si peu urbaines... Car ces « enclaves » sont par définition des « à-côtés », des « hors-de », elles ne font plus « ensemble », ne font plus « villes », disloquent, émiettent, bunkérisent le territoire du commun.

Négation de l'altérité et disparition de la vie collective

Le commun, vous savez ? Ce qui engage les uns envers les autres, et non pas ce que l'on partage. Les uns envers les autres, soi et l'autre. Comment ne pas songer alors au philosophe de l'altérité, Emmanuel Levinas, qui dans un texte intitulé « L'ontologie est-elle fondamentale ? » écrit : « L'homme est le seul être que je ne peux rencontrer sans lui exprimer cette rencontre même. La rencontre se distingue de la connaissance précisément par là. » L'étrangeté de l'autre est la preuve de ma singularité que je lis dans son regard ; son regard, cette promesse d'une rencontre. C'est de cela qu'on se prive en privatisant. Perte irréparable.

Ayant exposé cette conviction lors d'une conférence, je fus traité d'« idéaliste » — ce qui n'est pas très grave — par un « ancien militant écologiste » (selon sa formule), quelque peu désabusé, qui assurait que lui aussi avait cru cela il y a bien longtemps, mais que l'être humain se révélait, chaque jour, égoïste, insensible et clos sur lui-même. Il donna de nombreux exemples : plus personne ne dit « bonjour » dans une boutique, « merci » à la personne qui lui tient la porte, la civilité basique est ignorée. Bref, sans se référer à Thomas Hobbes, il n'était pas loin d'affirmer que « l'homme est un loup pour l'homme »...

Je ne méconnais pas les travers des uns et des autres, pas toujours agréables à supporter, je ne cherche pas à en trouver des justifications « sociales » (du genre, c'est la faute à *la* société...) ou encore à les excuser en disant que de tels comportements expriment certainement un incontestable mal-être... Mais je sais aussi que, sans la définition de règles communes et le partage des devoirs qu'elles induisent à chacun, la vie collective n'est plus envisageable.

La question est donc celle de l'élaboration en commun de ces règles et de leur mise pratique. Un élu, un patron, un footballeur, un simple citoyen qui déroge, profite, contourne, magouille, fraude, ne respecte pas ce qui est communément admis, rompt avec l'en-commun, se place « hors », « au-dessus », *voyoucratise* ce qui ne tolère aucune exception. Ce genre d'attitude discrédite ce qu'il représente, en annihile l'aura, en rabaisse la vertu. Le liant entre individus suppose le respect. C'est par le respect que la dignité éclôt et avec elle la tolérance. J'y reviendrais dans le dernier chapitre.

Visite de la cité-jardin

On ne construit plus vraiment de cité-jardin, même si des lotissements pavillonnaires, des quartiers résidentiels, des îlots urbains associent de plus en plus fréquemment aux bâtis une riche végétation.

Ebenezer Howard, urbaniste autodidacte

Pourtant, à un moment donné de l'histoire des villes modernes, les partisans de la cité-jardin ont cru convaincre les citadins par l'originalité de leur projet. Rompre avec « la ville tentaculaire » (selon la formule du poète belge Émile Verhaeren, 1895), asphyxiante et stressante tout en refusant le bourg rural ensommeillé et avare en progrès de toutes sortes, c'est inventer un *tiers-territoire*, ni ville, ni campagne.

Ebenezer Howard (1850-1928), théoricien et praticien de la cité-jardin, œuvre pour que les hommes expérimentent une ville de l'après-ville, en quelque sorte une « cité sociale ». Issu d'un milieu populaire, Ebenezer Howard est employé de bureau de quinze ans à vingt et un ans, à Londres, sa ville natale. Un oncle installé fermier aux États-Unis l'invite à le rejoindre. Il se rend dans le Nebraska, achète 160 acres et, avec deux amis et associés, se lance dans la culture du maïs, des concombres et des pastèques. Il est bien délicat de s'improviser agriculteur et la faillite est vite au rendez-vous !

Lors d'un voyage sur le Missouri, il croise le colonel William Cody, plus connu sous le nom de Buffalo Bill, maigre consolation... À peine au bout d'une année, il s'installe à Chicago — victime du terrible incendie de 1871 et alors en pleine reconstruction — comme sténographe, dans le journalisme cette fois. En 1876 il revient au pays et occupe le poste de sténographe des débats parlementaires, tout en consacrant beaucoup de temps à l'amélioration technique des diverses machines qu'il doit utiliser, possédant un incontestable talent d'inventeur. Il introduit, du reste, en Angleterre la machine à écrire Remington qu'il rapporte d'un de ses voyages outre-Atlantique. Tout comme il ramène l'ouvrage d'Edward Bellamy, *Looking Backward,* qu'il apprécie beaucoup et cherche à faire connaître en Grande-Bretagne. On prétend même qu'il en finança l'édition anglaise... Il se marie en 1879 avec Elizabeth Ann Bills et devient père de trois filles et un fils. Son épouse meurt en 1904, peu avant son emménagement à

Letchworth, la première cité-jardin. Il se remarie en 1907 et déménage à Welwyn en 1921, seconde cité-jardin, dont il est également l'instigateur. Il y décède en 1928 et sa seconde femme en 1941.

L'inspiration réformatrice d'Ebenezer Howard

En 1898 il publie *To-morrow : a Peaceful Path to Real Reform* (« Demain : une voie pacifique vers une réforme véritable ») qu'il réédite, avec quelques légères modifications, en 1902 sous le titre désormais célèbre de *Garden-Cities of To-morrow* (« Les cités-jardins de demain »). Il y expose sa conception de la société et décrit, en détail, la « cité-jardin ».

Ebenezer Howard n'adhère pas au libéralisme économique, il croit avant tout en la coopération, surtout au sujet de la propriété du sol. Sans être un théoricien, c'est un fervent lecteur d'une poignée d'auteurs, dont les ouvrages constituent sa bibliothèque et dans lesquels il vient régulièrement se replonger. Ses idées, présentées simplement, sans grandes imprécations langagières ni théorisations excessives, se nourrissent de ces lectures-là.

On y trouve l'économiste britannique Alfred Marshall (1842-1924) à qui il emprunte à la fois la propriété collective des terres et une fiscalité judicieuse ; le géographe et prince russe en exil Piotr Kropotkine (1842-1921) auteur de *Fields, Factories and Workshops* (1898), qui milite pour un habitat déconcentré et une autre répartition territoriale des activités économiques ; le médecin anglais Benjamin Ward Richardson (1828-1896) connu pour *Hygeia* (1876) ; William Morris (1834-1896), initiateur du mouvement artistique Arts and Crafts, auteur des *Nouvelles de nulle part* (1891), qui décrivent une société pacifiée et socialiste ; et le romancier et publiciste américain Edward Bellamy (1850-1898). Ce dernier publie *Loocking Backward*, en 1888, un récit uchronique dans lequel il imagine la société bostonienne en l'an 2000 : l'État possède les moyens de production, tous les individus entre 21 et 45 ans servent dans l'Armée du travail, l'argent n'existe plus, chacun dispose d'une carte de crédit et peut acquérir tout ce qu'il désire, les invalides, les indigents et les malades bénéficient de la solidarité collective, les progrès techniques sont pour tous et le confort est général, l'égalité est garantie.

À ces lectures, il convient d'ajouter d'autres influences non livresques : lors de ses séjours aux États-Unis, Ebenezer Howard s'est familiarisé avec les réalisations paysagères de Frederick Law Olmsted (1822-1903) ; il a visité la « ville-parc » Adélaïde en Australie et Port Sunlight et Bournville en Grande-Bretagne. Il a pensé dénommer sa trouvaille « Unionville » ou bien « Rurisville » avant d'opter pour *garden-city* sans même savoir que Christchurch, fondée en 1850, se prévalait d'être la « cité-jardin de la Nouvelle-Zélande » ou encore que Alexandre T. Stewart, en 1869, posait la première pierre d'un lotissement appelé « Garden-City », à Long Island...

L'invention de la cité-jardin

L'appellation de *garden-city* a le mérite d'être facilement traduisible dans la plupart des langues européennes (*gardenstadt*, cité-jardin, *cuidad-jardin, turnstad*...), ce qui va contribuer à son succès. L'objectif de l'auteur n'est pas urbanistique, mais politique. En effet, à l'heure d'un exode rural massif et d'un accroissement démesuré de la population des villes — dans des conditions innommables, que la presse ne cesse alors de dénoncer —, il est indispensable de se demander : « Que faire ? » La réponse qu'il apporte échappe à la vieille opposition entre la ville et la campagne et préconise leur fusion, car « la société humaine, précise-t-il en introduction, et les beautés de la nature sont faites ensemble pour l'homme ».

Plus loin, il explicite ses intentions : « J'entreprendrai donc de montrer comment, dans la combinaison "ville-campagne" on peut jouir des possibilités de vie sociales égales — que dis-je ! supérieures — à celles qu'offre une ville populeuse, tandis que les beautés de la nature environneront, baigneront chacun de ses habitants. Je montrerai comment des salaires plus élevés sont compatibles avec des loyers et des impôts réduits, comment d'abondantes possibilités d'emploi et de brillantes perspectives d'avenir peuvent être procurées à tous ; comment les conditions sanitaires les plus admirables peuvent être assurées ; comment on verra de belles demeures et de beaux jardins ; comment les limites de la liberté pourront être reculées ; tandis que les plus beaux résultats de la coordination et de la coopération seront recueillis par une population heureuse. »

Attention : la cité-jardin se présente comme une ville entière, « totale » et « autonome » — pas une banlieue dortoir dépendante de la grande ville qui la domine —, avec des activités économiques et de nombreux équipements collectifs ! Son ouvrage est un guide pratique répondant à la question : « Comment édifier une cité-jardin ? » Des diagrammes explicatifs — qu'on imagine aisément reproduits en grand sur des panneaux pour accompagner une exposition ou une conférence publique — décrivent les principaux ingrédients de la cité-jardin type.

Une cité sociale fondée sur la coopération

Sur un terrain de 2 400 hectares, par exemple, la ville n'occupe qu'un sixième, elle peut être de forme circulaire et son centre est un jardin, sur lequel aboutissent les six principales avenues, qui délimitent les quartiers. Plusieurs couronnes successives entourent ce cœur végétal : un Crystal-Palace — inspiré de celui conçu par Joseph Paxton pour l'Exposition de Londres en 1851 — abrite les commerces et permet une déambulation à l'abri des intempéries, un autre anneau accueille les services administratifs, un autre (la « grande avenue », de 70 mètres de large) sépare les habitations des activités industrielles, enfin, un nouveau parc encercle la ville et, à sa périphérie, l'on place le chemin de fer (*Circle Railway)* et les exploitations agricoles. Ebenezer Howard indique le chiffre de 32 000 habitants — dont 2 000 paysans, pour la cité-jardin idéale —, sachant qu'il prévoit des grappes de six cités-jardins reliées entre elles et à la cité centrale de 58 000 habitants. L'ensemble constitue la « cité sociale ».

Le sol relève de la propriété collective, il est source de revenus fonciers (les champs pour les agriculteurs et les parcelles pour les industries et les commerces...) et de dépenses (entretien des parcs, des jardins et de la voirie, remboursement des emprunts, investissements immobiliers — crèches, écoles, hôpitaux, salle de concert, cinéma, maison de retraite...). Pour que le sol disponible, à la différence de celui de la grande ville rare et coûteux, trouve des locataires, il est obligatoire que la cité-jardin soit efficacement reliée aux autres villes et régions, d'où le poids stratégique du chemin de fer dans le développement du projet.

Le système économique et social repose sur la coopération — on reconnaît là, à la fois le Bellamy de *Equality* et le Kropotkine de l'*Entraide* — et la responsabilité des associations de quartier. Son socialisme n'est pas étatique, mais décentralisé, local. Ebenezer Howard s'intéresse aux techniques : il ne souhaite aucunement un « retour à la terre », qui ignorerait l'électricité, bien au contraire, il attend beaucoup du progrès, comme moyen de libération des hommes et des femmes en ce qui concerne, par exemple, les tâches épuisantes ou répétitives. Il conçoit sa « cité sociale » comme un lieu de production de richesses techniquement avancée, offrant du travail à tous et permettant à chacun de se réaliser.

Les premières réalisations

Ebenezer Howard veille par avance à répondre aux sarcasmes des uns et aux objections des autres sur la faisabilité de son projet. Aussi, son exposé est-il didactique, pratique, argumenté, persuasif. En 1899, avec une poignée d'amis, il fonde la Garden City Association (Association des cités-jardins), à laquelle adhèrent des personnalités comme Ralph Neville et Thomas Adam. En 1903, une Compagnie de pionniers voit le jour et acquiert, en plusieurs achats, 3 818 acres, dans le Hertfordshire à 35 miles (50 km) de la capitale, et dans le Hertfordshire, afin d'y édifier Letchworth. C'est là que va s'ouvrir le chantier de la première cité-jardin, selon les plans des architectes Raymond Unwin (1863-1940) et Barry Parker (1867-1951).

Plusieurs patrons philanthropes avaient déjà quitté la ville pour installer dans la campagne leurs cités industrielles « propres » — dirait-on à présent —, à l'architecture inspirée du mouvement Arts and Crafts : Bournville, à proximité de Birmingham, et Port Sunlight, au sud de Birkenhead. La première, qui abrite la chocolaterie de George Cadbury et les maisons des salariés, sort de terre au cours des années 1890. La seconde résulte de l'initiative du fabricant de savon, William Heskett Lever, et date de la fin des années 1880. Au même moment la Staveley Coal and Iron Company lance une politique de construction de « cottages » pour ses travailleurs, sous forme de lotissements résidentiels, certes selon le principe du coût minimum, mais pour un confort maximal. Raymond Unwin y fait ses premières armes, ce qui le conduit à réfléchir au logement social. Il publie en 1902 une brochure intitulée *Cottage Plans and Common Sense*, en 1903, *Cottages Near a Town* et, avec son associé — et beau-frère — Barry Parker, en 1901, *The Art of Building a Home.*

C'est à une réunion de la Garden City Association, en 1901, qu'il sympathise avec Seebohm Rowntree, le fils de l'entrepreneur Joseph Rowntree. Celui-ci envisage un « village modèle » au nord de York, New Earswick, et en confie les plans à Parker et Unwin. Les premières maisons sont livrées en 1904, d'autres suivront avec le Folk Hall, inauguré en 1907 et, en 1912, une école en plein air dessinée par Raymond Unwin... Lorsqu'ils remportent le concours pour Letchworth, ce ne sont plus des débutants.

Si la pensée de William Morris nourrit encore leur idéal politique, leurs compétences professionnelles proviennent d'expériences variées. Ebenezer Howard a noté en bas de ses schémas, « ceci n'est qu'un diagramme. Le plan ne peut être dessiné qu'une fois l'emplacement choisi ». Ce sage conseil est suivi par Raymond Unwin, qui se rend sur place, effectue des relevés, arpente le site et esquisse un plan bien éloigné du plan circulaire. Les jardins sont évidemment privilégiés et Unwin généralise l'usage des impasses ou culs-de-sac. Les architectures ne sont pas homogènes et révèlent des inspirations différentes, de solides cottages au toit en tuiles rouges et aux fenêtres à petits carreaux côtoient une maison à toit plat, en panneaux en béton, montée en usine et transportée par train, de Liverpool à Letchworth... Chaque année apporte ses nouvelles constructions et équipements, toujours en respect avec les principes fondateurs et, soixante-dix ans après ses premiers arrivants, Letchworth compte plus de 32 000 habitants...

En 1919, Howard achète un terrain à 30 kilomètres de Londres et y édifie la seconde de ses cités-jardins, Welwyn, à partir des plans de Louis de Soissons (1890-1962). Par la suite, bien que séparé, Barry Parker s'enthousiasme pour les idées de « ville-satellite » et de « ville nouvelle » (*new town*), et Raymond Unwin œuvre pour l'*urban planning,* à la fois dans l'enseignement et surtout au sein des administrations publiques.

La diffusion d'un modèle et son adaptation

La cité-jardin, à défaut d'un succès massif en Grande-Bretagne, connaît d'heureux développements dans plusieurs pays du monde. L'ouvrage d'Ebenezer Howard est, en quelques années, traduit en plusieurs langues. Les plans de Parker et Unwin sont reproduits dans de nombreuses revues d'architecture et d'urbanisme et leurs auteurs sont invités pour des conférences, aussi ne faut-il guère s'étonner du succès de la cité-jardin dans des pays aussi différents que le Japon, les États-Unis, l'Espagne, l'Italie, la France, la Belgique, les Pays-Bas, le Brésil, le Venezuela, l'Argentine...

À chaque fois, il s'agit davantage d'une adaptation d'un modèle d'urbanisme que de l'adoption d'un programme de réformes sociales avec une ville type à la clé. Au Japon, par exemple, la formule *garden city* est traduite par *den'en toshi* que le dictionnaire usuel définit ainsi : « Ville présentant l'agrément de la campagne, ou encore ville planifiée bâtie dans les campagnes environnantes d'une grande ville. » Augustin Berque, qui relève cette citation, présente l'ouvrage japonais ainsi titré, qui paraît dès 1907. Analysant le contenu de ses quinze chapitres, il montre à quel point les auteurs sont distants de la pensée « socialiste » d'Ebenezer Howard. Il n'hésite pas à qualifier ce texte de « réactionnaire », et à l'apparenter à tout un mouvement anti-occidental qui prône un retour aux valeurs ancestrales, une sorte d'agrarianisme mâtiné de nationalisme qui privilégie le village et les champs sur la ville et les jardins. Pourtant, un entrepreneur japonais moderniste et occidentalophile, Eiichi Shibusawa (1840-1931), accepte, en 1915, de promouvoir une *den'en toshi*. La société est créée en 1918. Dotée d'un solide capital, elle achète des terres (*Tamagawa-dai aera*), assurée de l'ouverture d'une ligne de chemin de fer les reliant à Tokyo, qu'il s'agit déjà de décongestionner. La société vise à loger des cadres moyens à Senzoku et des universitaires sur le campus de Ookayama, ainsi la cité-jardin devient-elle une banlieue de Tokyo avec des jardins et un cadre de vie campagnard. Shun-Ichi J. Watanabe a bien raison de dire que, si le mot est transposé dans la langue, ce n'est pas le cas du concept !

En Allemagne, la réception du mot et du concept est encore autre. En effet, le Japon rural est à la fois confronté à une modernité locale et à une modernité importée. Cette dernière dispose de nombreux atouts, relais et surtout d'une aire géographique bien plus large pour se déployer, se renouveler, se renforcer. L'Allemagne vient de naître en tant qu'État, sa fécondité est si importante que sa population migre des villages vers les villes, et aussi vers le Nouveau Monde. Elle connaît depuis plusieurs décennies une industrialisation active, intensive et inventive. Une partie du patronat se préoccupe de loger ses travailleurs et, pour cela, édifie des « cités ouvrières », dont le modèle vient d'Angleterre, *via* les Expositions universelles et ses acclimatations en France et plus particulièrement en Alsace (Mulhouse). Mais le modèle subit bien des modifications afin de mieux coller avec la société allemande, ses goûts, ses systèmes d'organisation, ses modes de vie, ses formes d'urbanisation et la puissance revendicative des syndicats et partis politiques de gauche et d'extrême gauche.

C'est dans ce contexte que la *garden-city* va séduire à la fois des réformateurs sociaux, des conservateurs urbanophiles et souvent antisémites (la grande ville est le lieu des mélanges et par conséquent de la dégénérescence de la « race »...), des révolutionnaires marxistes (Marx et Engels dénonçaient la grande ville et considéraient que la révolution allait résoudre la contradiction entre la ville et la campagne) et de nombreux « amoureux de la nature »...

Encore une fois, un même mot cache des conceptions inconciliables entre elles. La *Gartenstadtgesellschaft* est créée en 1902. L'éventail des positions qu'elle rassemble est bien plus réduit, et est grandement dominé par les partisans d'une esthétique urbaine (que nous retrouverons dans le *Werkbund* en 1907) liée à une planification urbaine (le premier numéro de la revue *Der Städtebau*, de Camillo Sitte et Theodor Goecke, paraît en 1904), le tout dans un cadre « naturel ». Un industriel, Karl Schmidt, fondateur de la *Dresdner Werkstätten für Handwerkskunst* — dans la lignée de William Morris et de son mouvement Arts and Crafts — décide de déménager ses ateliers et les demeures de ses ouvriers-artisans à Hellerau. Richard Riemerschmid (1868-1957) réalise le plan-masse et dessine des logements individuels en bande à l'architecture « traditionnelle », ce qui ne contrarie pas certaines innovations formelles.

La cité-jardin à la française

Le cas français corrobore ce qui vient d'être dit sur le Japon et l'Allemagne. Georges Benoît-Lévy (1880-1971), avocat de formation, fils d'un fabricant de jouets, accepte, en 1903, une mission d'enquête, financée par le Musée social, sur les cités-jardins. Le récit de ses voyages et lectures, *La Cité-Jardin*, sort en 1904 et est préfacé par Charles Gide (1847-1932), oncle du romancier André Gide, célèbre économiste « engagé » dans les universités populaires, les mouvements associatifs et surtout théoricien de l'économie sociale et du système coopératif (l'École de Nîmes).

Après avoir résumé la théorie des « trois aimants » de Ebenezer Howard, Georges Benoît-Lévy relate sa découverte de Port Sunlight et de Bournville, puis recense les principales expérimentations de cités-jardins dans le monde, avant de ne pas conclure, car il souhaite juste jouer le rôle de l'observateur impartial qui, néanmoins, constate que cette « utopie » de papier est devenue une réalité humaine...

Quelques années plus tard, en 1911, dans *Villages-jardins et banlieues-jardins*, il s'attarde sur le mot et le concept : « Or l'estampille de cité-jardin a acquis une telle réputation qu'elle a déjà tenté la contrefaçon. Aux lotissements accomplis par des spéculateurs, aux groupes les plus sordides de maisons ouvrières, le terme de cité-Jardin a été indifféremment appliqué par des flibustiers ayant tout intérêt à créer cette confusion. Les projets sérieux parce qu'ils sont durables mettent plus longtemps à parvenir à maturité. [...] Se rapprochant du type de *garden-city*, tout au moins quant à la manière de lotir, quant à l'organisation de la vie sociale et à l'esprit de solidarité ayant inspiré leur fondation, ce sont les villes-jardins et banlieues-jardins, qui pour n'être pas absolument semblables à son image, se différencient très nettement des cités ouvrières et des entreprises spéculatives. » Plus loin, il regrette d'avoir contribué à ces équivoques en conservant le mot anglais pour des réalités françaises...

Il est vrai qu'en France, si le logement social n'est peut-être pas une préoccupation nationale, l'on dénombre quelques expérimentations novatrices. Les « cités de cheminots », construites par Raoul Dautry après la Première Guerre mondiale, refusent le plan géométrique, entremêlent les maisons individuelles confortables et les jardins ouvriers. À Reims, dans la cité-jardin du Chemin-Vert, l'architecte Marcel Auburtin (1872-1926) propose le choix entre une quinzaine de typologies d'habitat que l'on peut combiner et disperser dans le paysage. Logement ouvrier, logement social peut-être mais non exempt de beauté, de verdure, de calme. La cité-jardin à la française, compte tenu de la faiblesse du mouvement coopérateur et de la réticence des partis de gauche envers la politique du logement, doit s'appuyer sur la petite fraction de patrons favorables à l'amélioration des « conditions physiques et morales » des travailleurs et de leurs familles et sur l'action d'une poignée d'élus convaincus que changer la ville revient à changer la vie...

En 1903, Georges Benoit-Lévy met en place l'Association des cités-jardins qu'il va animer avec un réel dévouement jusqu'à son retrait, pas vraiment élucidé, en 1908. Apparemment la Section d'hygiène urbaine et rurale du Musée social prend l'affaire en main et Georges Risler (1853-1941), son porte-parole, en présidera le destin. Dorénavant la cité-jardin, toujours revendiquée, devient une des formes urbaines parmi d'autres dans le vaste plan d'aménagement de la région parisienne. Son habitant n'est plus copropriétaire de son logement mais demeure cogestionnaire de sa cité. Ces changements visent à ne pas attacher l'ouvrier à un seul lieu, au cas où l'usine doit fermer ses portes...

Henri Sellier, élu socialiste, sorti d'HEC, parlant l'anglais, va faire des relations entre les communes de banlieue et Paris l'un de ses chevaux de bataille, un autre, tout aussi prenant, étant le logement social (il est à l'origine de la création d'un Office public d'habitations à bon marché). Remodeler Paris et sa région, rendre solidaire ces deux entités, revient à peupler les communes les plus petites et à doter l'ensemble de la région d'un réseau de transport collectif. Il imagine même un transfert fiscal, des communes les plus riches vers les plus pauvres...

Une carte de 1933 localise les cités-jardins de la région parisienne, réalisées par l'Office public d'habitations à bon marché (OPHBM) : Suresnes, Gennevilliers, Stains, Drancy, Le Pré-Saint-Gervais, Les Lilas, Charenton, Champigny, Maison-Alfort, Vitry, Malabry, Le Plessis-Robinson, Vanves et Boulogne. Elles ont plus ou moins bien vieilli et certaines sont patrimonialisées, réhabilitées. Les mieux insérées dans l'urbanisme banlieusard se sont fondues en lui, et à présent le promeneur reconnaît difficilement l'empreinte d'une cité-jardin. La diversité des typologies des 13 000 logements de ces résidences franciliennes (maisons individuelles, maisons jumelles, logements en bande, petits immeubles isolés, immeubles sur voie de circulation...), la présence de jardins devant et derrière ou bien autour de l'habitation, les rues, les ruelles, les impasses, les placettes, les haies, un mobilier urbain souvent spécifique, tout cela confère aux cités-jardins une réelle originalité et une indéniable qualité, même si les normes de confort actuelles ne se satisfont plus des superficies des appartements et même si l'urbanité espérée par les premiers militants se révèle amputée de sa dimension participationniste.

Il faudrait également évoquer les autres cités-jardins de par le monde, en Espagne (Séville), Italie (Littoria, aujourd'hui Latina), Israël (Tel-Aviv), Finlande (Helsinki), Pologne (Wroclaw), Belgique (Le Logis et Floréal près de Bruxelles) et surtout les États-Unis, et à chaque fois comprendre ce qui a bien fonctionné — et pourquoi — et ce qui a contribué à l'épuisement de ce modèle d'acquisition et de gestion du sol.

L'histoire de la cité-jardin selon Ebenezer Howard démontre que l'opiniâtreté ne suffit pas à changer la face des villes, qu'une idée généreuse, désintéressée, ne peut réformer pacifiquement une société. Certes l'intervention d'habitants motivés et organisés, soutenue par une association disposant de capitaux et de l'apport des compétences d'architectes et d'urbanistes, conduit à la réalisation d'une cité-jardin. Mais le bon exemple n'entraîne pas sa prolifération spontanée...

La question du politique reste posée. Davantage encore dirais-je à l'heure des grands regroupements territoriaux (Union européenne, par exemple) et de la mondialisation. Quelle démocratie urbaine promouvoir ? Pour quelles relations entre la ville et les territoires de l'urbain généralisé ? Pour quelles alliances entre la nature et la technique ? Ebenezer Howard a, pour son époque, apporté des réponses. Le chantier continu...

Alors le sol ? Squatté par les bidonvillois, confisqué par les copropriétaires d'une enclave résidentielle, mutuellisé par les habitants d'une cité-jardin, facile à acheter chez un marchand de biens au prix du marché, préempté par une municipalité qui se constitue ainsi une réserve foncière au cas où sa population croîtrait, le sol est à coup sûr une marchandise particulière dont la valeur n'a guère à voir avec son prix à l'instant *t*, tant elle contient de symboles, d'usages individuels et collectifs, de significations extra-économiques.

Avec certaines formes d'urbanisation, c'est un certain droit foncier et immobilier qui s'internationalise et qui obère les pratiques locales.

La disponibilité du sol représente une sécurité qu'il convient de promouvoir, non pas en établissant une société de petits propriétaires mais en garantissant à chacun un droit d'usage pour se loger sans crainte d'être délogé. Là, comme ailleurs, ce qui est intolérable n'est pas la richesse de certains (bien que !), mais la pauvreté durable. Le combat contre la pauvreté passe obligatoirement par un droit au sol à définir, ici et là, selon les cultures, les croyances et les histoires. Le sol urbain, pas moins que le sol agricole, est à entretenir, cultiver, ménager tel un bien commun.

2

De l'automobilisation, des mobilités et du réseautage généralisés

Avez-vous déjà fait cette expérience : vous asseoir à la terrasse d'un café de centre-ville et observer le mouvement, quasi ininterrompu, de la circulation ? Les trottoirs sont encombrés tout comme la chaussée par des piétons, des cyclistes, des automobilistes, des camions et des autobus. « Quelle agitation ! » vous dites-vous, et non sans courage, vous quittez votre abri provisoire et entrez à votre tour dans la vaste chorégraphie urbaine.

Voyageant en taxis collectifs et en bus « locaux », lors de mes vacances estudiantines au Proche-Orient et au Moyen-Orient, je m'étais déjà fait cette remarque, « ça circule ». C'était frappant, dès le matin tôt et bien encore après le coucher du soleil : une animation continue, des gens qui partent à la campagne voisine, d'autres qui vont vers une autre ville. Des hommes seuls, des familles nombreuses et passablement chargés de couffins et de colis, des femmes voilées, des jeunes militaires, bref, une sorte d'échantillon de la société.

J'avais beau me dire que j'étais dans le « tiers monde », « ça circulait » ! C'étaient des États peu équipés, mal-développés (selon les standards occidentaux), à l'économie chancelante et néanmoins, « ça circulait » de tous les côtés. J'étais perplexe face à un tel mystère qui bientôt se métamorphosera en paradoxe.

En effet, lisant des historiens comme Henri Pirenne, Maurice Lombart ou encore Fernand Braudel, j'appris à quel point la circulation des marchandises et des hommes contribuaient à la richesse d'un pays, d'une région, sans nécessairement les « capitaliser ». Richesse matérielle mais aussi spirituelle, ne l'oublions pas. Les « marchants », qui traversent les continents ou n'effectuent que de courts et réguliers « aller-retour » entre deux localités, peuvent être mercenaires, marchands, clercs, étudiants, pèlerins, paysans ou vagabonds, et nul — pas même l'historien ! — n'apprécie la rencontre furtive, imprévue, fugace, entre un « passant » et un autochtone. Pourtant sa présence suffit à déclencher bien des rêves, bien des interrogations, bien des envies. La couleur d'un vêtement, la forme d'un habit, le son d'une voix, la musique d'un instrument inconnu, la manière de saluer ou la façon de discuter du prix d'une marchandise, ces éléments sans grand intérêt en eux-mêmes deviendront, selon les circonstances, d'incroyables révélateurs de sens, des incitateurs pour des vocations insoupçonnées, des désirs de voyages... C'est une rencontre de ce type qui cause le long parcours initiatique du héros de *La Goutte d'or* de Michel Tournier, du désert africain au cœur nocturne de Paris.

Pour Henri Pirenne, c'est clair comme le jour, les villes naissent du commerce. Il établit la carte des marchés et des foires. Il suit à la trace les caravanes des marchands et commente leurs itinéraires. Il se trompe paraît-il à propos de la Méditerranée au temps de Mahomet et de Charlemagne (*Mahomet et Charlemagne* est le titre d'un essai d'Henri Pirenne, publié de manière posthume en 1935), et sur les causes de l'arrêt — ou du ralentissement — des échanges concernant l'or, le papyrus et les épices, mais Maurice Lombard corrige le tir et interprète, à son tour, les invasions incessantes qui labourent tout l'Occident, non seulement chrétien mais aussi musulman. Il associe au développement urbain l'instauration d'un circuit monétaire. « C'est le moment, écrit-il, où apparaissent les termes *portus*, "lieu de marché" ; *vicus*, "faubourg des marchands" ; le moment où la ville déborde de ses étroites murailles et où se constituent des faubourgs commerçants et industriels. » (*Espaces et réseaux du haut Moyen Âge*, La Haye, Mouton, 1972). Il parle alors de « réseaux », là où d'autres évoquaient des « routes » (de la soie, de l'or, des esclaves, des épices, que sais-je encore ?), mais c'est pour mieux en faire ressortir les nœuds et les mailles, et finalement le filet en entier.

Le mot français « réseau » se prononce « resel », ou « roisel » durant la période médiévale, et désigne un fin filet utilisé pour attraper les oiseaux ou le petit gibier. Il donnera « résille », ce tissu léger constitué de petites mailles qui l'apparente à la dentelle. Au cours du XVIIIe siècle et surtout au XIXe siècle, le mot « réseau » se popularise afin de nommer l'ensemble des voies de communication couvrant une région : on parlera alors d'un réseau ferré ou d'un réseau de canaux ou encore d'un réseau fluvial. Au XXe siècle, chaque citadin fréquente quasi quotidiennement un réseau autoroutier ou aérien. L'idée du « réseau » comme « filet » se retrouve avec le net dans le langage des nouvelles technologies de l'information et des communications (NTIC). Le réseau est davantage qu'une route, il englobe le support, mais aussi les indications de fonctionnement et les utilisateurs. Fernand Braudel, dans « Les jeux de l'échange » (*Civilisation matérielle, économie et capitalisme, XVe-XVIIIe siècle*, t. 2, Armand Colin, Paris, 1979), insiste sur les « circuits » qui, en se combinant à des « territoires », dessinent des « réseaux ».

Ces historiens n'imaginent pas l'agriculture villageoise comme une activité exclusivement sédentaire — immobile, diront certains — pas plus qu'ils ne pensent la ville enceinte de muraille comme hermétique au monde. Pour eux, la catégorie des nomades admet plusieurs types de nomadisme, plus ou moins saisonnier, plus ou moins irrégulier. À l'opposition entre la ville et la campagne — qui est loin d'avoir une portée universelle —, ils préfèrent, sans le formuler aussi explicitement, l'échelle du réseau auquel appartient cette ville ou cette campagne. Il va de soi que la route — son tracé, son revêtement, son entretien — participe directement à la qualité des échanges et par conséquent à celle de la mobilité. Cela est vrai pour les armées conquérantes, les parcours des marchands et le touriste actuel, qui « fait » telle région cette année en se laissant guider par l'équipement satellitaire de sa voiture ou de l'opérateur de son cellulaire.

Loin de moi, la tentation de relater l'histoire des routes, d'Alexandre le Grand à la Croisière Jaune, en suivant un temps Marco Polo ou les Tuniques bleues contraignant les Indiens à résider dans des réserves. Ces aventures bien connues — et leurs cortèges de violences et de morts — ne m'intéressent que pour y confronter quelques observations présentes.

L'automobile conquérante

Qui peut contester la commodité et la flexibilité de l'automobile ? Voilà un engin pratique à utiliser, toujours prêt à démarrer et à vous transporter là où vous le désirez, pour autant qu'une route — ou un chemin carrossable — y mène.

Autonomie et multiplication des déplacements

Cela n'a pas échappé à Albert de Dion (1865-1946), industriel qui s'associe avec Bouton pour mettre au point un moteur à explosion, fonde l'Automobile Club de France en 1895 et invente « La populaire », en 1902, pour qui la voiture non seulement transformera les villes et les campagnes, mais également provoquera un « changement moral et intellectuel [...] dans notre tempérament et dans notre caractère » (*Je sais tout*, 15 mars 1906). Il est convaincu que l'automobile va conquérir le monde et toucher, progressivement, toutes les classes sociales, ce qui lui procure une irrépressible joie. En effet, l'automobile devient familière aux humains qui, dès que leur budget leur permet, s'en procurent, puis deux, puis trois !

L'urbain diffus qui enveloppe les cinq formes d'urbanisation que je présentais en ouverture n'est concevable qu'avec la multiplication des voitures dans chaque famille. C'est également vérifiable en proche banlieue parisienne : dans la rue où je réside, chaque ménage dispose au moins de deux véhicules. Dès qu'un adolescent, ou une adolescente, obtient son permis de conduire, il (elle) achète une voiture, qu'il (elle) nettoie et entretient consciencieusement chaque samedi matin. Les arguments sont connus : l'absence de transports en commun interbanlieue — ce qui est la plupart du temps vrai —, la non-concordance des horaires des membres de la famille qui entrave l'usage d'un seul véhicule et surtout la liberté de mouvement de chacun. Sans compter l'image sociale, culturelle ou encore générationnelle que procure la possession d'une voiture d'une certaine catégorie, marque et puissance.

Ainsi l'automobile, depuis près d'un siècle, est-elle la compagne des humains, une sorte d'animal domestique qui les valorise et les tourmente. Jean-Pierre Dupuy, dans la lignée d'Ivan Illich, avait estimé, il y a une trentaine d'années, le coût de revient moyen d'une voiture :

environ 4 000 francs par mois, soit plus de 600 euros (ou 7 200 euros pour une année), sans l'amortissement. Ce calcul a peu varié et représente une somme non négligeable que l'automobiliste assume pleinement tant il est persuadé qu'elle lui assure une incomparable autonomie, parfois associée à un certain prestige. La voiture, c'est quand je veux pour où je veux ! En France, par exemple, les déplacements automobiles sont très courts : 52 % des parcours font moins de 5 kilomètres et 27 % sont inférieurs à 3 kilomètres. Aller chercher une baguette ou le journal nécessite la voiture ! Il en est de même pour conduire les enfants à l'école. Emmenant Martin à ses cours en bicyclette, je voyais bien la valse des voitures, garées n'importe comment, méprisant les autres enfants, j'imaginais même que certaines mères au volant de leurs énormes 4 × 4 se voyaient pénétrer l'école, gravir l'escalier et décharger leur petit chéri à sa place. Ce sont ces mêmes pilotes qui rêvent d'entrer en voiture dans le centre commercial et d'y remplir leur coffre ! Comment les désintoxiquer ?

Développement et limite du déplacement en vélo

La marche et le vélo sont des modes de déplacement économiques, écologiques, souples, mais limités, aussi ne concurrencent-ils pas vraiment l'automobile. Il est difficile d'effectuer un itinéraire de plus d'une heure en bicyclette, matin et soir, surtout dans le contexte urbain et compte tenu des intempéries. La marche correspond principalement à des activités de proximité ou de loisir (flânerie, parcours de santé, etc.). Elle concerne surtout les enfants et les inactifs et dépasse rarement trente minutes de suite (aller à l'école, au parc, chez un copain, à la bibliothèque municipale...).

Si l'*Enquête nationale sur les transports et communications* (INRETS-INSEE, 1993-1994) dénombre 21 millions de bicyclettes en France, elles sont principalement présentes dans les familles nombreuses, déjà équipées d'automobiles, et servent le week-end pour la promenade. Seulement 10 % de la population l'utilise comme moyen de transport, dont plus de 60 % sont des hommes. La durée moyenne d'un déplacement est inférieure à 20 minutes.

Les diverses enquêtes sur la pratique vélocipédique établissent un fort lien entre la durée et la fréquence de la course et la qualité de la voirie et son aménité. Plus une ville offre des pistes cyclables ou des rues adaptées à la pratique du vélo, plus celle-ci se développe. La ville de Lyon s'est lancée dans l'aventure du vélo loué, avec un partenaire privé (Jean-Claude Decaux, le célèbre annonceur), et le succès est inespéré : entre 10 000 et 20 000 vélos empruntés chaque jour pour plus de 40 000 kilomètres parcourus ! Pour 2007, la municipalité envisage un parc de 4 000 vélos et 350 stations. L'atelier d'entretien et de réparation emploie déjà 33 salariés, l'homme d'affaires reconnaît qu'un vélo lui revient à 3 000 euros par an et qu'il attend une nouvelle génération de cycles plus résistants et mieux adaptés à une clientèle changeante et peu responsabilisée.

D'autres villes s'engagent dans la même initiative (Paris, Bordeaux, Montpellier, Marseille...) tandis que les villes « pilotes », en matière de respect du cycliste (Rennes, Strasbourg, Lille, Chambéry, Munster, etc.), pratiquent le prosélytisme et réussissent à convaincre les conseils généraux et régionaux qui investissent dans des pistes cyclables hors agglomération et invitent les transporteurs à mieux accueillir le deux-roues. La SNCF et la RATP sont en effet à la traîne par rapport à leurs homologues danois ou hollandais.

La suprématie de l'automobile

Mais ni la marche ni la bicyclette, à l'échelle mondiale, ne sont prêts à se substituer à l'automobile, d'autant que celle-ci n'est pas qu'un moyen de transport, c'est encore l'expression d'une distinction sociale, la marque d'un statut social, la manifestation d'une réussite sociale et certainement aussi d'un certain machisme. Par conséquent l'automobile a de beaux jours devant elle. Il suffit de lire les tableaux de commandes des constructeurs et de voir l'engouement des Chinois et des Indiens pour se convaincre de la suprématie de l'automobile.

Pourtant, les analyses des écologues concordent : l'accroissement du parc automobile et de la circulation entraîne une aggravation de la pollution. Les émissions de dioxyde de carbone (CO_2), principal gaz à effet de serre, ne proviennent pas seulement des autos, mais aussi des transports collectifs, du chauffage, de l'énergie pour les industries à base de charbon. En 1997, la revue *Eurêka*, avait calculé qu'à Delhi, 64 % de la pollution résultait des émissions automobiles, 70 % à Paris, Varsovie, Colombo, 77 % à Mexico et 90 % à Caracas. En 2005, *La Revue durable* examine quatre mégapoles asiatiques (Tokyo, Pékin,

Shanghai et Séoul) et avoue que « même en étant optimiste, les émissions de CO_2 de ces villes ne devraient pas décroître ».

Tokyo se met au vélo, mais sans réel enthousiasme de la part de la municipalité qui ne fait aucun effort pour aménager des pistes cyclables, ouvrir des garages et des parkings à vélo, adapter le code de la route afin de faciliter la circulation des deux roues et modifier le comportement des automobilistes. Séoul taxe le volume des déchets, utilise le gaz des décharges et innove en matière de transports collectifs. Mais Pékin et Shanghai s'engagent avec délectation dans le tout automobile... Les autoroutes en viaducs se superposent et se croisent en une invraisemblable pelote de bitume éventrant d'anciens quartiers, les périphériques se succèdent à chaque extension de la ville dévorant de grande quantité d'hectares de terres cultivables. Un échangeur autoroutier a le gabarit de la ville de Carcassonne et chaque automobile qui sort de l'usine réclame 125 m^2 de places de stationnement. Ces données, pour autant qu'elles soient impressionnantes, ne modifient en rien le mouvement général d'automobilisation.

La France, qui possédait en 2003 9 352 kilomètres d'autoroutes, veut atteindre 11 000 kilomètres en 2020 (au prix moyen de 10 millions d'euros le kilomètre) afin de permettre à chaque habitant de se trouver à moins d'une demi-heure d'une entrée autoroutière. Ce privilège est coûteux et écologiquement contraignant (bruit de fond permanent, pollution, perturbation des écosystèmes).

L'urbanisme vers le tout-automobile

Tous les pays du monde aspirent à un réseau autoroutier performant et n'hésitent pas à brutaliser leurs paysages campagnards et à casser des immeubles d'habitation et des monuments. Il est vrai que la notion de « patrimoine » n'est pas universelle... Cette automobilisation génère un certain urbanisme prétendu fonctionnel et rationnel. Il a été théorisé par les tenants du Mouvement moderne, Le Corbusier en tête, et prône le zonage : à chaque activité son « morceau » d'agglomération.

En 1943, dans *Sur les quatre routes*, Le Corbusier constate avec satisfaction : « La rue n'est plus. Elle est devenue route de ville, route d'automobile, autostrade. » Plus loin, il entreprend un état des lieux, pays par pays, de la situation urbaine. « Dans ce sévère bouleversement, note-t-il, une lueur de bien : Hitler réclame des matériaux sains et souhaite, par ce retour aux traditions, retrouver la robuste santé qui peut se découvrir en toute race quelle qu'elle soit. » Et Hitler applique ses idées en mobilisant la jeunesse allemande dans la construction de « splendides autostrades ». Il suit en cela Mussolini. L'URSS s'y met également. Et la Hollande. Et la Turquie « sous l'impulsion de Kemal Ataturk qui ne croyait qu'au progrès ». Et les États-Unis ? « Les États-Unis, explique-t-il en une formule dont il à le secret, sont le peuple adolescent ; ni les villes ni les campagnes ne sont adultes ; c'est un immense torrent avant le lac. »

Le Corbusier, encore et encore, chante les louanges de la société machinique, du progrès technique. Il affirme : « Les jeunes d'aujourd'hui ont un moteur d'auto dans le ventre et un avion dans le cœur. » On entre irréversiblement, continue-t-il, dans l'« âge de l'information, d'une connaissance multiforme et instantanément universelle ». Tout n'est pas faux dans ce galimatias. Le Corbusier est un malin. Il saisit bien souvent les innovations qui vont marquer leur temps, mais jamais il ne doute du progrès, jamais il ne découvre dans son ombre, le dégât potentiel, l'accident vraisemblable. Il a foi en le savant et encore plus en l'autorité, ce qu'il nomme par cette appellation solennelle c'est le chef, le leader éclairé et audacieux qui entreprend les réformes, mêmes provisoirement impopulaires, pour conduire la société tout entière dans le sillage de la révolution scientifique et technique.

La ville sectorisée, zonée, est traversée par des réseaux indépendants les uns des autres. On sépare les flux selon leurs vitesses. L'automobile dessine l'urbanisme nouveau. Le Corbusier ne craint pas de relier les toits des immeubles algérois par une autoroute, en corniche sur la mer. Quelques années plus tard, aux États-Unis, Victor Gruen (1903-1980) réalise de vastes centres commerciaux équipés de parkings, mais aussi des complexes d'habitations mêlant les ménages aux revenus et aux origines ethniques différents, réactive le centre-ville en le débarrassant des voitures, toutes les rues sont piétonnes et certaines climatisées, en redynamisant les activités culturelles. Victor Gruen accepte l'hégémonie de l'automobile et le mode de vie qu'elle implique, mais il suggère d'accompagner ce « tout-automobile » par un urbanisme qui « organise la vie commune », selon ses propres termes. Il pense que même une nation aussi individualiste que l'Amérique acceptera une intervention collective — l'urbanisme — afin de coordonner les activités et les territoires de chacun. D'où sa proposition d'attribuer aux bus et aux camions de livraisons, aux automobiles particulières, aux piétons et aux cyclistes des voies réservées, non pas au nom de l'efficacité — comme le Corbusier — mais du confort. Dans le contexte des années 1950 et 1960, sa position est originale : refus de diaboliser la voiture et refus de se soumettre à ses seuls caprices.

La rupture nécessaire avec la dépendance automobile

La situation a évolué pour deux raisons au moins : la dépendance automobile s'est généralisée et la crise du pétrole se profile irrémédiablement. C'est au début des années 1990 que la littérature « grise » internationale use de l'expression *car dependence*. Gabriel Dupuy la popularise en France en regrettant toutefois qu'elle laisse entendre que seul le conducteur serait « drogué » et qu'il conviendrait de le guérir. Alors qu'il s'agit de tout un système d'automobilité dans lequel le conducteur n'est qu'un rouage parmi d'autres (l'industrie automobile, les compagnies d'assurances, les réseaux de distribution d'essence, les garages, les services de voirie, les écoles de conduite, etc.).

Ainsi, l'habituelle solution urbanistique de densité et de compacité ne résoudrait qu'une partie du problème automobile... Gabriel Dupuy a raison d'écrire que : « La dépendance automobile ne trouve pas son origine dans les villes (ni dans les campagnes) mais dans le développement d'un système automobile qui n'en respecte pas les limites. » Par conséquent, c'est le système qu'il faut changer. Cela ne se fera pas d'un coup de baguette magique ! La « région urbaine » imaginée par Lewis Mumford est une des solutions envisageables. Il s'agit d'une grappe de villes de tailles différentes assez proches les unes des autres pour être reliées entre elles par un transport en commun ou à bicyclette. La proximité est alors le maître mot. La rupture avec l'urbanisme actuel des grandes infrastructures ressemble à une véritable révolution culturelle. Elle est en marche.

Du reste, le souci écologique (les émissions de CO_2) et la crise pétrolière la légitiment. En 1977, le président de l'Institut français du pétrole organise une rencontre entre experts sur l'avenir du pétrole. La conclusion est sans ambiguïté : après une période de pénurie (la demande excédent l'offre), les puits s'épuiseront, à l'horizon 2030-2040. L'historien de l'automobile, l'ingénieur J.A. Grégoire — qui inventa la traction avant — accepte cette prévision et suggère d'alimenter l'automobile par un autre carburant que le pétrole, une autre source d'énergie (*Vivre sans pétrole*, 1979). Il examine plusieurs possibilités : l'électricité, qu'il ne retient pas car la miniaturisation des batteries est loin d'être réalisable ; les alcools (méthanol, éthanol...) ; l'hydrogène carburant et l'essence synthétique (celle-ci est mise au point durant la guerre par des chimistes allemands, Fischer et Tropsch, à partir du charbon traité à la vapeur d'eau et à l'air, il faut alors 6 tonnes de charbon pour obtenir 1 tonne d'essence). Se livrant en conclusion à un exercice de politique-fiction pour 2050, il décrit un monde avec de moins de moins de voitures et un réseau ferré renouvelé et desservant toutes les localités... Un quart de siècle plus tard, qu'en est-il ?

Au Brésil près de la moitié du parc automobile est équipé de moteur « flex-fuel », c'est-à-dire acceptant le biocarburant (l'éthanol est à base d'alcool de canne à sucre) et l'essence, ou les deux à la fois. Aux États-Unis, six cents pompes à biodiesel servent ce nouveau biocarburant à base d'huile de friture récupérée dans le *fast-foods* et autres restaurants et retraitée (*Le Monde*, 11 février 2006). Quant à la voiture à hydrogène, elle existe et sera certainement commercialisée en 2010. La Ford Focus FCV, à piles à combustible, a été essayée par Jean-Michel Normand (journaliste au quotidien *Le Monde*, 24-25 novembre 2002) qui n'en revient pas : « Si ce n'était le bruit des pneus, plus nettement audible qu'à bord d'une autre auto, la souplesse du moteur et le ronron régulier du compresseur pourraient laisser croire que l'on conduit un gros diesel. »

La conclusion est plus nuancée : « Écologiquement irréprochable, la voiture qui ne crache que de l'eau n'est pas une panacée. En effet, elle ne préjuge pas de la source d'énergie utilisée pour produire en amont, l'hydrogène nécessaire à son fonctionnement. Toute la question est de savoir s'il s'agira d'électricité d'origine hydraulique, éolienne, solaire, thermique ou nucléaire. » Évidemment, si c'est le nucléaire l'on n'échappera pas au traitement des déchets, qu'on enterre au fond des océans dans des conteneurs en béton à la durée de vie limitée...

Pour l'instant, deux certitudes : *primo*, l'accroissement du parc automobile et de la demande en pétrole (qui alimente également les industries chimiques, pour les matières plastiques et pharmaceutiques) et *secundo*, la multiplication de solutions alternatives (covoiturage, location de voiture, voiture électrique, voiture à la carte, billet de bus ou de tram offrant le parking, etc.). J'en ajoute deux : la gratuité des transports collectifs publics (serpent de mer à reconsidérer sérieusement, je songe en particulier à l'Île-de-France) et la taxation des véhicules selon leur puissance pollueuse.

Mobilités non-stop

Voilà une caractéristique de l'urbanisation planétaire incontestée : la mobilité. Toutes les publications officielles, tous les plans d'urbanisme, tous les élus, tous les décideurs, tous les citadins semblent convaincus par l'entrée dans l'ère des mobilités et des communications.

Refonder la politique sur ses valeurs propres

« Tout communique » s'extasiait, émerveillée, la sœur de *Mon Oncle*, en faisant visiter sa maison « moderne ». Dorénavant le « tout communique » ne vise pas seulement les pièces d'un pavillon cubique, mais celles de la terre entière ! Certes, il y a encore quelques caches pour terroristes qui communiquent par cassette interposée, mais, dans l'ensemble, tout « bouge », au point où le mouvement pour le mouvement est devenu un mot d'ordre politique, dénoncé, par exemple, par le politologue Pierre-André Taguieff, sous le nom de « bougisme » (*Résister au bougisme*, 2002).

Ce dernier a raison d'écrire que « la question n'est pas de refonder la droite ou la gauche, le libéralisme ou la social-démocratie. Elle est de refonder la politique, sur des valeurs et des normes qui relèvent de son domaine propre, qui n'est pas celui de l'économie (ancienne ou nouvelle), ni celui de l'innovation technologique, ni celui du spectacle médiatique. À mon sens, la politique doit se refonder en référence à des valeurs et des normes ordonnés à la tâche “résistancielle” de conserver ce qui mérite de l'être », et aussi, ajouterais-je, d'expérimenter, de compléter, de confronter.

La nouvelle configuration du territoire

La politique se doit d'être repensée selon les nouvelles conditions de son exercice. Il serait absurde de rester indifférent aux nouvelles configurations territoriales du quotidien urbain, tout comme de ne pas prendre en compte les mobilités impulsées par les NTIC, par exemple. La question n'est pas de « bouger », mais de « communiquer », c'est-à-dire d'échanger. Le sociologue anglais John Urry observe que non seulement les personnes sont devenues mobiles mais les objets aussi, et que, ainsi, la mobilité l'emporterait sur le territoire, l'ancrage, le déjà-là. Ou plus exactement : en se mouvant, le citadin et ses objets familiers reconfigurent leur territoire existentiel. Finalement la voiture en circulant vous transporte, mais vous la transportez également. L'interaction permanente entre ce qui transporte et ce qui est transporté se traduit par un imaginaire de la fluidité, du flux, du courant, du trajet.

Ces mobilités tous azimuts ont été pressenties par Gilles Deleuze et Félix Guattari avec la figure du rhizome (*Mille Plateaux*, 1980). En effet, nous ne sommes plus dans une cartographie des itinéraires fléchés, mais dans celle des nœuds qui se font et se défont telles les configurations colorées d'un kaléidoscope. L'urbanisation planétaire impose un divorce du temps et de l'espace et leur attribue à chacun une autonomie complète qui repositionne le principe même de notre déplacement et de notre halte. L'ubiquité n'est plus un rêve à la Jules Verne, le téléphone portable, bientôt vidéotéléphone, la réalise. Je suis ici et en même temps ailleurs, avec toi, à qui je téléphone et que je vois comme en vrai. Mon échange est multiple et de niveau, nature, effet, importance, variables. Bien sûr, chaque citadin se situe dans ce nouveau contexte technico-culturel selon son histoire, son rythme, ses attentes et ses craintes, mais indéniablement il est déjà propulsé dans un monde qui délocalise, désynchronise, nomadise en permanence. À ces temps émiettés et à ces territoires décomposés et reconfigurés, l'*homo urbanus* se doit d'y trouver du sens.

3

Du changement climatique, des enjeux écologiques et pour un « urbanisme décent »

Est-ce un effet de mode ou une conviction sincère qui provoque, chez de plus en plus de professionnels de la ville, une attention toute particulière pour l'environnement ? Les deux, suis-je tenté de répondre, ayant observé qu'en devenant une « question de société » une thématique s'impose peu ou prou à l'ensemble d'un milieu de praticiens puis aux citoyens.

Tenez, par exemple, la démographie mondiale accuse une tendance persistante au vieillissement de la population et l'on voit se multiplier les colloques sur la gérontologie, les dossiers spéciaux des revues et des émissions de télévision ou de radio sur la « planète grise », les réflexions politiques sur les « enjeux de la retraite », les propositions pour adapter la ville et l'habitat aux troisième et quatrième âges. Bref, d'un coup, un sujet longtemps ignoré, inconnu ou insoupçonné, fait la « une » et mobilise bien des énergies, tandis que des groupes de pressions pratiquent activement le lobbying.

On pourrait penser que les récentes déclarations des Nations unies sur le réchauffement de la planète, ou bien encore l'après-Tchernobyl (en 1986, il y a plus de vingt ans et l'on n'en mesure pas encore toutes les néfastes conséquences !), la modification géopolitique du marché du pétrole, l'effet de serre, le trou d'ozone, la vache folle et la grippe aviaire, etc., qui constituent des préoccupations de spécialistes, deviennent celles du citoyen ordinaire. Celui-ci à présent se préoccupe de la « durabilité » de sa maison, son quartier, sa ville, et souhaite que des mesures soient prises rapidement pour les protéger.

Des catastrophes annoncées

La circulation d'informations émanant de laboratoires indépendants, d'associations militantes, de ministères, d'institutions internationales, d'internautes « électrons libres », etc., est dorénavant telle que personne ne peut plus pratiquer la politique de l'autruche et bredouiller : « Tout va bien » !

Le rapport des Nations unies sur l'évaluation des écosystèmes (mars 2005)

Les industriels pollueurs, les agriculteurs prédateurs, les hommes et femmes politiques « supermenteurs », tous sont capables de s'apitoyer sur le sort de la planète — si malmenée — et d'annoncer des mesures, jamais suivies de l'arrêté les rendant opérationnelles ! Pendant ce temps, des industriels, des paysans, des hommes et femmes politiques, moins nombreux que les précédents, responsabilisés par les déséquilibres écologiques répertoriés, imaginent des solutions, mettent en place des alternatives, consomment moins, produisent mieux... Il est vrai que se plonger dans les rapports des scientifiques procure non seulement le vertige, mais rend malade ! Le rapport des Nations unies sur *L'Évaluation des écosystèmes pour le millénaire*, publié le 30 mars 2005, ne recense pas directement les crimes contre la Terre et donc contre l'Humanité, mais examine les « services rendus par l'écosystème » à la production de nourriture, à la quantité d'eau potable, au traitement des maladies ou encore à la régulation du climat. Le rapport indique qu'« environ 60 % des écosystèmes permettant la vie sur Terre ont été dégradés ». Une dégradation « plus accentuée au cours des cinquante dernières années que dans toute l'histoire de l'humanité ».

Les experts qui ont rédigé ce rapport proposent quatre scénarios : le premier, dénommé « Ordre venant de la puissance », laisse chaque pays agir à sa guise selon ses intérêts propres marqués du sceau de la sécurité, la démographie s'accroît ainsi que la pénurie alimentaire ; le second, « Orchestration globale », mise sur les interrelations à l'échelle mondiale et sur la défense de l'environnement, au nom du libéralisme, les pays les plus riches s'enrichissent au détriment des plus démunis et les écarts culturels se creusent ; le troisième, « Techno jardin », incite la technologie à voler au secours de la nature et rémunère tous ceux qui concourent à un cadre de vie plus satisfaisant ; le quatrième, « Mosaïque d'adaptations », privilégie une politique économique axée sur les écosystèmes à l'échelle régionale, la recherche et l'éducation sont les grands bénéficiaires de la manne publique, les cultures conservent leur diversité, tout va mieux, mais la croissance stagne...

Le rapport révèle que la population des insectes et oiseaux pollinisateurs décline fortement, entraînant une diminution du nombre des graines produites et des fruits récoltés ; que les bois et forêts tropicales ont été trop exploités (construction, chauffage, pâte à papier...) et qu'ils ne se renouvellent pas assez ; que les stocks de poissons sont dévastés par une pêche surproductive ; que l'air se régénère moins bien dorénavant qu'il y a un siècle, sa capacité à absorber les polluants produits par les humains est au moins inférieure de 10 % par rapport au début de l'ère industrielle ; que les maladies infectieuses semblent réactivées et que les populations soumissent aux catastrophes naturelles sont de plus en plus nombreuses...

L'impact du changement climatique sur les écosystèmes

Ces données confirment celles formulées en 2001 par l'IPCC (Intergovernmental Panel on Climate Change) dans son rapport, *Changements climatiques 2001* : impacts, adaptation et vulnérabilité. On pouvait y lire (d'après *Le Monde* du 21 février 2001) que, d'ici 2100, la hausse des températures s'établirait entre 1,4 et 5,8 degrés selon les combinaisons des éléments retenus pour la simulation modélisée. Une telle modification transforme nécessairement les paysages, les cultures, les écosystèmes. Un degré de plus c'est 160 kilomètres de déplacement « virtuel » vers le midi pour un pays du Nord. Un éditorialiste du *Daily Telegraph* imagine la Grande-Bretagne réchauffée : « On tondra les pelouses à Noël, elles seront beiges en août. Combien de fruits juteux pousseront dans un jardin anglais ? Des ananas et des figues. Des olives et des noix de coco. Des goyaves, des mangues et des citronniers. Tout cela, oui, dans un jardin anglais ! » (*Le Monde*, 23 novembre 2002).

Un climat apparemment plus clément provoque une fonte des glaciers, une réduction de la couverture neigeuse, un réchauffement des océans et une montée du niveau moyen des mers, une augmentation des précipitations, etc. Deux glaciologues (Eric Rignot et Pannir Kanagaratnam, *Science* du 17 février 2006) ont observé qu'à l'échelle du Groenland, la perte de glace totale était de 91 km^3 par an en 1996, 138 km^3 en 2000 et 224 km^3 en 2005. D'autres experts constatent la fonte des neiges éternelles aussi bien dans les montagnes andines, qu'au Kilimandjaro ou en Nouvelle-Guinée. La disparition des calottes polaires pourrait ralentir la circulation des courants marins et ainsi rendre moins tempéré le climat européen, par exemple.

L'augmentation des émissions de dioxyde de carbone (CO_2) a un impact défavorable sur les océans, elle les acidifie. « Sur 70 molécules de CO_2 que nous émettons, explique Paul Tréguer, directeur scientifique d'EUR-Océans, une vingtaine sont absorbées par la biosphère terrestre, une trentaine demeurent dans l'atmosphère et une vingtaine se dissolvent dans les océans » (*Le Monde*, 18-19 juin 2006). Et là, on en mesure mal les conséquences pour la faune et la flore aquatiques, mais il est certain que les chaînes alimentaires seront affectées et que certains planctons disparaîtront, ainsi que des nombreux coquillages et coraux.

On estime à une dizaine de millions les espèces qui constituent la faune et la flore de notre planète, seules 1,75 million d'entre elles ont été inventoriées, répertoriées, dénommées (1,3 million d'animaux dont 950 000 insectes, 288 000 plantes et 72 000 lichens et champignons...). Depuis trois siècles, au moins 113 oiseaux et 83 mammifères ont totalement disparu. Ces extinctions ne représentent pas un phénomène nouveau, les spécialistes énumèrent cinq grandes périodes d'extinctions massives, dont la plus grave (il y a 250 millions d'années) avec l'effacement de 90 % des espèces animales. La plus proche de nous, il y a 65 millions d'années, a été marquée par la fin des dinosaures...

Un écologue québécois, Michel Loreau, relativise les dangers actuels, tout en insistant sur leur accélération récente, qui selon lui est « principalement due à la destruction des habitats : déforestation, urbanisation, changement d'utilisation des terres... » (*Le Monde*, 8 juin

2006). Que faire ? Dans un premier temps, suggère-t-il, contrecarrer la perte des habitats en entretenant ces « niches environnementales » pour assurer la reproduction de ces espèces fragilisées, y compris en ville. Car toutes les villes possèdent leur faune et leur flore et doivent leur assurer les meilleures conditions de vie et non pas de survie.

De bons exemples à soutenir par une politique responsable

Jacques Cornut publie en 1635 son *Enchiridion botanicum Parisiense* qui fait état de 500 plantes localisées dans la capitale et ses alentours. Après les recherches complémentaires de Tournefort, Cosson et Germain, c'est au tour de Joseph Vallot d'éditer, en 1884, son *Essai sur la flore du pavé de Paris*, qui sera enrichi par les travaux de savants comme Paul Jovet ou Auguste Chevalier. La flore urbaine fait ainsi l'objet d'un inventaire tout comme la faune (poissons, oiseaux nicheurs, insectes, rongeurs, etc.). C'est par conséquent tout le vivant que l'on dénombre, la biodiversité que l'on apprécie.

Pour éviter que cet « état » ne devienne un constat de décès, il faut que les villes modifient profondément leurs rapports au vivant. New York s'est doté, il y a peu, d'un parc naturel régional urbain (descendre à la station de métro « Jamaïca ») où l'on admire des oiseaux qui évoluent tranquillement, étant là, chez eux ! Nantes et une cinquantaine de communes voisines ont protégé un vaste terrain de dix-huit hectares (« Loire de Nantes aux ponts de Cé », qui englobe la Petite Amazonie), labellisé *Natura 2000*, exclusivement réservé aux passionnés de nature naturelle. Certes, il existe des exemples de villes qui ouvrent des parcs et des jardins urbains en évitant de doper les sols avec des engrais chimiques et des désherbants agressifs et qui pratiquent un jardinage économe en énergie et riche en diversité. Ne nous leurrons pas : à l'échelle planétaire ces « bons exemples », ou « bonnes pratiques » selon le jargon des institutions internationales, demeurent « exemplaires », c'est-à-dire peu nombreuses et rarement imitées.

Le bilan écosystémique de la Terre est ni plus ni moins qu'alarmant. L'on peut tordre les chiffres, contester tel calcul ou telle estimation, interpréter les projections à moyen et long termes, cela est dérisoire. Les tendances « lourdes » sont irréfutables : la désertification représente chaque année, à l'échelle mondiale, une superficie égale à celle de la Belgique ; le déboisement concerne, depuis 1990, environ

9 millions d'hectares par an ; le traitement des déchets — dont la production est exponentielle — ne touche que 20 % de sa masse ; l'effacement de centaines d'espèces animales et végétales chaque année s'effectue à un rythme jusqu'alors inconnu... La liste des nuisances, des dysfonctionnements, des pertes, du gâchis semble quasi infinie.

En revanche, les causes sont moins nombreuses, plus faciles à décrire et à circonscrire. L'urbanisation porte sa part de responsabilité aux côtés d'une économie productiviste et d'un mode de vie caractérisé par le « toujours plus ». Contrairement aux années 1960 et 1970, où les rares dénonciations de ces « malversations » passaient inaperçues (Jean Dorst, Jacques Ellul, Bernard Charbonneau, René Dumont, Michel Bosquet et quelques autres, dont le Club de Rome), ce sont dorénavant des savants reconnus, des hommes et femmes politiques qui inlassablement dénoncent les méfaits d'un certain type de progrès, sans plus se faire entendre !

Une ancienne ministre française de l'Environnement, Corinne Lepage, n'hésite pas à titrer un point de vue : « Écologie : la révolution ou la mort » (*Le Monde*, 15 août 2003), pensant qu'un tel accent dramatique susciterait des réactions, en vain. Pourtant, elle déclare : « La catastrophe écologique à laquelle la cécité volontaire ou non des politiques de tout bord a contribué est là. Elle appelle à une véritable révolution culturelle avant même que d'être économique et politique. »

Jean-Pierre Dupuy fait le même constat : « Dans un quart de siècle, nous aurons épuisé les ressources énergétiques fossiles exploitables à bas coût [...]. Les effets du réchauffement climatique seront beaucoup plus dramatiques que ce que l'on pensait jusqu'à récemment, surtout si des pays aussi peuplés que la Chine, l'Inde et le Brésil se mettent à nous imiter dans notre activité de prédateurs du monde commun, comme ils en ont pris le chemin. Bref, notre mode de vie est à terme condamné » (*Libération* du 12 janvier 2003). Il pose alors une question pas si saugrenue que cela : « Pourquoi n'avons-nous pas peur ? » C'est l'irresponsabilité des élites et l'insouciance des populations qui expliquent le refus de « changer le système des croyances ». À défaut de « peur », nous aurons, prédit-il, la « panique » !

Les humains et la Nature

Les liens entre la nature et cet artifice qu'est la ville sont très anciens. Ils apparaissent même constitutifs de l'urbanisme, qui alors ne s'appelait pas ainsi.

La violence écologique ordinaire

En effet, la manière de localiser une nouvelle ville, de tracer ses réseaux, d'orienter ses maisons, de bâtir ses édifices, tient compte des saisons, des vents et des pluies, de l'ensoleillement, de l'alimentation en eau potable, des activités humaines et du degré de leurs pollutions, etc. Preuves en sont certains textes de Platon ou d'Aristote, pour ne mentionner que des références appartenant à l'ère culturelle occidentale. La Nature, avec une majuscule, ne correspond pas à la « nature », entendue comme l'essence d'une chose, ses caractéristiques spécifiques, comme dans l'expression la « nature humaine », mais la *phusis* — terme grec qui donnera en français « physique », par exemple — qui signifie « ce qui croît », « ce qui germe », finalement « ce qui naît » pour mourir et renaître de soi-même.

La *phusis* n'est pas un stock de plantes et d'arbres, d'animaux et de pierres ou de rivières, dans lequel l'homme puiserait imprudemment. Non, la *phusis* relève du processus, de la dynamique, du passage, de la transition, du répétitif et du changeant. Les Romains traduiront ce mot par le latin *natura*, qui veut dire en français : « le fait de naître », ce qui est moins riche que *phusis*, mais qui néanmoins confirme la dimension temporelle constitutive à la Nature, à ses rythmes, à son foisonnement de formes et d'espèces et à leurs indispensables dégradation et renouvellement infinis.

Dans sa thèse sur le mot *Natura*, André Pélicier (1966) explique que les mots latins en « ura » sont associés à une activité, qu'ils désignent une action. « La nature, comme l'écrit Dominique Bourg, est donc l'ensemble des phénomènes qui se produisent d'eux-mêmes, de façon régulière et indépendamment de toute intervention divine arbitraire. » La mythologie n'ignore pas non plus l'importance des jardins judicieusement irrigués (Éden), l'abondance des fruits de Dame Nature, le plaisir de vivre dans un environnement sain et joyeux (le pays de Cocagne). Les récits les plus anciens décrivent en détail les embarras de la ville, les nuisances tant sonores qu'hygiéniques, les gaspillages en eau et en sources d'énergie, les dégradations intempestives que les humains infligent aux ressources dont ils disposent.

Selon les périodes de l'histoire, les cultures, les formes d'urbanisation, l'importance des villes et bien d'autres facteurs explicatifs, les citadins sont confrontés aux conditions géoclimatiques, aux caractéristiques physiques, aux modalités de la vie collective, aux spécificités des ressources locales, à cet ensemble hétéroclite que l'on peut nommer : l'environnement. Toute ville, de tout temps, « consomme » de la Nature, des terres arables pour lotir, de l'eau pour irriguer et nettoyer, de la forêt pour construire, chauffer et cuire. L'urbanisation, en édifiant une ville, commence par détruire ou par perturber plusieurs écosystèmes.

La prise de conscience de ces violences écologiques « ordinaires » est relativement récente et ne provient pas toujours de théoriciens urbanophobes et technophobes. Pas d'angélisme, la Nature se transforme avec et par l'arrivée des humains. En effet, l'homme modifie le vivant, par sa seule présence et davantage encore par ses activités. L'agriculture facilite et nécessite l'artificialisation du milieu, dit « naturel ». La domestication de certaines plantes et de certains animaux participe à cette artificialisation de la Nature, sa mise en culture.

Cette artificialisation se verra démultipliée par l'incroyable accumulation des progrès de la technique et touchera également l'humain de l'Humanité (la respiration artificielle, la procréation artificielle....). Les « choses » artificielles ne possèdent pas en elles-mêmes leur principe. C'est par cette extériorisation de la maîtrise des conditions internes de reproduction que l'humain, paradoxalement, environne l'environnement. Par le biais du déploiement technologique, l'humain encercle ce qu'il nomme « environnement », il se le subordonne, s'en rend maître et ne craint pas de le dégrader et de l'altérer.

Le progrès technique et la nature

Permettez-moi de recopier ici un court extrait de la sixième partie du *Discours de la méthode* (1637) de René Descartes : « Mais sitôt que j'ai eu acquis quelques notions générales touchant la physique, et que, commençant à les éprouver en diverses difficultés particulières, j'ai remarqué jusque où elles peuvent conduire et combien elles diffèrent des principes dont on s'est servi jusqu'à présent, j'ai cru que je ne pouvais les tenir cachées sans pêcher grandement contre la loi qui nous oblige à procurer autant qu'il est en nous le bien général de tous les hommes : car elles m'ont fait voir qu'il est possible de parvenir à des connaissances qui soient fort utiles à la vie ; et qu'au lieu de cette philosophie spéculative qu'on enseigne dans les écoles, on en peut trouver une pratique, par laquelle, connaissant la force et les actions du feu, de l'eau, de l'air, des astres, des cieux et de tous les autres corps qui nous environnent, aussi distinctement que nous connaissons les divers métiers de nos artisans, nous les pourrions employer en même façon à tous les usages auxquels ils sont propres, et ainsi nous rendre comme maîtres et possesseurs de la nature. Ce qui n'est pas seulement à désirer pour l'invention d'une infinité d'artifices qui feraient qu'on jouirait sans aucune peine des fruits de la terre et de toutes les commodités qui s'y trouvent, mais principalement aussi pour la conservation de la santé [...]. » Ce passage, connu de tous les lycéens de France, est généralement présenté comme une des premières manifestations de l'idéal du progrès technique contribuant au bien-être des hommes.

Un autre philosophe, l'Anglais Francis Bacon, rédige un livre, *La Nouvelle Atlantide* (1627), pour expliquer en quoi la science seule assurera la perfection de l'humain. Dans les notes de travail que publie son secrétaire, William Rawley, on trouve des souhaits bien téméraires : « Prolonger la vie, rendre, à quelque degré, la jeunesse. Retarder le vieillissement. Guérir des maladies réputées incurables. [...] Augmenter et élever le cérébral. » Cette dissociation entre l'humain et la Nature, extériorisation de l'humain par rapport aux vivants et aux éléments, n'est pas partagée par toutes les cultures, car cette conception laisse entendre que c'est l'action des humains qui transforme la Nature. Or pour les Chinois, d'une part, c'est la Nature elle-même qui est la cause de ses aménagements et, d'autre part, elle appartient avec l'humain au Cosmos. Ils sont tous les deux constitutifs d'un processus d'autocréation. Pour d'autres cultures, l'humain et la Nature résultent de la création et bien souvent d'un créateur, comme dans l'islam, par exemple.

Depuis, la pensée technophile se trouve défendue et enrichie par les écrits de nombreux hérauts et thuriféraires de talent, mais il ne faudrait pas imaginer que la technophobie soit en reste. Un Martin Heidegger (1889-1976), par exemple, dénonce l'inhumanité de l'homme que révèle et accroît la technique. Dans une conférence prononcée en 1953, « La question de la technique », le philosophe allemand indique : « La menace qui pèse sur l'homme ne provient pas en premier lieu des machines et appareils de la technique, dont l'action peut éventuellement être mortelle. La menace véritable a déjà atteint l'homme dans son être. Le règne de l'Arraisonnement nous menace de l'éventualité qu'à l'homme puisse être refusé de revenir à un dévoilement plus originel et d'entendre ainsi l'appel d'une vérité plus initiale. »

Auparavant, il a expliqué que la technique met la nature au régime de la raison, l'ar-raisonne en quelque sorte, lui fait rendre raison et la contraint à la raison de la technique, à sa seule logique. La technique se subordonne la nature, la désoriente, lui impose ses lois. En ce sens, elle se fait passer comme « instrument », c'est-à-dire un outil, plus ou moins sophistiqué, au service de l'humain, alors même qu'elle l'encercle de son déploiement mystérieux et tenace, l'enveloppe de son secret ontologique. « L'essence de la technique, poursuit-il lucidement, n'est rien de technique : c'est pourquoi la réflexion essentielle sur la technique et l'explication décisive avec elle doivent avoir lieu dans un domaine qui, d'une part, soit apparenté à l'essence de la technique et qui, d'autre part, n'en soit pas moins foncièrement différent d'elle. » Comme l'art. Mais la *tekhnê* des Grecs n'est pas la technique moderne, autonome dans son mode d'innovation, dans ses modalités de diffusion, dans ses formes de reproduction.

Penser la technique contemporaine exige de sortir de sa stricte logique. L'*intention écologique* — je pourrais aussi bien dire la « préoccupation environnementale » ou le « sentiment terrien » —, se plaçant à-côté de la technique, en décalage, permet justement de la questionner sur ses fins et ainsi de la réorienter et de l'humaniser.

Ainsi, pour Descartes, par exemple, l'artificialisation du « milieu naturel », que permet le progrès technique, améliore le sort des hommes. Ces derniers doivent, d'après la formule devenue slogan, se « rendre maîtres et possesseurs » de la nature, d'une nature pas toujours bienveillante et hospitalière, notons-le. Depuis, tout un courant de pensée, soucieux de la vie humaine, prône la conquête de la Nature. La technique en facilite l'exploitation. Or, la technique obéit à ses propres règles et échappe, en partie, au contrôle humain. Le déploiement inconsidéré de la technique empêche la Nature de se renouveler à ses rythmes et entraîne des catastrophes en série — Paul Virilio affirme qu'à chaque « progrès » technique correspond son « accident ».

Des espèces disparaissent de la surface de la Terre, des continents se désertifient, d'autres se boisent sans pour autant reconstituer des milieux favorables à une biodiversité, des réserves s'épuisent, des mers et des fleuves sont pollués par les activités industrielles, des sols sont épuisés par une mécanisation outrancière d'une monoculture, des chaînes alimentaires sont interrompues par l'usage de pesticide et autres insecticides... Tout cela est connu. Tout cela n'est aucunement fatal. Tout cela peut être contrecarré. Lentement, difficilement, contradictoirement, le *souci écologique* s'insère dans le débat public et exige une politique. Mais comment protéger un écosystème sans s'intéresser aux autres, dont il est, peu ou prou, solidaire ? C'est toute la planète qui est concernée. C'est toute la planète qui est ma ville, mon quartier, ma demeure. Aucune frontière n'endigue un nuage toxique, une pluie acide, un vent radioactif, un océan mazouté !

L'apparition de l'écologie

L'industrialisation internationalise la pollution qu'elle génère et il faudra des dizaines de lois, des amendes élevées (selon le principe : « les pollueurs sont les payeurs »), des « scandales » (comme celui de l'amiante, par exemple) pour contraindre les industriels à ménager à la fois leurs salariés et leur environnement. Et encore ! Pour une usine attentive aux réglementations sanitaires et environnementales, combien d'autres qui, sans gêne aucune, crachent leur fumée, rejettent leurs eaux usées, imprègnent la terre de leurs déchets, n'épargnent pas la nappe phréatique ?

Il y a près de deux siècles l'industrialisation a provoqué une urbanisation accélérée et inédite par sa taille. Les centres « anciens » des villes se taudifient et se surdensifient rendant ainsi caduques les réseaux et les équipements existants. De nouvelles pathologies se manifestent, un courant hygiéniste, constitué de médecins, philanthropes, réformateurs sociaux..., alerte l'opinion, et préconise des mesures tant vis-à-vis de la santé publique que de la salubrité des logements et plus généralement de la ville. Une conception organiciste de la ville s'élabore, souvent en adoptant les principes du darwinisme social.

Parallèlement, l'écologie affine ses analyses et ses objectifs. Ce n'est pas seulement parce que je trouve creuses les formules « développement durable », « développement viable », « politique environnementale », que je leur oppose « écologie existentielle », mais parce que cette dernière expression a le double mérite de redonner tout son sens au mot « écologie », trop longtemps confisqué par les militants « verts » aux innombrables tendances, et de réactiver le qualificatif « existentiel », généralement associé à la philosophie sartrienne de la liberté ou bien encore à Heidegger et sa riche conception de l'*habiter*.

C'est certainement le savant allemand Ernst Haeckel (1834-1919) qui fabrique le mot « écologie » (1866) et le définit comme la « science des relations de l'organisme avec l'environnement ». Deux ans plus tard, il précise que l'écologie est la science de la « distribution géographique des organismes ». En France, la formule « facteurs écologiques » apparaît en 1900 sous la plume du Dr X. Gillot, qui travaille sur « l'influence de la composition du sol sur la végétation », et en 1901, chez Jules Pavillard dans ses *Éléments de biologie végétale*. Ce sont les phytogéographes, dans la mouvance de Charles Flahaut et des botanistes « amateurs », comme Hector Léveillé ou Charles Legendre, qui vont le populariser. Aux États-Unis, le terme est employé dès 1897 et en Italie, en 1898. À chaque fois par des herboristes, des floristes ou des botanistes qui s'inscrivent dans la lignée d'Alexandre de Humbolt, d'Augustin-Pyramus de Candolle ou encore d'Eugène Warming, écologue danois.

C'est un Américain, Arthur Tansley (1871-1955), qui, en 1935, forge le mot « écosystème ». Pour lui, les écosystèmes constituent des « unités de base de la nature » à la surface de la Terre. Il y en a de toutes les tailles. Plus tard, Hutchinson et Lindeman distingueront les composantes biotiques et abiotiques d'un écosystème. Il est hors de question d'assimiler une ville — et ses irrégulières relations à d'autres villes, campagnes et villages — à un écosystème, rien de moins écosystémique qu'une ville — pour autant qu'on puisse la tenir enfermée en un territoire unique.

Revenons à la diffusion de l'écologie, lente et difficile, à cause de nombreuses réticences parmi les savants. La toute-puissance du darwinisme au sein de la recherche scientifique française va retarder la reconnaissance de l'écologie, par les biologistes, les zoologues et même les botanistes, dont certains sont également convaincus par les thèses organicistes. Les géographes — d'abord Emmanuel de Martone (1873-1955), puis Max Sorre (1880-1962) — n'hésiteront pas à penser écologiquement la géographie du vivant et, *a fortiori*, la géographie humaine.

Pour une écologie existentielle

Mais c'est Éric Dardel (1899-1967), gendre de l'ethnologue Maurice Leenhardt et beau-frère du philosophe Henry Corbin (un des premiers traducteurs de Heidegger avant de devenir le spécialiste du soufisme) qui, d'une manière bien originale, va combiner la phénoménologie à la géographie. Dans son petit livre, *L'Homme et la Terre* — court, mais ô combien dense ! —, il note : « Il y a, dans le paysage, un visage, un regard, une écoute, comme une attente ou une souvenance. Toute spatialisation géographique, parce qu'elle est concrète et qu'elle actualise l'homme lui-même, en son existence, parce qu'en elle, l'homme se dépasse et s'échappe, comporte aussi une temporalité, un historial, un événement. »

À la suite de Martin Heidegger, il fait de la présence, le temps fort de la rencontre entre l'homme et l'espace. Ce dernier n'existe pas, il advient, se réalise et s'actualise dans ce mouvement que l'homme effectue en se présentant. Le temps destinal de chacun se marque en un espace — éponge à souvenirs —, qui brille de tous ses lieux. Il écrit : « La Terre n'est pas origine ; elle n'est pas au commencement de la vie et de l'Être. Elle est une œuvre, une création. [...] Elle est *en vue* de quelque chose. À travers elle, quelque chose doit s'accomplir. » Serait-ce l'appropriation de l'humain par la technique ? La dégradation des éléments par un usage désordonné et excessif ? Le dérèglement des écosystèmes par la perturbation déstabilisatrice du déploiement technologique, qui par exemple, brise une « chaîne alimentaire », au nom d'un rapide profit économique ? L'incompréhension du sens profond des « biens communs » et autres « communaux », considérés comme des réserves inépuisables ? Serait-ce l'amitié qui lie l'Homme et la Terre ? La capacité à rendre habitable le monde des humains, avec des techniques à leurs services ?

Nous le voyons, l'écologie n'englobe pas seulement ce que nous nommons « nature » ou « environnement », mais les incroyables interactions que sans cesse les hommes nouent et dénouent avec le vivant, les lieux, les choses et, bien sûr, entre eux. Il nous faut certainement cultiver (dans tous les sens de ce si beau verbe) le territoire de notre existence, recontextualiser nos activités, reterritorialiser nos mobilités, expérimenter une gouvernance à plusieurs échelles, enrichir le local de l'universel et ne pas se contenter de le livrer au mondial, ambitionner pour le planétaire un futur serein... Cette timide liste est à compléter, par chacun d'entre nous. Il n'est pas possible d'envisager un ménagement des territoires de notre quotidien urbain sans en inscrire les principes dans une *écologie existentielle*, agencement subtil de plusieurs écologies (écologie linguistique et culturelle, écologie temporelle, écologie de la nature...).

En 1989, Félix Guattari publie *Les Trois Écologies* (l'écologie environnementale, l'écologie sociale et l'écologie mentale) et invite ses lecteurs à souscrire à une écosophie de caractère éthico-politique. Suivons son conseil et n'hésitons pas à combiner entre elles diverses écologies, sachant, comme il le formule si puissamment, que « leurs registres relèvent de ce que j'ai appelé une *hétérogenèse*, c'est-à-dire de processus de resingularisation. Les individus doivent devenir à la fois solidaires et de plus en plus différents. (Il en va de même avec la resingularisation des écoles, des mairies, de l'urbanisme, etc.) » En effet ! Le programme est ouvert...

L'écologie humaine

La rencontre entre ces deux approches du vivant est effectuée au sein de l'École de Chicago.

Robert Park : une nouvelle analyse de la ville

C'est, effectivement, le sociologue Robert Park (1864-1944) qui imagine une nouvelle démarche pour analyser la ville : « La ville, écrit-il, a été étudiée récemment du point de vue de sa géographie, et plus récemment encore, de son écologie. À l'intérieur des limites d'une communauté urbaine — et, en fait, de n'importe quelle aire naturelle d'habitat humain —, des forces sont à l'œuvre qui tendent à produire un groupement ordonné et caractéristique de sa population et de ses institutions. La science qui cherche à isoler ces facteurs et à décrire les constellations typiques de personnes et d'institutions produites par leur convergence, nous l'appelons écologie humaine, par opposition à l'écologie végétale ou animale. » Il avait traduit, de l'allemand en anglais, l'ouvrage du botaniste danois Eugenius Warming, dont le titre *Plantesamfund* (1895) devint *Oecology of Plants* (1909), et n'hésitait pas à adapter à la sociologie des notions conçues par et pour la botanique, comme « invasion », « migration », « habitat » ou encore « écèse ».

Pour les historiens des sciences humaines, Park et son groupe sont les inventeurs de l'« écologie humaine » et non pas de l'« écologie urbaine ». Comme l'écrit McKenzie, « l'écologie humaine traite des aspects spatiaux des interrelations et interprétations humaines et institutionnelles. Son but est de découvrir les principes et les facteurs qui expliquent les modèles variés des aménagements spatiaux de la population et des institutions, résultant de l'interaction des êtres humains au sein d'une civilisation en constante transformation ». Il s'agit en fait d'un raisonnement par analogie, qui étudie les agrégations humaines à l'instar des agrégations animales ou végétales, le tout à la sauce darwinienne qu'appréciait tout particulièrement Robert Park, qui scrutait la « concurrence » et la « coopération » entre les « communautés », et les conditions de la lutte pour l'existence d'un élément isolé de son groupe d'appartenance ou de sa localité de base.

Les caractétistiques d'une communauté humaine

Pour Robert Park, une « communauté humaine » possède au moins trois caractéristiques : un territoire délimité, une présence relativement durable sur ce territoire et des relations d'interdépendances de nature symbiotique entre les membres résidants sur ce territoire. L'écologie humaine s'évertue à saisir les processus, les transformations, les successions, les migrations, les mobilités, les résistances qui affectent diverses populations rassemblées en un même milieu urbain. Pour Robert Park et ses amis, le contexte de la vie urbaine résulte avant tout des humains avec, contre ou sans, lesquels vous devez assurer votre insertion, votre acclimatation, votre reproduction.

Il va de soi, que ce n'est pas la nature environnante qui prime seule, ici. Aussi n'est-ce guère surprenant si les textes qui émanent de l'École de Chicago sont si avares en propos sur le gaspillage des ressources naturelles, la dégradation du cadre physique, la pollution résultant d'une forte densité de population et d'activités industrielles, etc. Pour cela, il faut combiner au devenir des communautés humaines et urbaines, celui de toute la planète. Certes, les partisans de la cité-jardin, par exemple, avaient intuitivement perçu la solidarité des destins des humains et de la Terre, mais ils réfléchissaient surtout en termes de présence de la nature en ville, d'amicale complicité entre les cycles des saisons et des renouvellements biologiques des espèces animales et végétales et les rythmes de la vie citadine.

Le productivisme contre-nature

L'écologie commence par se préoccuper du monde naturel et dénonce les méfaits d'une agriculture intensive qui détraque les mécanismes propres aux écosystèmes.

La dénonciation des grands déséquilibres environnementaux

Rachel Carson, dans *Silent Spring* (1962), dénonce le saccage des forêts par la logique industrielle et constate la disparition de certaines espèces d'oiseaux qui ne peuvent plus y nidifier, elle établit le sinistre bilan des pollutions aquatiques avec la mort annoncée de nombreux poissons et aussi s'inquiète de « nouveaux » cancers qui tuent des pêcheurs, bûcherons, paysans et autres populations concernées par l'usage intempestif de produits chimiques (le DDT).

Jean Dorst recense « les mauvaises pratiques culturales, qui ont pour effet d'accélérer d'une manière catastrophique les processus d'érosion, et peuvent ainsi conduire à la ruine totale d'un pays » (*La nature dé-naturée,* 1965). Les auteurs-vigies partagent le sort habituel du prophète... Il faut des catastrophes meurtrières et massives pour que l'opinion publique — surtout présente en ville — manifeste son désarroi. Ces auteurs, souvent en quelques lignes à la suite de propos consacrés à la « bombe démographique », évoquent la « ville » comme terrain du déséquilibre environnemental par excellence. À dire vrai, ils ne pointent pas l'urbanisation — du moins une certaine urbanisation intimement liée à l'automobilisation — comme responsable de nouveaux déséquilibres environnementaux. Là encore, seuls les convaincus les entendent.

Des rapports officiels, des colloques internationaux, des éditoriaux dans la presse, des enquêtes d'investigation se multiplient au cours des années 1960 et 1970, sans embrayer sur des actions politiques, visant à mieux encadrer l'industrialisation et l'urbanisation. L'idéologie du productivisme, alors dominante partout au monde (chez les ouvriers et leurs syndicats, les paysans et l'agro-alimentaire, la droite comme la gauche...), concentre l'attention de chacun sur le taux de croissance, négligeant les retombées désastreuses pour l'environnement. Une cheminée d'usine crachant sa fumée sale est signe de prospérité. La consommation de masse procure l'illusion d'un enrichissement général et n'accorde de sens qu'à l'accumulation matérielle au détriment des richesses intérieures, à la qualité de vie, à l'harmonie entre soi, autrui et le monde.

Vers une prise de conscience ?

Nous sommes, encore maintenant, dans cette logique du « toujours plus », sauf qu'elle n'est plus hégémonique et qu'ici et là, des résistances se font jour, des alternatives s'élaborent, des expérimentations s'effectuent, des critiques écornent le bien-fondé de « la consommation pour la consommation », à qui répond l'industrialisation. Les conséquences de ces modes de vie, alliés à un usage quasi permanent de l'automobile, sur la ville et plus généralement sur l'urbain diffus qui en résulte, accroissent les déséquilibres environnementaux et mettent en péril le devenir même de la planète.

François Russo en appelle à une éthique et écrit : « Respect et admiration de la création ; humilité devant les faits et reconnaissance de nos erreurs ; souci des conséquences proches ou lointaines de nos actes ; sens de la solidarité dans le présent et aussi avec les générations futures ; sens de la coopération, de la discipline sociale, qui implique, notamment, l'acceptation des normes édictées par les autorités légitimes. » (*Études*, 1970.) Il n'est pas le seul. Des revues sont créées (*Environmental Ethics*, 1979 ; *Ethics and Animals*, 1980 ; *Journal of Agricultural and Envioronmental Ethics*, 1988 ; *Environmental Values*,

1992 ; *Ethics, Place and Environment*, 1998, etc.), des débats publics organisés, des partis politiques sensibilisés, la question environnementale a droit de cité et elle interroge aussi, et de plus en plus, l'urbain et par ricochet l'urbanisme.

L'urbanisme, comme écologie appliquée ?

L'urbanisme moderne : l'association de la ville et de la nature

Lors du premier congrès international des villes, à Gand, en 1913, le botaniste allemand, Hugo Conwentz (1855-1922) prononce une conférence intitulée « Les villes et la nature », dans laquelle il invite les édiles à acquérir des forêts, des « espaces verts » (c'est une expression toute neuve qui n'entre dans le vocabulaire français banal qu'au cours des années 1960...), des réserves pour la « nature spontanée », des promenades plantées et des « jardins scolaires ». Selon lui, dès l'école, il faut inculquer aux futurs citoyens (par le biais d'« excursions instructives ») le respect des « monuments naturels » tout autant que celui des monuments de pierre et la connaissance du paysage.

La même année, Robert de Souza, poète post-mallarméen et cofondateur avec Jean Lahor (de son vrai nom, Henri Cazalis, 1840-1909) de la Société pour la protection des paysages, fait paraître une remarquable étude urbaine, *Nice capitale d'hiver*. Il s'agit d'une monographie de la ville de Nice — son histoire, sa population, ses atouts économiques, ses fêtes et ses activités saisonnières —, et il offre également une bonne synthèse de la pensée urbaine de son temps (Sitte, Buls, Stübben, Hénard, Risler, Unwin...) et des réalisations, à ses yeux les plus intéressantes, en Angleterre, en Allemagne, en Espagne et aux États-Unis. Bien sûr, sa conviction à propos des extensions géographiques obligatoires de la ville de Nice repose sur leurs capacités à magnifier ce site incomparable. Son approche est résolument paysagère et il dénonce les malveillances de quelques propriétaires et d'une poignée de responsables municipaux qui refusent de comprendre à quel point leur ville fait corps avec son territoire. Il indique, comme « bon exemple » à méditer, le plan de Léon Jaussely (1857-1933) pour Barcelone, avec ses percées plantées, ses réseaux verts qui articulent les quartiers entre eux.

Léon Jaussely rédige l'Avertissement à la traduction française du manuel d'*urban planning* confectionné par Raymond Unwin (1863-1940, architecte avec Richard Parker de la première *garden-city*, Letchworth) où il affirme : « S'il est possible, réaliser le mélange intime du cadre naturel et du milieu urbain, ou, si le cadre ne s'y prête pas, ramener la nature dans ce milieu par l'énorme développement des plantations. Rapprocher la vie de l'homme urbain de la Nature, tel est le deuxième principe directeur dont toutes la nouvelle théorie de l'urbanisme moderne découle, dans ses effets pratiques comme dans son esthétique. » Plus loin, il salue la « cité-jardin » (« On ne doit pas douter qu'elle est le fait urbanistique le plus important de notre époque »), toutefois il ne croit pas en sa multiplication sur des terrains vierges. Aussi souhaite-t-il qu'on s'inspire de ses principes pour embellir l'ancienne cité. Il conjugue la « cité-jardin » au « système de parcs » afin de réaliser une ville débordante de plantations, d'espaces « libres », de pauses verdoyantes, de boulevards ombragés, de jardins publics... Sa conception organiciste de la ville est largement partagée par ses contemporains, comme l'historien de Paris et créateur de l'École des hautes études urbaines en 1919, Marcel Poëte (1866-1950), par exemple. Cela colle bien à cette association entre le végétal et le bâti, tous les deux, chacun à leur rythme, ne cessant de se renouveler, de se métamorphoser, de se transformer en une morphogenèse sans ni véritable origine ni fin.

Mais, il faut le reconnaître, la réalité est moins idyllique. Les espaces verts sont accaparés par les spéculateurs, la nature est dégradée, avilie, aliénée, les immeubles et les pavillons sans grâce contredisent le paysage et le sabotent allégrement. Les pouvoirs publics ne se pressent pas pour délimiter de nouveaux parcs, ouvrir un zoo, redessiner un cimetière, aménager les berges d'un fleuve, concevoir un stade et des pelouses d'entraînement, ils évoquent dans de beaux discours l'importance du « poumon vert » qui permet à la ville de respirer, mais pratique un urbanisme de dérogation qui accroît la population et les inadmissibles embouteillages !

Certes, à la suite de la Section d'hygiène urbaine et rurale mise en place par le Musée social, dès 1908, les membres de la Ligue urbaine, créée par Jean Giraudoux, en 1928 — qui deviendra, en 1943, la Ligue urbaine et rurale — dénonce la ville sclérosée, macadamisée et déshumanisée. Le jardin, les arbres, les terrains vacants, sont indispensables pour la détente, le repos, la rêverie. Pas de vie urbaine satisfaisante, sans la beauté des bâtiments et de la nature. Nulle trace de passéisme dans ses revendications, tout comme Ebenezer Howard (1850-1928) est un partisan du tramway électrique et du train, qui dessert ses cités-jardins, Jean Giraudoux et ses amis ne pleurnichent pas sur une ville dépendante de la machine qui aurait perdu son âme, non, ils sont persuadé que le progrès technique doit servir le renouveau des villes et les ouvrir davantage encore à la nature. Admirateur de Le Corbusier (1887-1965), il préface la première édition de *La Charte d'Athènes*, parue anonymement en 1943, et convie les « audacieux » à refuser « la banalité et l'insensibilité universelles » et à mieux s'accorder à leur époque, à adopter les valeurs portées par la civilisation machiniste, sous-entendant que la nature, elle-même, participe pleinement des progrès techniques...

Le Corbusier entend par « conditions de la nature », le trio : soleil, espace, verdure. Le soleil a sa préférence, d'où les baies vitrées, les toits terrasses et l'horizontalité des « cellules » de ses unités d'habitations. La verdure — vision bien réductrice de la nature... — occupe le sol laissé libre grâce aux pilotis et constitue les « écrins » dans lesquels il place les « monuments historiques » qu'il sauve de la destruction. Avec le zonage, les thuriféraires des Congrès internationaux d'architecture moderne (CIAM) attribuent à la nature une fonction, alors même qu'elle échappe — heureusement ! — à toute visée strictement utilisatrice.

L'urbanisme des « modernisateurs »

Face aux « modernes », les « modernisateurs », regroupés derrière l'étendard que représente la revue *Urbanisme* (née en 1932), défendent une autre idée de la ville et par conséquent une autre manière de faire de l'urbanisme. Dès son première numéro, et pratiquement dans chaque livraison depuis, le thème de la nature en ville est abordé, il le sera moins au cours des années 1950, et à nouveau depuis les années 1960, avec l'apport de paysagistes comme Jacques Simon, Jacques Sgard, Bernard Lassus.... Dans les premiers numéros, ce sont plutôt des publicistes ou écrivains qui s'emparent de ce sujet, Léandre Viallat ou encore André Véra (1881-1971).

Ce dernier, qui a néanmoins réalisé des jardins, publie un article au titre explicite, « Nature et urbanisme », dans lequel il s'adresse à l'homme de l'art : « La conservation et la reconstitution des paysages ne sont pas des entreprises suffisantes pour retenir l'homme près de la nature. L'urbaniste doit organiser des rencontres de l'un avec l'autre, décidant des plantations sur des terrains nus, assignant aux arbres une place sur ses plans. » Il préconise de planter des espèces variées et adaptées aux différents sites et climats, de reboiser, d'encourager les jardiniers du dimanche, de valoriser le travail des horticulteurs et de mieux entretenir la moindre parcelle d'herbe. La dernière phrase de son recueil d'articles, *L'urbanisme ou la vie heureuse* (tout un programme...) se déploie comme un aphorisme patriotique : « La France par l'urbanisme, devient un jardin. » Il adhérera, sans trop de difficultés semble-t-il, à l'idéologie pétainiste du « retour à la terre », qu'il imagine aussi en banlieue et en ville !

C'est pendant la guerre que Urbain Cassan (1890-1979) rédige *Hommes, maisons, paysages. Essai sur l'environnement humain*, dans lequel il examine les interrelations des hommes avec leur milieu et élabore une doctrine pour l'urbanisme. Celle-ci conjugue plusieurs savoirs, dont la géographie humaine, ce qui permet à l'urbaniste d'observer les lois de la nature et d'y puiser une sorte de postulat à appliquer dans les plans d'urbanisme : « Ordre, harmonie, beauté ». Tout cela n'est guère neuf et finalement ne s'oppose pas vraiment à l'esprit de *La Charte d'Athènes*. La « nature » (?) est là, elle préexiste à l'homme qui la domestique dans le « respect » (?) des « lois organiques » (?) qui expliquent ses « évolutions » (?). Discours certes généreux mais surtout naïf qui laisse croire que l'homme saura maîtriser le déploiement des techniques et sauvegarder la nature...

Radburn et Rheu, des villes expérimentales

Une telle vision de la « nature » n'est pas partagée par tous les architectes et urbanistes, certains dans la lignée de Howard et de Geddes, ne méconnaissent pas les dynamiques propres à la « nature » et ne sous-estiment pas la marque culturelle qui les activent. Les architectes Henry Wright (1878-1936) et Clarence Stein (1882-1975), proches de Lewis Mumford, vont à partir de 1928, comme je l'ai déjà indiqué en introduction, réaliser une ville, sur bien des points expérimentale : Radburn dans le New Jersey.

Les maisons et leurs jardins entourent un parc central, les pelouses fusionnent en des coulées vertes et la nature unifie les constructions au paysage. La voirie est hiérarchisée et monofonctionnelle, les voitures, les vélos et les piétons possèdent leur réseau. Ainsi, par exemple, les enfants se rendent à l'école en bicyclette sans craindre d'être renversés par une automobile. L'environnement sonore est gradué : plus l'on s'éloigne des routes goudronnées et des parkings, plus le silence s'épaissit et révèle les chants des oiseaux, le bruissement du vent dans les branches, le bruit irrégulier des outils domestiques...

Cette petite ville, dissimulée dans la campagne, est riche en associations et en « unités de voisinage » et se refuse à n'être qu'un cadre luxueux pour familles aisées. Elle ambitionne d'inventer une alternative au modèle du lotissement pavillonnaire banal, où chacun s'enferme dans un chez-soi coupé égoïstement des autres ou encore du quartier dense, propice à l'isolement mais pas à la solitude. La nature, terrain d'aventures pour les enfants, est aussi un lieu d'apprentissage et de connaissance et exerce une action apaisante sur tous. Le citadin y marche, fait de l'exercice, ressent son corps, excite ses sens, prend la mesure des variations climatiques, des changements de saisons, du temps cosmique, des tonalités polychromes des arbres, des plantes et des fleurs, bref, ce contact permanent avec la nature lui rappelle combien est fragile l'existence humaine, combien est décisive son alliance avec la Terre.

Un admirateur français de Lewis Mumford, Gaston Bardet (1907-1989) va lui aussi partir en guerre contre le fonctionnalisme — Le Corbusier sera une de ses cibles privilégiées — et revendiquer l'héritage d'Ebenezer Howard et de la *garden-city*, de Frank Lloyd Wright et *broadacre-city*, des *neighbourhood units*, en invoquant un nouvel urbanisme — ou aménagement du territoire — dont la mission consiste à réaliser la « ville-fédération » regroupant des « quartiers-jardins ». « Le nouvel urbanisme, affirme-t-il, non sans emphase, doit être biologique ; en ce sens, il accordera la primauté à la femme et à l'enfant. Il doit "féminiser" le cadre urbain pour y réintégrer la nature, le renouvellement, il doit satisfaire aux besoins de l'enfance, besoins d'expansion, d'éclatement, qui ne sont pas ceux des adultes. » Plus loin, toujours lyrique, il déclare que « la mission fondamentale de l'urbaniste est d'être un appeleur d'âmes »...

En 1959, seul le maire du village de Rheu, près de Rennes, lui fait confiance et lui commande un plan de « ruralisme ». Gaston Bardet confectionne un cocktail de Letchworth et de Radburn, avec des rues sinueuses, des impasses, des placettes, des terrains libres, des passages couverts, des jardins privés qui épousent le parc public, des clôtures discrètes et des pavillons aux architectures relativement parentes (toiture en ardoise) et à la dispersion territoriale subtilement calculée afin d'éviter l'alignement.

La nature méprisée dans le chantier de l'après-guerre

Il faudrait visiter ces tentatives d'un urbanisme solidaire de la nature, questionner les habitants, apprécier son vieillissement... Après la guerre, on reconstruit les villes détruites et sinistrées, et surtout on lance de vastes chantiers de tours et de barres, les « grands ensembles » édifiés sur des terrains excentrés, selon le principe du chemin de grue. Ceux-ci possèdent des « espaces verts » mais pas des jardins, pensés, plantés, appréciés ! Des petits bouts de verdure, peu entretenus, lépreux, mal aimés, fréquemment occupés par des automobiles, jonchés de détritus et de déjections canines.

Ils sont pourtant prévus dans la grille d'équipement d'un grand ensemble d'habitation dite « grille Dupont » (1958), ils figurent dans les plans-masses, mais ce sont bien souvent les cache-misère d'une non-ville de plus en plus inhabitable. « Pour assurer le succès de ces espaces verts, note la paysagiste Isabelle Auricoste, il aurait peut-être fallu concevoir dès le début leur colonisation par une population végétale évolutive et adaptée à ces espaces difficiles, tel qu'on le fait actuellement pour les talus d'autoroute par exemple. Une politique de reconquête végétale suivie d'une gestion attentive aurait sans doute été plus fidèle aux intentions de rapprochement de la nature et de la ville. »

Les quartiers de logements sociaux des communes de banlieue manquent cruellement de parcs conçus comme partie prenante de l'habitat. La verdure dont ils disposent est celle des jardins bricolés des pavillons voisins, des rares jardins ouvriers ou familiaux encore en activité et ceux des équipements municipaux. Certaines réhabilitations de grands ensembles ne se contentent pas de repeindre les cages d'escalier et d'installer des digicodes, elles repensent entièrement la disposition des bâtiments, redessinent leurs silhouettes et surtout entremêlent le bâti et le végétal.

L'espace vert n'est plus un alibi d'une quelconque esthétique, mais un élément constitutif du projet urbain. Depuis quelques années en France, mais pas seulement, les professionnels de l'urbain (architectes, urbanistes, paysagistes) coopèrent dès la mise au point du programme et tentent de combiner leurs savoir-faire et surtout de les penser ensemble. Il ne faut pas rêver et imaginer que dorénavant ces compétences s'enrichissent les unes les autres. Non ! Les « enclaves résidentielles » offrent un décor végétal standardisé à un public principalement obsédé par le tout-sécuritaire. La maison de maçon, sans style, bêtement posée sur une butte-garage, ne fait pas corps avec le jardin, celui-ci est du reste limité à une sorte de pelouse facile à entretenir et sur laquelle on place le portique pour les enfants, le barbecue et la niche du chien.

L'urbain diffus et généralisé dans lequel la majorité des citadins résident méprise souverainement la nature. Celle-ci est consommée, c'est-à-dire inféodée aux seules exigences des habitants/prédateurs. Elle apparaît comme un stock disponible : de bois pour la cheminée, de sentiers pour la promenade, de fleurs à cueillir, de mûres à ramasser, etc. Il faut un événement grave pour modifier le regard de l'habitant lambda vis-à-vis de la nature, une tempête, une sécheresse, des inondations, un feu... Il faut un tout autre état d'esprit pour considérer l'humain comme appartenant à la nature, au monde vivant. Nature que l'on environne avec nos technologies, que l'on épuise, que l'on gaspille, que l'on ne respecte pas. Et qui parfois se rebelle ! Les auteurs de science-fiction et les dessinateurs de BD à caractère prospectif se régalent à « naturaliser » les villes, à faire croître démesurément les racines des arbres au point où les gratte-ciel se fendillent, éclatent, s'écroulent ; le fleuve sort de son lit, submerge les quais, noie des quartiers entiers ; les animaux sauvages pénètrent en ville et attaquent les animaux domestiqués et leurs propriétaires !

À cette vision apocalyptique — et parfois réjouissante ! — l'on peut mentionner d'autres réactions. À New York, au début des années 1960, des associations renouent avec les « jardins de poche » de Jacob Riis, mis en place dès 1897 et transforment une « dent creuse », un minuscule terrain vacant, une parcelle abandonnée, un coin de rue inhospitalier en jardins provisoires ou en aires de jeux pour les enfants et de repos pour les vieilles personnes. En France, Jean-Pierre Charbonneau crée, avec des élus et les services techniques, des « jardins de proximité » à Lyon, et des Parisiens ouvrent des « jardins partagés ». En 2004, on en compte douze, gérés par des associations avec le soutien de la mairie, ce sont des interstices urbaines, momentanément « libres », qui sont cultivées (fleurs et légumes) souvent en liaison avec une école du quartier. Paris possède 426 jardins et parcs publics, deux bois (Boulogne et Vincennes) et 1000 « espaces verts intérieurs à protéger » — ce sont des parcelles d'au moins 500 m², inaccessibles au public, comme des cours d'école, des jardins d'hôpitaux, de ministères, de congrégations religieuses ou encore de particuliers.

Les variations culturelles du rapport ville/nature

Chaque année, les capitales rivalisent dans le calcul — quelque peu dérisoire — de leurs mètres carrés d'espaces verts par habitant... Tokyo caracole en tête, talonnée par Madrid, Berlin sans son mur additionne ses parcs, Londres cultive dans le respect de la tradition ses huit parcs et Paris lance la rénovation de son zoo... Partout dans le monde, les joggeurs envahissent les parcs, plus préoccupés par le chronométrage de leur parcours ou les kilos enfin perdus que par le calme ambiant, la beauté du cèdre caressé par les rayons du soleil couchant, l'odeur de l'herbe qui vient d'être fauchée, le couple d'amoureux enlacés assis sur le banc ou cet enfant intrigué par la marche obstinée d'une armée de fourmis à la queue leu leu. Il est vrai que la nature urbaine est dopée (engrais chimiques, arrosage automatique, sélection draconienne...), qu'elle est aussi artificielle que la ville et que le joggeur se satisfait d'une piste au revêtement traité de telle manière que la pluie est vite absorbée !

Le rapport ville/nature est fondamentalement culturel, donc historique et par conséquent changeant. L'opération « Paris plage » fait l'unanimité alors même qu'elle est antinaturelle. La reconstitution scénographiée d'un bord de mer abstrait est amusante et plaît à de nombreux badauds, mais pouvoir se baigner dans la Seine et y canoter seraient un autre signe d'amitié envers la nature, non ?

Que retenir de ce rapide et incomplet voyage au pays des urbanistes ? La conviction que leur conception de la ville associe toujours la nature. En effet, la ville de la modernité, celle de tous les flux — dont on pourrait dater la naissance avec l'haussmannisation — attribue à la nature une place de choix. Il est vrai que l'on est encore dans la ville-spectacle — on y déambule pour se montrer et aussi pour voir les autres, qu'on jalouse, séduit ou dont on se moque ! — et que son embellissement passe par la multiplication des squares, des jardins, des promenades plantées et des parcs et bois.

Le futur Napoléon III, dont le rôle est décisif dans la transformation de la capitale, a apprécié, lors de ses exils en Angleterre et aux États-Unis, l'abondance des espaces verts et insiste auprès du baron Haussmann pour que Paris ait de nombreux parcs. Ce qui fût fait : le parc Monceau, le parc Montsouris, les Buttes-Chaumont et d'autres plus petits, aèrent la grande ville et y introduisent une respiration silencieuse... Par la suite, parmi les anti-Haussmann, tels Robert de Souza ou Charles Buls, qui fustigent les grandes percées rectilignes et plébiscitent les ruelles méandreuses, tout comme parmi les hygiénistes rationalistes favorables aux larges avenues, nombreux sont ceux qui s'accordent sur la présence des arbres en ville et la généralisation des jardins de poche.

De même, quelques décennies plus tard, certains adeptes de *La Charte d'Athènes*, tout comme quelques-uns de ses opposants, se retrouvent pour combiner bâti et verdure. Et, à présent encore, le « tout-paysage » (autre manière de conjuguer ville et nature) tend de plus en plus à s'imposer dans le discours « urbanistiquement correct », d'autant que ce dernier se réfère au « développement durable ». Y aurait-il une sorte de sensibilité à la nature en ville, invariante, qui traverserait les âges, et revêtirait ici les habits de la cité-jardin, et là ceux du quartier écologique avec des immeubles herbeux et fleuris inspirés par l'architecte autrichien Hundertwasser ?

Répondre à cette interrogation exigerait une géohistoire comparée des modèles urbains et des idées sur la ville et la nature, afin de pister les filiations, de saisir les transferts, d'interpréter les ressemblances comme les contradictions... Constatons l'existence de cette revendication d'une ville-nature et tâchons d'en comprendre la signification en ce début de XXIe siècle qui voit triompher les mégapoles bétonnées entièrement soumises aux flux des automobiles et les formes d'urbanisation diffuse qui brouillent les frontières entre le bâti et le naturel plus qu'elles ne les marient.

Il y a plus d'un siècle et demi, en Europe et aux États-Unis, l'urbanisation accompagnait l'industrialisation et s'évertuait d'en réduire les méfaits. En effet, la « cité-jardin » apparaît comme un antidote à la pollution générée par les usines. Vivre sainement exige un cadre le plus naturel possible, d'où le recours à la campagne et à un certain zonage des activités. Les promoteurs européens de la « cité-jardin » sont souvent des eugénistes — on songe évidemment à Theodor Fritsch (1852-1933), antisémite notoire et théoricien allemand de la *Garten-Stadt*, mais aussi au socialiste français Henri Sellier (1883-1943), maire de Suresnes et ministre de la Santé du Front populaire —, sans nécessairement s'afficher comme des urbanophobes et des technophobes. Aux États-Unis, le mythe de la petite maison dans la prairie, cultivé par Thomas Jefferson, se retrouve chez Frank Lloyd Wright, mais sans la diabolisation de la grande ville et le refus des progrès techniques.

Entre les deux, un Ralph Emerson (1803-1882) ou un David Thoreau (1817-1862) ont réintroduit l'humain dans le vivant et fait de la Nature un ensemble complexe les fusionnant à jamais. Ce n'est pas à cette conception américaine de la nature que les Européens souscrivent. D'où d'autres formes d'urbanisation, qui possèdent parfois des traits semblables — mais pas identiques ! —, comme l'éparpillement de l'habitat dans le territoire. Si l'urbain contemporain européen a des airs de famille avec l'urbain contemporain nord-américain, il ne partage pas ni la même échelle territoriale ni la même perception de l'espace vécu. Ce qui fait « paysage » aux États-Unis, par exemple, ne le produit pas dans la vieille Europe...

Ces écarts culturels, inscrits dans la géographie, se creusent davantage encore à l'heure où l'urbain, en Europe, s'approprie le rural et submerge les villes. L'urbain sans ruralité et sans ville-à-l'ancienne impose l'uniformité des modes de vie et la suprématie de la mobilité sur l'enracinement. La Nature est dépendante de l'urbain, de ses réseaux qui la traversent en tous sens et des usages qu'il favorise (tourisme, patrimoine, agriculture...). On le voit, le même mot (« nature ») ne désigne pas les mêmes réalités à l'époque du baron Haussmann et à celle de Rem Koolhaas. Il va de soi que la « demande de nature » formulée par les personnages de Zola n'a strictement rien à voir avec celle du consommateur actuel, qu'il loge dans un pavillon à moins de dix minutes d'une rocade autoroutière ou au centre ancien d'une ville moyenne.

Pourtant, un fait anthropologique perdure encore : le désir de l'homme d'habiter (« habiter » voulant dire « être-présent-au-monde-et-à-autrui ») réclame, pour se déployer, à la fois l'« avec » et le « parmi » la nature. La ville a rendez-vous avec la nature, comme la lune avec le soleil, mais elle ne le sait pas ! Affaire classée ? Non, affaire à suivre !

Pour un urbanisme décent, l'éco-urbanisme

L'émergence d'une préoccupation environnementale

En 1977, la revue *Urbanisme* (n° 160) publie « L'écologie contre l'urbanisme ? » d'Hervé Mathieu. Avec humour, il explique que « la ville serait devenue "invivable", alors il faudrait l'"adapter" (à l'automobile, à la vie moderne, puis à l'échelle humaine...), il faudrait l'aérer, la dédensifier, la protéger (mais on ne dit pas contre qui ou contre quoi), la réhabiliter, etc. Toutes ces solutions s'appuient sur des concepts aussi vagues que superficiels : on ne manque plus une occasion de parler de "qualité de vie", de "conservation" de l'environnement et du patrimoine, quand ce n'est pas comme on a pu l'entendre de "protection de l'écologie" (comme si l'écologie, qui est une discipline scientifique — ou, à la limite, un état d'esprit — avait besoin d'être "protégée" au même titre que les bébés phoques ! ?). »

Pour éclairer le débat, il propose de distinguer trois écologies : la cognitive (scientifique), l'appliquée (gestionnaire) et la militante (idéologique). Puis, il examine les « crises écologiques de la ville » et se refuse à condamner « la » ville et à préconiser un « retour à la campagne ». Il prêche pour la connaissance des divers écosystèmes qui relèvent de la ville et pour une invention d'une ville moins polluante, stressée, dépensière en énergie et en espace et plus habitable.

Christian Garnier et Philippe Mirenowicz s'en préoccupent également et lancent en 1984 un « Manifeste pour l'écologie urbaine » (*Métropolis*, n° 64/65), dont le volet destiné aux urbanistes comprend dix points. Parmi ceux-ci, je relève : l'« autonomie organisatrice », la « souplesse », la « variété et la diversité structurelles du tissu social et événementiel de la ville », la « complexification dans le temps », la prise en considération des notions d'ordre et de désordre ainsi que les « phénomènes aléatoires », la valorisation de la qualité, etc. Aux côtés de ces éléments essentiels pour une nouvelle pratique d'un éco-urbanisme, les auteurs ajoutent, comme des évidences, une réelle participation des habitants, une liaison permanente entre les savants et les décideurs, une action locale soucieuse du global et inversement, une détermination des politiques et une formation continue des urbanistes. À ce propos, je remarque qu'un parcours « Environnement, paysages et territoires » (master deux) existe depuis octobre 2005 à l'Institut d'urbanisme de Paris, soit vingt ans après la publication de ce manifeste. Certes des cours, plus ou moins isolés, se pratiquaient en la matière, mais sans bénéficier d'un affichage aussi officiel.

Pour de nombreux praticiens, l'inscription bien timide de la préoccupation environnementale dans la loi apparaît comme une contrainte de plus à leur métier. Ils sourient lorsque l'un d'entre eux, durant une réunion, s'exclame malicieusement, « on a oublié le durable ! », et ensemble tentent d'en trouver une justification. C'est dire si ce qui devrait être au cœur du projet urbain, et constituer le socle de l'urbanisme, fait figure de cerise sur le gâteau, sorte de décoration inutile et plus ou moins facultative. Il y a là une réelle « révolution culturelle », comme dirait Corinne Lepage, à accomplir. Ne plus penser l'écologie comme un caprice d'enfants gâtés, de fils de riches, mais comme une responsabilité élémentaire de tout être humain.

L'écologie n'est pas l'apanage des partis verts ou de post-soixante-huitards sur le retour, c'est la conscience du devenir de la planète et de ses habitants, du Sud comme du Nord, des campagnes comme des mégapoles. Dorénavant, la véritable dualité politique n'est plus celle qui distingue la « droite » de la « gauche », mais celle qui séparent les partisans respectueux du *souci écologique* des prédateurs. Il y a celles et ceux qui inventent leur existence en harmonie avec l'environnement et celles et ceux qui consomment de la Nature, sans commune mesure. L'éco-urbanisme — et la diversité de ses expérimentations et propositions — doit devenir la règle et non pas l'exception, il ne s'agit pas d'idéologie politicarde, mais d'une démarche soucieuse de la dimension cosmique de la vie humaine. Ce n'est pas demain qui intéresse le citadin « moyen » — à qui nous ressemblons tant — mais le présent et celui-ci est intimement dépendant de l'écologie générale de l'univers.

Développement durable et écodéveloppement

La timide apparition de la notion de *sustainable development* en 1980, dans un rapport de l'Union internationale de la conservation de la nature (*Stratégie mondiale de la conservation*), va se transformer, avec le rapport Brundtland (*Notre avenir à tous*, 1988) et la *Déclaration de Rio sur l'environnement et le développement* (1992) en un mot passe-partout de l'onusien. Tout, absolument tout, doit être « soutenable » ou « durable », dans la traduction française la plus usitée. Dans le rapport Brundtland, le développement durable est présenté comme « un développement qui répond aux besoins du présent sans compromettre la capacité des générations futures de répondre des leurs ». Ce vœu devient un principe quasi moral et la formule « développement durable » se fait injonction. Elle combine trois dimensions (écologie, social et économie) et oublie, par exemple, le vaste champ culturel.

L'économiste critique Serge Latouche, « objecteur de croissance », la dénonce non seulement comme « toxique » mais aussi contradictoire, c'est un « oxymore » explique-t-il. Il fustige à la fois l'apologie du développement qu'elle contient et sa vertu de durabilité et appelle à une décroissance douce et continue, réconciliant l'individu avec ses désirs. Serge Antoine (1927-2006), éminence grise de l'écologie institutionnelle dès sa participation au Club de Rome, explique en 1995 que l'expression « développement durable » n'est pas la première à trouver rapidement un important écho dans le monde politique et l'opinion publique, et de citer pour mémoire « reconstruction », « aménagement du territoire », « productivité » et aussi « environnement », avant de préciser que si les mots retenus ne sont pas toujours heureux, l'essentiel demeure ce qu'ils désignent et là, dit-il, il y a l'espérance d'un « développement souhaitable » qui ne peut qu'inviter à l'action. Il parle alors d'éco-industrie, d'écofiscalité, d'écoménagement, avant de conclure : « Le développement durable ne se célèbre pas : il ne se décrète pas, il se mérite. »

Serge Antoine était à Founex (Suisse) avec Maurice Strong et Ignacy Sachs lorsque le mot « écodéveloppement » est forgé avant et pour la première conférence des Nations unies sur l'« homme et son milieu », à Stockholm (1972) et sera consacrée lors du symposium de la CNUCED (Conférence des Nations unies sur le commerce et le développement) à Cocoyoc (Mexique, 1974), c'est aussi lui qui a contribué à la création du premier ministère de l'Environnement (1971 avec comme premier titulaire, Robert Poujade). C'est dire si l'important pour lui est le contenu et pas le contenant, alors il accepte « développement durable », par défaut, en quelque sorte, d'une formulation plus juste sémantiquement.

Pour Ignacy Sachs, l'écodéveloppement s'appuie sur trois piliers : « L'autonomie des décisions et la recherche de modèles endogènes propres à chaque contexte historique culturel et écologique ; la prise en charge équitable des besoins de tous les hommes et de chaque homme ; besoins matériels et immatériels, à commencer par celui de se réaliser à travers une existence qui ait un sens, qui soit un projet ; la prudence écologique. » Ignacy Sachs refuse la « croissance zéro » souhaitée par le Club de Rome (*Halte à la croissance ?*, rapport rédigé sous la direction de l'économiste D.H. Meadows, 1972) et préconise une croissance « soutenue » qui résulte d'une « planification participative » et d'une « rationalité sociale élargie ». Derrière cette conception de l'écodéveloppement, se profile la notion de *self-reliance* si bien étudiée par Emerson et réactivée par Gandhi, l'un des maîtres à penser d'Ignacy Sachs... Le troisième rapport du Club de Rome en 1976, sous la direction de l'économiste nobelisé J. Tinbergen, utilise l'expression avec conviction. Progressivement son influence s'estompe au profit de « développement soutenable », plus imprécise, moins volontariste.

La définition de la ville écologique

L'entrée de la ville et de l'urbanisation dans ce mot-valise de « développement durable » date certainement du sommet de la Terre à Rio. En effet, la Commission des Nations unies qui prépare cette manifestation se préoccupe de « villes et développement durable » et crée en 1990 l'ICLEI (International Council for Local and Environmental Initiatives), afin de « capitaliser » les expériences locales, au moyen d'Agenda 21. La CNUED (Conférence des Nations unies sur l'environnement et le développement) élabore un copieux document dénommé « Agenda 21 », qui comprend 40 chapitres, dont le septième promeut les « établissements humains durables » et le vingt-huitième stipule que la « participation des habitants » et la « coopération des pouvoirs locaux » sont deux conditions déterminantes pour une ville écologique. La Commission européenne rédige *Le Livre vert sur l'environnement urbain* (1991) qui dénonce l'étalement urbain, le fonctionnalisme, la multiplication des déplacements et appelle à une plus grande mixité sociale et économique. Dès 1986, l'OCDE se dote d'un Groupe des affaires urbaines qui publie un premier rapport, *L'environnement urbain : quelles politiques pour les années 1990* ? Puis elle réunit en 1992 un colloque sur l'environnement urbain (les actes, *Des villes pour le XXI*e *siècle* paraîtront en 1994) et, en 1996, l'OCDE fait part de « bonnes pratiques » en matière urbaine (*Politiques novatrices pour un développement urbain durable. La ville écologique*).

La définition proposée est la suivante : « Une ville écologique se distingue par le degré d'intégration des préoccupations relatives à l'environnement dans la prise de décision, qu'elle soit le fait du secteur public ou du secteur privé. » Plus générale n'est guère envisageable ! Les rédacteurs sont soucieux de ne heurter aucune des forces sociales qui font et défont les villes. Une ville écologique est impossible, car aucune ville ne s'autosuffit réellement. Les rédacteurs réclament des législations plus strictes contre le gaspillage des ressources naturelles, renouvelables ou non, une simplification administrative et surtout une concordance entre les divers services municipaux ou régionaux (les transports publics et l'urbanisme, la construction de logements écologiques et le traitement des déchets, la distribution d'eau et la gestion des parcs et jardins...), une participation active des citoyens et une approche genrée des questions urbaines. Ils invitent les pouvoirs publics à s'inspirer du Canada qui utilise l'« empreinte écologique » pour mettre au point sa politique écologique urbaine.

C'est le World Wildlife Fund (WWF) qui a mis au point l'empreinte écologique. Celle-ci indique, par unité de surface et par habitant, la pression des activités humaines sur les écosystèmes. M. Wackernagel et W.E. Rees élaborent cet indicateur en 1994. Ils le nomment l'« empreinte écologique d'une population » et le définissent comme étant la « surface terrestre et aquatique biologiquement productive nécessaire à la production des ressources consommées et à l'assimilation des déchets produits par cette population, indépendamment de la localisation de cette surface ». Il s'agit d'un ordre de grandeur permettant des comparaisons, mais sa définition et son mode de calcul sont discutés et discutables.

Selon les données de 1999, le « Terrien moyen » a une empreinte écologique de 2,3 hectares et celle de l'« Américain moyen » de 9,6 hectares. Si tous les Terriens adoptaient le mode de vie des Américains ou des Européens, c'est-à-dire avaient la même empreinte écologique, il faudrait plusieurs Terre... Au sommet de Johannesburg en 2002, certains chercheurs considéraient que l'ensemble des Terriens vivaient comme si ils possédaient une Terre avec 20 % de plus ! Quant à la participation, c'est le « processus Charrette » qui est recommandé. Celui-ci mobilise les citoyens avant toute opération urbaine afin d'en débattre longuement avec des spécialistes indépendants, des équipes de professionnels sollicités pour participer au concours, les représentants des administrations, etc. Les femmes y jouent un rôle décisif, non seulement dans la lutte contre l'insécurité, mais aussi pour imaginer un cadre de vie urbain qui ne concernerait pas que les seuls actifs de 25 à 60 ans, en bonne santé et ayant un revenu régulier.

À l'occasion d'Habitat II (Istanbul, 1996), l'ICLEI, l'agence Cités unies développement (CUD), le Centre des Nations unies pour les établissements humains (CNUEH) et le Programme des Nations unies pour l'environnement (PNUE) chargent Richard Gilbert, Don Stevenson, Herbert Girardet et Richard Stren de rédiger des synthèses des études et recherches sur l'urbanisation planétaire, de signaler les meilleures « bonnes pratiques » et d'énoncer une série de recommandations à l'usage des États, des regroupements de municipalités et des associations de citoyens (*Pour des villes durables. Le rôle des autorités locales dans l'environnement urbain*). Ce document énonce d'emblée trois objectifs : « 1. Démontrer que les pouvoirs locaux devraient jouer et, dans beaucoup de cas, jouent effectivement, un rôle central dans la conception et la mise en œuvre de programme visant à assurer des environnements sains. 2. Présenter certaines mesures pratiques [...] et 3. Montrer comment les autorités locales peuvent être soutenues par d'autres administrations et organismes [...]. »

Ces diverses productions, plus ou moins technocratiques, qui émanent d'organisations internationales, les dotent d'un jargon « officiel » et listent les enjeux, les moyens, les méthodes. Il devient de plus en plus difficile de sortir de ce discours type et d'expérimenter d'autres approches et d'autres modalités, sauf en-dehors des instances nationales et supranationales. D'une certaine façon, ces propos — parfois intéressants — reposent sur une vision totalisante du monde, vision qui considère que tel exemple est transposable ailleurs, que tel mot a le même sens dans une réalité sociale et politique totalement différente (par exemple, la « commune », le « rôle de l'élu », la « formation et les prérogatives de l'urbaniste »...). Quoi qu'il en soit, la « ville écologique », le « développement urbain durable » ou le « développement durable urbain », est avant tout « compacte » (entendre « dense » en opposition à l'« étalement urbain » peu économe en sol, en énergie, en déplacement...), équipée d'un réseau de transports publics performants et « propres » (judicieusement combiné aux parcours des habitants et à leurs horaires), gouvernée démocratiquement (c'est-à-dire associant les divers niveaux territoriaux de décision au tissu associatif).

Ce discours type — où la « langue de bois » rivalise avec la généralité/générosité du contenu — est toujours accompagné de « cas » qui méritent le déplacement : Curitiba au Brésil dont le réseau de transports en commun a permis une baisse de 25 % du trafic automobile ; Orangi au Pakistan, vaste bidonville d'un million d'habitants équipé de 69 000 sanitaires ; Le Caire qui a donné un statut aux Zabbaléens chargés de collecter et de trier les détritus ; Puerto Princesa aux Philippines qui a su dépolluer son site et en faire une zone touristique attractive ; Zhanjiang en Chine consacrée « ville de l'hygiène nationale » en 1994 ; Chattanooga aux États-Unis a contré la désindustralisation qui la frappait en ouvrant des parcs « éco-industriels » écologiques... Régulièrement des symposiums internationaux rassemblent les « acteurs » de ces « bonnes pratiques » et c'est vrai qu'Angers fait un effort, que le quartier Vauban à Fribourg (Allemagne), Bed-Zed pas loin de Londres (« Éco-quartiers », *Urbanisme,* n° 348, 2006), Saint-Jacques-de-la-Lande près de Rennes, etc., sont plus « écologiques » que d'autres, mais la question d'un urbanisme décent reste posée.

L'écologie appliquée et citoyenne

En effet, ni les instituts de formations, ni les mairies, ni les entreprises privées ne sont véritablement engagés, avec enthousiasme, dans le combat écologique. Bien souvent, les services techniques, les promoteurs et les entreprises privées du BTP, les transporteurs, les professionnels (architecte, urbaniste, paysagiste...) subissent l'injonction des institutions internationales relayées par des circulaires nationales ou régionales, plus qu'ils n'y adhèrent avec détermination. L'inhabitable est plus facile à construire que l'habitable et il est rare qu'un habitant se rebelle. Bien sûr, je crois en la vertu de l'exemple, mais je sais aussi qu'il faut un vaste mouvement d'opinion et d'inlassables combats locaux pour modifier les habitudes, faire travailler ensemble des services d'une même municipalité, repenser toutes les décisions à prendre à partir d'une commune préoccupation environnementale…

En France, le maire est entouré d'adjoints « spécialisés » (logement, sport, urbanisme, jeunesse…), alors que chaque « domaine » interfère avec les autres et que ce qui assemble ces différents « domaines », c'est justement la *préoccupation environnementale* (ou *souci écologique*). C'est elle qui devrait dicter le nouvel organigramme de la municipalité et insuffler une philosophie générale. Ainsi, chaque agglomération se doterait d'un observatoire de la vie urbaine en s'inspirant de Patrick Geddes (1854-1932) et de sa *outlook tower* (tour d'observation où sont exposées les données statistiques et cartographiques de la ville et de sa région) ; chaque citadin raisonnerait en termes écologiques et non pas économiques et chaque service municipal effectuerait sa propre révolution culturelle, voilà trois innovations peu coûteuses et décisives quant à la gouvernementalité d'un territoire, prenant soin de ses écosystèmes et inventant de nouvelles règles pour la participation citoyenne (là encore l'apport de Patrick Geddes me paraît essentiel avec sa conception du *civics*, mot si délicat à traduire).

Le lecteur souhaite-t-il en savoir un peu plus sur Patrick Geddes, ce biologiste, botaniste et pédagogue ? Qu'à cela ne tienne, voici quelques informations. Geddes considère la ville comme étant le résultat d'au moins quatre éléments constitutifs : *town* (le lieu, les activités et les habitants), *school* (les connaissances disponibles localement), *cloister* (les richesses culturelles et artistiques locales) et *city proper* (l'inscription territoriale de ces éléments). Pour rendre compte d'une ville, il convient d'adopter une démarche en trois temps : *survey, analysis* et *plan*. En 1902, il publie « Edinburgh and his region, geographic and historical » (*Scottish Geographical Magazine*) ; en 1904, il rend son rapport à la fondation Carnegie, « City development : a study of parks, garden and culture institutes » ; en 1905 et 1906, il explicite la notion de *civics* (*Sociological Papers*), qu'il présente plus amplement dans *Cities in Evolution* (1915). « En tant que science, la polistique (*civics* est ainsi traduit par Françoise Choay) est la branche de la sociologie qui a trait aux cités, à leurs origines, à leur répartition ; à leur développement et à leur structure ; à leur fonctionnement interne et externe, matériel et mental ; à leur évolution, particulière et générale. Du point de vue pratique, en tant que science appliquée, la polistique doit se développer par l'expérimentation, et devenir ainsi un art toujours plus efficace, susceptible d'améliorer la vie de la cité et de contribuer à son évolution. » *Civics* confère à l'urbanisme une dimension certes politique mais aussi éthique et par conséquent écologique. Une telle approche des questions urbaines ne se réduit pas à une seule manière de faire de l'urbanisme, elle se construit en partant des conditions locales transcendées par une écologie appliquée, c'est-à-dire par une application des principes fondamentaux de l'écologie. C'est ce déroulé que j'appelle « décent ».

Lutter contre l'urbanisme indécent

Le philosophe israélien Avishai Margalit décrit la *société décente* en repérant trois « concepts d'humiliation » : « le fait de traiter les personnes humaines comme des non-humains, le rejet et les actes destinés à provoquer un défaut de contrôle chez un individu, ou à souligner ce défaut. » Une société autoritaire peut très bien respecter tous les êtres humains et, dans ce cas, remplir la première condition. En revanche, en rejetant certains d'entre eux de telle occupation pour telle ou telle raison, elle les humilie. Une société démocratique peut accepter de traiter un être humain comme une machine (quand on parle de « casse » à propos du chômage entraîné par la fermeture d'un site industriel) ou un animal (quand des sans-papiers ou des sans domicile fixe sont repoussés hors d'une commune) et, par conséquent, ne pas être décente.

La pauvreté n'est pas toujours l'expression d'une indignité, mais toujours d'une humiliation. La décence, c'est ce qui conjugue le respect de chacun vis-à-vis de lui-même et des autres à la non-humiliation des institutions envers tous les citoyens. Appliquée à l'urbanisme, la notion de décence signifie un ménagement, un acte pacifiant, un refus de toute violence. Un urbanisme décent serait de fait écologique. L'inverse de ce qui domine à l'échelle planétaire.

Les cyclones Katrina et Rita ont, en septembre 2005, retourné des villes comme des châteaux de cartes. La première puissance économique du monde, les États-Unis a été durement touchée, révélant ainsi non pas sa fragilité face aux ouragans et raz-de-marée, mais sa totale indifférence à l'écologie, son indécence. En effet, 150 millions d'Américains résident sur le littoral et l'urbanisation rapide et sans précaution a détruit les marécages et les mangroves rendant vulnérables le « front » bâti. Avec le réchauffement, des agglomérations comme Miami, Houston, New York, Los Angeles sont à terme inondables, or leurs protections naturelles ont été méprisées au nom de l'efficacité et de la rentabilité.

Le drame de La Nouvelle-Orléans, comme l'écrit Joel Kotkin (urbaniste, membre de la New America Foundation), « révèle le point faible de l'urbanisme occidental » (*Le Monde*, 9 septembre 2005). « Dans l'histoire, ajoute-t-il, les villes, où qu'elles soient, ont d'abord prospéré comme lieux d'aspirations et de mobilité. En se transformant en objets de musée destinés aux riches et aux gens à la mode, elles deviennent vite des lieux inaccessibles aux classes moyennes, et où fermente le mécontentement des pauvres. Voilà pourquoi les villes occidentales doivent regarder les événements de La Nouvelle-Orléans non seulement comme une tragédie mais aussi comme le présage possible et effroyable d'un avenir potentiel. »

Une cité, qui privilégie le tourisme au détriment d'autres activités qui avaient fait sa fortune, bipolarise la société : d'un côté des nantis qui possèdent les hôtels et les restaurants ; de l'autre un volant de main-d'œuvre bon marché. L'immobilier s'adapte à cette nouvelle situation économique et voit une *suburb* s'emparer des bords de mer et un centre-ville mal entretenu abandonné aux pauvres. L'urbanisme n'obéit alors qu'à la loi du marché et ouvre la porte à l'indécence.

L'urbanisme est un « bien commun », sachant que « commun » ne désigne pas ce qu'on partage, mais ce qui engage les uns vis-à-vis des autres. Cet urbanisme volontaire concerne aussi bien le bidonville que la *gated community*, la ville globale, la mégacité, la ville moyenne et ce qui les unit, l'urbain éparpillé. Il repose sur le débat public, l'élaboration collective des objectifs, le respect des règles adoptées par tous. L'urbanisme est alors un art de concilier un territoire aux autres dans le vaste puzzle mondial et un art de faire cohabiter pacifiquement des résidants aux intérêts multiples et pas forcément convergents. N'oublions pas que la majorité des « établissements humains » ne connaissent pas l'urbanisme : ils se créent, se transforment, disparaissent à la suite de mille et une raisons dont aucune ne s'apparente à l'urbanisme, entendu comme « bien commun ». Miser sur l'urbanisme pour effectivement réaliser le cadre de la vie sociale et individuelle est un choix politique, c'est refuser le laisser-faire qui génère tant d'indécences et considérer, au contraire, qu'il importe de bien « bâtir », pour mieux « habiter ».

4

De la démocratie à tous les étages et des individus à tiroirs

Les sciences politiques et la philosophie politique abordent, traditionnellement, la question de la démocratie dans le cadre de l'État-nation, qu'il soit fédéral ou non. Rarement cette réflexion sur la démocratie, ses enjeux, ses problèmes, ses mérites, ses faiblesses, prend en compte la dimension géographique, territoriale, comme si « la » démocratie se trouvait en quelque sorte « hors-sol », ou bien qu'elle fonctionnait pareillement à toutes les échelles, du comité d'immeuble aux instances dirigeantes de l'Union européenne ! Une telle approche se révèle insuffisante, non seulement à l'heure des nouvelles technologies de l'information et des télécommunications (qui facilitent la circulation des informations en temps réel et permettent à de nombreux cyberforums de se déployer sur la toile), mais aussi à celle de l'urbanisation généralisée de la planète (qui offre un large éventail de situations citadines bien éloignées de la *polis* grecque).

La présence d'un imposant abstentionnisme, dans la plupart des démocraties occidentales, exprime certainement une crise de la représentativité des opinions. Mais si le « parti » des abstentionnistes est le plus massif, il se manifeste davantage lors des scrutins nationaux ou extranationaux — je pense ici aux élections européennes, en France, par exemple — qu'au cours des élections locales. Il y a donc bien une relation à établir et à étudier entre « démocratie » et « territoire ». Une enquête de la SOFRES (12 et 13 janvier 2003) révèle que seulement 8 % des sondés estiment que leur vote, au niveau national, peut améliorer leur vie quotidienne. Certes, à côté de cette désaffection du champ politique par les citoyens que mesure l'abstention, surgissent des engagements soutenus sur un thème bien ciblé.

C'est cela qu'observe l'historien Pierre Rosanvallon : « Nous passons peu à peu d'une démocratie politique "polarisée" à des formes de "démocratie civile" plus disséminées » (« Le mythe du citoyen passif », *Le Monde*, 20/21 juin 2004). Et d'en indiquer quelques-unes : comités de quartier, signature en bas d'une pétition (68 % des Français en ont signé au moins une en 2000 contre 53 % en 1990), manifestations de rue (pour soutenir les intermittents du spectacle ou le service public et s'opposer au CPE — contrat premier emploi — ou au démantèlement d'une entreprise), inscription dans une association loi de 1901, etc. En même temps, le syndicalisme a du mal à maintenir ses effectifs, et des « professionnels » de la prise de parole détournent plus d'une assemblée à leur avantage, alors que les plus déshérités demeurent à l'écart du débat.

Une chose est sûre : il nous faut certainement imaginer plusieurs pratiques et procédures pour la démocratie selon les tailles des territoires et l'importance des populations concernées. Avouons-le : il n'existe pas une seule forme de démocratie que nous pourrions décliner en divers « produits dérivés » plus ou moins bien adaptés à des usages nouveaux, mais au contraire, des modalités différentes de l'*idéal démocratique* à expérimenter selon les situations. Les institutions politiques aspirent à l'éternité ce qui est pour le moins étonnant puisqu'elles devraient garantir la souveraineté du peuple en toutes circonstances et par conséquent s'adapter aux attentes des électeurs en innovant. Or, elles se figent dans une interprétation dogmatique de leurs principes fondateurs et semblent outrées lorsque les citoyens réclament une quelconque modification de leur mécanisme.

L'islam contre la démocratie ?

Ainsi, récemment en France, la montée des revendications de musulmans (le droit de porter le voile, la non-mixité dans la piscine municipale à certaines heures, la construction d'écoles coraniques...), pas nécessairement islamistes, aurait dû provoquer un large débat, partout dans la société, à commencer dans les classes des collèges et des lycées, prendre le temps nécessaire pour examiner les diverses positions — une année ou deux —, inviter les médias à éclairer les arguments des uns et des autres, en évitant les attitudes purement spectaculaires et abusivement simplificatrices ; bref, à démocratiser la discussion elle-même. Au lieu de cela, une loi a été hâtivement rédigée et, dans l'excitation propre à la classe politique, souvent craintive et moutonnière, votée. À dire vrai, de quoi s'agit-il ? D'au moins deux problèmes.

Islam, brassage cultuel et laïcité

Le premier est la volonté de ces islamistes — un groupuscule politique plus que religieux, notons-le — à s'imposer sur la scène politique, en secouant les autorités religieuses représentatives de l'islam en France et en enrôlant les « jeunes » des banlieues grâce à un discours populiste et revanchard — du genre : « Tu es méprisé par les Français, imposes ta croyance, ton vêtement, tes exigences, avec une "islam-attitude" ! » Je précise, en passant, que le mot français « laïc » vient du latin *laïcus*, traduction du grec *laikos* (opposé à *klêrikos*) qui dérive de *laos*, « peuple », terme aux origines inconnues. *Laos*, c'est le « peuple », dans le sens de « commun » et non pas de *dêmos*, mot qui signifie d'abord « territoire », puis « peuple », comme dans le mot « démocratie », formé par *dêmos*, « peuple » et *kratein*, « commander ». Longtemps, dans notre société christianisée, le « laïc » était le non-religieux, croyant ou non. Il ne faudrait pas entendre « laïc » comme « athée », le premier se distingue du prêtre ou du pasteur, le second dénonce et combat toutes les religions.

Avec la République, la laïcité désigne une séparation claire et nette entre l'Église et l'État (loi de 1905), provoque une sorte de privatisation de l'Église et une intimisation de la foi. En d'autres termes, la croyance devient une affaire personnelle et l'État ne doit pas s'en mêler. Croit qui veut bien croire... En contrepartie, la collectivité s'engage à respecter les croyances des uns et des autres, tant que celles-ci n'ourdissent aucun trouble vis-à-vis de l'ordre public. À la différence du christianisme, l'islam se présente comme une religion « totale », qui réglemente tous les aspects de la vie privée (plus tellement « privée », par conséquent) quotidienne du croyant et organise la vie sociale, économique et culturelle de la communauté. En ce sens, cette religion est exclusive de tout autre compréhension du monde et de la vie.

Or, un citadin musulman installé en Europe ou un Européen converti ne peuvent exiger le contrôle de toute la société par sa religion, il doit composer avec les autres religions, l'athéisme et même l'indifférence, quant au « bon » fonctionnement des diverses institutions au-dessus des religions. Pour cela la réciprocité s'effectue, certes parfois trop lentement, en se faisant tirer l'oreille, mais nous constatons que la cantine scolaire, par exemple, propose des repas particuliers aux élèves (musulmans ou non) qui le demandent. Le port du voile semble par conséquent compatible avec la laïcité démocratique, mais de manière circonstanciée, lors de la prière dans une mosquée, par exemple. La différence entre un musulman d'un pays musulman et un musulman d'un pays laïc est la suivante : le premier n'existe qu'en tant que membre de la communauté (*umma*) alors que le second existe à la fois, comme sujet autonome de la société laïque et comme membre d'une communauté de fidèles. Cette double appartenance exige l'affirmation du sujet et soulève la délicate question de la « personne » dans l'islam.

La cohabitation, au sein du même individu, d'au moins deux comportements délicatement conciliables entre eux sans aménagements des dogmes, n'est pas facile à vivre, elle nécessite un apprentissage, rencontre des tensions et finalement réclame une grande quiétude. Celle-ci ne tombe pas du ciel, elle se nourrit d'un travail exigeant sur soi-même et d'un réel encouragement de la société dans laquelle on vit. D'où, le cas par cas, le dialogue, la confrontation et surtout pas la répression et la juridification. Il existe toute une riche littérature sur le « sujet », la « personne », le « je » — trois notions à ne pas confondre entre elles — dans l'islam qui, à l'heure de la valorisation de l'individu, se doit de réagir, afin de rendre intelligible les interrelations *umma*/individu croyant.

Le célèbre islamologue et arabisant Louis Massignon rappelle : « Le mot *umma*, étymologiquement, réfère à la Mère (*Umm*), à la tente (*bayt* ; hébr : *Ohêl* ; arabe : *Ahl*) de l'épouse du chef, à la maisonnée du chef, à sa famille cognatique et à sa clientèle ; par opposition à son clan agnatique, et à sa race, désignée, comme Ibn Khaldùn l'a noté, par le mot *Sha'b*, "peuple" ; le sentiment raciste (*shu'ûbiya*), l'esprit de corps (*'asabiya*) du clan désigne ce particularisme nationaliste qui, par jalousie anti-arabe, a déchiré au Moyen Âge l'unité politique de la Communauté musulmane. » Plus loin, il ajoute que la « communauté » se nomme aussi *Jamâ'a*, « ensemble du corps social ». Ainsi pour un musulman (qui ne possède pas d'existence ontologique, qui est « soumis » — *muslim* — au Créateur, qui est son serviteur-esclave — *'abd*, du verbe *'abada*, « celui qui adore » —, existe la « communauté » religieuse (*Umma*) qui correspond à la « demeure de l'islam » (*Dar al-islam*) et qui admet une première sorte d'« altérité intérieure », comme l'écrit justement Malik Chebel. Au-delà de cette appartenance en arabesques, dessinant les actes de chacun (son respect de la religion et ses transgressions, plus ou moins volontaires), il y a l'« altérité extérieure », représentée par les non-croyants et les croyants affiliés à une autre religion, comme le *dhimmi* (« le protégé » qui peut être « juif » ou « chrétien ») qui paie un impôt de capitation (*jiziya*) en échange de sa protection (*dhimma*).

Quelle place attribuée à cet autre « extérieur » dans une conurbation où le musulman ne cesse de le croiser sans le rencontrer ? Quelle manière de faire de la politique en ouvrant la « communauté des musulmans » (*Umma*) à une « communauté » bien plus large, accueillant les non-croyants et les croyants d'une autre religion, tous disposant des mêmes droits (des droits indépendants des principes de l'islam) ? Le chrétien en Irak, le copte en Égypte, le juif au Maroc s'en sortent par une incroyable discrétion et sont parfois victimes d'intimidation voire de violences épisodiques. Mais les musulmans de France, des Pays-Bas, de Belgique, d'Allemagne ? Ils faut bien qu'ils apprennent *des* autres et *aux* autres une plus grande hospitalité, non ? Le brassage cultuel que la grande ville pratique constitue une menace pour les religions qui refusent la laïcité. C'est le cas pour l'islam qui ne peut s'intégrer à la ville, en forme de kaléidoscope des croyances, qu'en acceptant l'autre pleinement, même dans le danger qu'il représente en tant que non-croyant.

Le sujet que sous-entend la philosophie politique lorsqu'elle traite de la démocratie est autonome et sans aucun lien privilégié vis-à-vis d'un dieu, par exemple. Ce n'est pas le cas de l'islam originel. L'urbanisation des mœurs et des valeurs sociétales qui accompagne la localisation dans l'urbain comporte cette nouvelle dimension de l'être, en tant que sujet « libre ». Il est trop tôt — et l'on ne dispose pas d'études assez fouillées — pour voir en quoi et comment l'urbanisation déplacerait quelque peu le religieux dans la conception du monde du croyant, dans son rapport à Dieu. Si l'urbanisation ne modifie pas les conditions de la liturgie, des croyances et des rites, alors il serait absurde de miser sur une démocratisation. Du reste, c'est une aspiration occidentale que d'associer à la ville, la démocratie. C'est oublier que l'histoire des villes emprunte des chemins qui ne croisent pas obligatoirement celui de la démocratie.

Tolérance laïque et rigidité d'État

Le second problème, plus ancien et récurrent, vise l'adéquation entre les principes républicains édictés au cours de la Révolution de 1789 et leur respect dans une société qui a depuis considérablement changé et change encore. Ainsi la conception de la laïcité, version IIIe République, ne correspond plus du tout à celle qui prévaut dorénavant. La France avait grand besoin de main-d'œuvre et n'a pas hésité à puiser dans ses colonies. Les Algériens — et principalement les Kabyles — ont été parmi les premiers à contribuer à la reconstruction de la France et à la modernisation de ses industries et de ses infrastructures. Immigrés célibataires, logés dans des baraques de bidonvilles, exploités par des « marchands de sommeil » et trop rarement installés dans des foyers pour travailleurs, ils se faisaient discrets pour rester dans ce qu'ils décrivaient à leur famille, demeurée au *bled*, comme un « pays de cocagne ». Musulmans sans mosquée, ils pratiquaient cachés ou bien se considéraient en voyage, ce qui les exemptait provisoirement des rituels habituels et obligatoires à tous les musulmans...

Avec la seconde, et surtout la troisième génération d'immigrés de confession islamique, des associations religieuses, des écoles coraniques, des abattoirs *halâl*, des mosquées et autres lieux de prières se sont multipliés et sont devenus de plus en plus visibles dans les villes. Cette affirmation est aussi, pour certains, une marque identitaire, le premier pas d'une reconnaissance culturelle légitime, d'autant plus que le pays d'accueil se présente comme « tolérant », « républicain », « laïc ». L'État doit par conséquent montrer l'exemple, et combattre toutes les formes de discrimination afin de valoriser la dignité de l'autre. Ce dernier point est exemplaire et relève de la décence élémentaire qu'une société se doit de garantir à chaque résident, citoyen ou non. Le respect envers autrui ne consiste pas en une impassibilité polie, du genre « Faites comme vous voulez, cela ne m'intéresse pas... », mais en une curiosité accueillante, une disponibilité sans condition.

En effet, pour moi, l'étrangeté de l'étranger assure et décèle ma propre différence, à condition toutefois d'être ouvert à sa présence. La présence de l'autre ne se satisfait pas d'une quelconque assimilation, intégration, fusion, mais bel et bien d'une rencontre. Cette rencontre est un échange sans réciprocité, une sorte de don aux trois « moments » (donner, recevoir et rendre) décalés, le don de l'altérité. Toutes les religions ont à cultiver le sens de l'hospitalité à l'heure de l'urbanisation planétaire et de la communication généralisée. Il y réside, à la fois, un renouveau théologique et un approfondissement de l'idée même d'irréductibilité. Quelle est la part irréductible de l'autre ? Le syncrétisme consiste finalement en une cote mal taillée, une certitude bien discutable en un mélange qui ne gâterait pas la singularité des divers composants. Le dialogue interculturel est une intention, certes généreuse, mais dégradante, précisément parce qu'il laisse entendre que tous les mots — et les silences — sont équivalents et font sens aux oreilles des divers interlocuteurs. Or l'altérité se fonde sur l'inconnaissable. L'Autre, semblable à moi-même dans son étrangeté, ne peut déployer son identité que dans le secret, la retenue, le mystère, le surprenant, l'inachèvement.

La rationalité dominante vise à gommer, ou à sous-estimer, ces qualités propres à l'altérité. Et la laïcité étatique adhère strictement à cette rationalité. Et les autorités religieuses qui souhaitent cohabiter dans la Cité l'acceptent également. Le prix à payer pour cette transaction consensuelle est la perte — irréparable — des différences, parfois paradoxales. Le respect, au contraire, accorde au désaccord, à l'incompréhensible, sa place, comme la manifestation de l'humanité de l'humain, sans en juger la valeur. Ainsi, la polémique sur le voile ou la barbe débouche sur une loi d'interdiction, et non pas sur une régulation locale pacifiée, à partir du règlement intérieur des établissements scolaires et des discussions avec les services administratifs concernés. Ici, la rigidité de l'État marque sa faiblesse. La laïcité perd, ce qui précisément en faisait une richesse incontestable, son esprit de tolérance.

La tolérance, je le précise, n'est ni le « laisser faire » prôner par les libéraux qui croient naïvement aux vertus régulatrices du marché, ni le « faites n'importe quoi » des irresponsables. Elle consiste dans la reconnaissance bienveillante d'attitudes inconciliables entre elles, de tensions indomptables et de logiques sociales et individuelles contradictoires. Elle contient en elle une véritable pédagogie de la liberté. Laisser venir l'autre à soi — et à lui-même —, sans précipitation, violence, arbitraire, par autopersuasion, par choix. La situation de l'exilé n'est pas facile et, comme l'écrit l'immense écrivain portugais Miguel Torga, se souvenant de son séjour imposé au Brésil pendant son adolescence, l'exil l'avait grandi « au-dehors et au-dedans ».

Une loi fait-elle grandir ? Elle peut éventuellement en favoriser les conditions, mais jamais elle ne remplacera l'expérience personnelle. Vous m'objecterez : « Pensez à cette jeune fille embrigadée par sa famille ou par un proche, toute seule, comment imaginer qu'elle s'en sorte ? Cette violence juridique lui sera utile. » Je ne le crois pas. La liberté ne s'octroie pas, elle se conquiert. Bernard Charbonneau n'a pas tort de considérer la liberté comme un devoir et non comme un droit. En effet, chacun a le devoir d'être libre. Une telle réorientation de notre rapport à la liberté modifie bien des engagements, bien des attitudes, bien des lois. En ce qui concerne les « jeunes » (catégorie socio-générationnelle principalement définie, à présent, par le marketing) et les « rites d'initiation » (le piercing, le tatouage, la tenue vestimentaire gothique et, dans certains cas, le voile), le psychanalyste Gérard Mendel remarque justement que cette forme d'« identité à l'identique » confirme l'« allégeance à des microcommunautés », plus qu'elle ne s'apparente à une conquête de soi. Il précise : « Nul ne peut à lui seul verrouiller l'archaïsme en soi », il a besoin d'un appui extérieur, d'un « élément-tiers », un ami, un enseignant, un médiateur, que sais-je ? Pas d'une loi. Là aussi, et encore, le temps est ouvert, aucun « jeune » n'avance à la même vitesse, il est absurde de vouloir régler un tel « malaise » existentiel en un clin d'œil. Là aussi, la parole et l'écoute sont décisifs. S'exprimer n'est pas aisé, les temps morts, les hésitations, le mutisme, les bredouillages appartiennent entièrement à la rencontre. C'est la rencontre, ne l'oublions pas, qui est le résultat, et non pas son issue !

Par ailleurs, et sur un autre registre, cela équivaut à une capitulation de l'*État de droit* face aux islamistes minoritaires parmi les musulmans de France… et du monde entier ! Comme l'écrit justement Pierre-André Taguieff, « si la démocratie est menacée, ce n'est pas par le "religieux", catégorie globalisante et indistincte, mais par des usages stratégiques du religieux allant dans le sens de l'exclusivisme. » La démocratie sans « peuple souverain » (*démos*) devient la parodie d'elle-même. C'est pour cela que toute ethnicisation du social, que toute avancée du multiculturalisme, que toute manifestation du communautarisme ébranlent l'*idéal démocratique* et le font vaciller irrémédiablement.

Athènes et nous

Alors « démocratie » et « territoire » ? Je l'évoquais de façon quelque peu allégorique avec des territoires qui ne correspondent pas toujours à une géographie physique, ainsi le territoire de l'islam (il conviendrait de dire « les territoires des islams ») ne se superpose-t-il pas du tout à la cartographie de la démocratie. Mais, afin de mieux circonscrire mon sujet, je vous propose un petit détour par Athènes.

*Le temps de la délibération à l'*agora

C'est là, dans cette « ville-État » (la *polis*, comprenant l'Attique et Athènes, représente, en gros, la superficie du grand-duché de Luxembourg, et le nombre des citoyens n'excède pas, au ve siècle, les 40 000 pour une population d'environ 200 000 habitants, soit en gros Le Havre aujourd'hui) que, pour la première fois de l'histoire humaine, un système politique dénommé « démocratie » est mis en place, non sans difficultés, non sans imperfections. L'historien Pierre Vidal-Naquet nous prévient : « La Grèce *n'est pas* dans notre histoire et pour comprendre celle-ci nous n'avons nul besoin de savoir comment fonctionnait l'assemblée athénienne, ce qu'était la *Boulé* (le Conseil), et comment était appliqué l'ostracisme. Ce qui est dans notre histoire ou du moins dans une partie de notre histoire et que nous ne pouvons en arracher, parce qu'elle est le passé, c'est le dialogue avec la Grèce et d'abord avec les textes grecs. »

C'est justement dans un texte grec, *Les Suppliantes*, d'Eschyle, que se trouvent le mot alors tout neuf de « démocratie », la description du vote à main levée et la décision prise majoritairement et unanimement respectée. La démocratie, encore balbutiante, est restrictive : elle ne concerne pas les femmes, les enfants, les esclaves et les étrangers. Elle ne mobilise jamais qu'une fraction des citoyens, mais ceux-ci sont incités à réfléchir, à échanger leurs points de vue sur tel ou tel aspect de la vie politique de leur Cité (*polis*), à élaborer des lois, à polémiquer afin de construire ensemble une position commune. Le lieu emblématique de la démocratie est l'*agora*, qui ne se trouve pas au sommet de l'acropole (*akropolis*, la « citadelle ») mais au centre (*es meson*, « au milieu ») de la ville, de manière à être à égales distances des extrêmes et à figurer l'équilibre, indispensable à la bonne marche des affaires de tous.

Précisons que l'*agora* ne correspond pas à une place, au sens physique, bâtie, délimitée, du terme, mais à un rassemblement. Le mot vient du verbe *ageirein* (« rassembler »). L'*agora* épouse la forme malléable et élastique de l'assemblée des citoyens avant de se figer en un marché bordé de portiques, de galeries couvertes, qui conduisent à des bâtiments publics et religieux. Tous les citoyens ne se rendent pas à l'*agora*, peu s'en faut. Mais, les explications fusent, les interprétations s'entremêlent, les équivoques se dissipent et chacun exprime ce qu'il ressent, ses questionnements, ses doutes comme ses certitudes. La taille modeste de cette assemblée favorise ce type d'échange où le temps n'est pas compté. Plus exactement, la démocratie prend alors le temps nécessaire à la délibération.

Le temps de la représentation démocratique

Les expériences plus récentes de démocratie, à partir du XVIIIe siècle aux États-Unis et en Europe par exemple, adhèrent au principe de représentation et abandonnent l'assemblée de tous les citoyens. Nous déléguons quelqu'un — un élu — qui nous représente et, à notre place, défend notre sensibilité et nos intérêts. La démocratie représentative ne consiste pas en une volontaire mutilation de la démocratie directe, mais elle introduit des intermédiaires entre les citoyens, certains le sont plus que d'autres, au nom, bien sûr, d'une plus grande efficacité…

C'est également à cette période que l'ancrage territorial s'estompe au profit du social, en quelque sorte. Ainsi, par exemple, je défends le tiers état, en général, pas celui qui provient de telle région, parle telle langue, espère telle législation. Le local cède la place au national. C'est la preuve même de l'égalité territoriale : aucune des 44 000 communes et aucun des 83 départements, dessinés par les législateurs de 1789, n'a plus de droits qu'un autre. La loi du 5 avril 1884, qui instaure l'élection du maire au suffrage universel et indique ses prérogatives, fait de la commune une unité universelle, peu importe le nombre de ses habitants, ses ressources fiscales, sa localisation, ses spécificités. L'uniformité est la règle, la dérogation l'exception.

Les lois de décentralisation en 1982 et 1983 respectent le découpage datant de la période révolutionnaire. Certes les lois Chevènement, Gayssot et Voynet, puis la loi SRU (Solidarité renouvellement urbain) de 2000 invitent à l'intercommunalité (communauté de communes, agglomération, communauté urbaine, communauté de villes, etc.), mais le droit demeure muet quant à la « ville ». Le droit ne reconnaît que la « commune ». Depuis la loi du 31 décembre 1975, Paris est considéré comme une municipalité à part entière (qui élit son maire depuis 1977) et, en décembre 1982, les villes de Paris, Lyon et Marseille sont autorisées à faire élire des maires d'arrondissement. Il est vrai, par exemple, que le XXe arrondissement de Paris « vaut », en population, la ville du Havre...

J. Moreau pose la bonne question : « Le droit administratif français a-t-il forgé l'outil que lui réclamait la civilisation urbaine ? » (*Pouvoirs locaux*, n° 1, 1989). Jacques Caillosse, après avoir remarqué que le droit « neutralise la ville », en vient à imaginer une mise à jour du droit *de* la ville — en tenant compte de la géographie discontinue des flux — et à concrétiser le droit *à* la ville, qui pour l'instant demeure un vœu pieux (*Pouvoirs locaux*, n° 25, 1995). Le géographe Jacques Lévy admet que « la proposition de créer des conseils d'agglomération élus au suffrage universel, disposant d'une fiscalité et d'un pouvoir en partie transférés des communes et des départements, n'est pas une idée saugrenue » (*Libération*, du 20 avril 1998). Serait-ce la fin de la France des 36 000 communes et la victoire d'une nouvelle élite technocratisée, des gestionnaires de la ville ayant leurs entrées à Bruxelles, au détriment des notables à l'ancienne ?

L'effacement de la démocratie

La pénurie en débat public — et le conformisme des partis politiques, en la matière — abandonne aux ténèbres l'exigence de concilier « démocratie et territoire ». Personne ne revendique une démocratie à modalités différenciées afin de tenir compte de la diversité du corps électoral et des territoires. Sauf, lors de rares et courtes poussées de fièvre contestataire, où l'on voit des comités de grève exiger la démocratie directe dans telle ou telle usine ou des comités de quartier tenter l'autogestion lors d'une lutte urbaine... Ce n'est pas par hasard si l'enquête déjà mentionnée indique que les électeurs français rechignent moins à voter pour élire le maire de leur commune que pour désigner le président de la République. L'un semble proche et l'autre trop éloigné. L'un agit concrètement, l'autre veille aux grands principes, relativement abstraits, assurant la cohésion de la société.

Mais quels sont les vrais pouvoirs du maire, sa marge effective de manœuvre ? Peu importe, la conviction inébranlable est là. D'où, une sorte d'effacement progressif de la démocratie, que l'on observe aisément en se rendant à une réunion publique de n'importe quelle commune convoquée par voie d'affiche pour discuter du budget participatif, de la place des jeunes dans la ville, des améliorations à apporter à la voirie, des projets en matière de transports collectifs, etc. Savoir que des réunions se tiennent constitue la preuve que l'élu local exerce bien sa fonction et peu importe au demeurant si, sous le préau de l'école du quartier, l'on ne dénombre qu'une dizaine d'habitants (les fidèles responsables d'associations, un ou deux retraités lassés des programmes télévisés et un ou deux « riverains » inquiets...). À qui la faute ? L'élu, souvent de bonne foi et avec une réelle conscience professionnelle, anime le débat, répond aux questions et recueille les avis des uns et des autres, puis tranche. Parfois, découragé, il rêve à une consultation informatisée, qui lui éviterait ces soirées perdues ! La démocratie se maintient, par habitude, mais s'effiloche, d'autant que la société, simultanément, est soumise à la tyrannie du « temps réel », de l'« urgence », de la « gestion médiatique » des émotions collectives.

Comment expliquer cette perte du « désir de démocratie » ? L'essayiste Paul Thibaud répond : « L'histoire de la *polis* met en valeur deux conditions de la conscience démocratique, l'évidence de l'appartenance et le sentiment de pouvoir maîtriser le destin. Les démocraties disparaissent quand les citoyens ne croient plus pouvoir faire eux-mêmes leur propre histoire, quand tout leur donne, en particulier le rapport d'étrangeté au voisinage, le sentiment d'être inégal à la situation et les porte à ne plus souhaiter que d'être bien gouvernés, par des princes auxquels ils attribuent spontanément des qualités surhumaines en même temps que rassurantes. » Ainsi, serions-nous de plus en plus enclins à nous laisser gouverner qu'à intervenir directement dans les affaires publiques, non par désintérêt, mais par laxité, négligence, fatalisme. L'emporte le « à quoi bon ? » de celles et ceux qui ne veulent plus rien tenter, qui acceptent ce qui leur arrive, par une sorte de résignation mâtinée de masochisme *soft*.

Ne dramatisons pas exagérément : le recrutement de délégués de classe, de représentants des syndicats, de membres du Conseil municipal, de militants des partis politiques ou des organisations non gouvernementales ne se tarit pas, mais s'effectue avec parcimonie. Le laboratoire de recherches auquel je suis rattaché à l'université n'arrive pas à dénicher assez de candidats pour que le quota légal soit atteint, lors des récentes élections du personnel... C'est un symptôme de dysfonctionnement. Que faire ? Repenser l'ensemble du système représentatif, délégataire, consultatif, décisionnel. La démocratie n'est pas donnée une fois pour toute, elle attend des gestes d'attention, des modifications, des extensions, des expérimentations. Celles-ci ne résultent pas d'un quelconque caprice, mais proviennent des transformations des conditions mêmes d'existence de la démocratie. Les sociétés sont émiettées, tant d'un point de vue territorial que temporel, tant socialement qu'économiquement, tant cultuellement que culturellement.

L'éclatement des intérêts et la mutli-appartenance citadine

La cohérence territoriale et la cohésion populationnelle, qui s'articulaient pour permettre à la démocratie de se déployer convenablement, non seulement bloquent, mais n'arrivent plus à se réaliser. Chaque citadin, avec l'urbanisation, appartient à plusieurs aires territoriales et, avec la globalisation de l'économie, le vieillissement de la population, les modifications des âges de la vie et des moments du quotidien, à plusieurs « clubs », aux intérêts pas toujours convergents. Quand je dis « chaque citadin », j'ai bien conscience de prononcer une formule quasi magique. En effet, nombreux sont celles et ceux qui n'ont pas accès à cet « idéal démocratique », tant ils sont absorbés par la survie ordinaire ou assaillis par les difficultés à se loger convenablement, à trouver un emploi stable et non précaire, à bien scolariser leurs enfants, à régler au mieux un divorce, à prendre en charge des parents indigents...

Quand je dis « club », je m'inspire de Gabriel Dupuy pour qui l'obtention du permis de conduire ouvre les portes du club des automobilistes au nouveau diplômé et lui assure tous les avantages liés à la « dépendance automobile ». Le club, à l'origine, est une spécialité britannique. À la fin du XVIe siècle, de joyeux convives se réunissent dans la même taverne et partagent le dîner tout en conversant et en acceptant les mêmes règles. On connaît à Londres le Club de la tête de veau, fréquenté par les partisans de la révolution qui, lors de leur repas annuel — le 31 décembre —, se font servir une tête de veau, en hommage au roi Charles Ier décapité ! Ces clubs, longtemps exclusivement masculins, sont des formes de sociabilité sélective. On est coopté, on respecte le règlement, on paie sa cotisation, on bénéficie de la solidarité des clubistes, bref son appartenance au club est un signe distinctif, un « marqueur » social et culturel indéniable. Les clubs, d'une incroyable variété (Club des amateurs d'oiseaux, Club des faux héros, Club du feu infernal...), acquièrent des biens immobiliers et deviennent de véritables institutions exerçant des pressions sur les autorités. Traversant la Manche, le club donne son nom au cercle. Le premier ouvre à Paris en 1782 et s'appelle le Club politique et le plus célèbre est certainement le Club des jacobins. Mais le *salon*, la *société* ou encore l'*association* perdurent, et si l'appellation de « club » se diffuse peu, la finalité qu'elle recouvre se généralise. C'est pour cette raison qu'il est possible d'envisager la multi-appartenance de chaque citadin à différents clubs, ayant pignon sur rue, un simple portail sur Internet, ou une reconnaissance de fait sans aucune officialisation.

Ce clubisme spontané, souvent momentané, est le plus répandu. À défaut de se sentir membre d'une classe sociale ou d'une communauté cultuelle ou encore linguistique, l'*homo urbanus* combine, à sa guise et selon les opportunités, les adhésions à divers clubs. Il serait erroné de penser que la formule « club » désocialise l'individu, elle permet une sociabilité « choisie », une réelle reconnaissance qualitativement autre que l'anonymat de la grande ville. La très grande ville, à la différence du village, dissimule la misère ou la banalise, cela ne signifie pas pour autant qu'une solidarité soit impossible, mais elle exige des démarches et là, les conditions d'accès jouent bien souvent le rôle d'une exclusion potentielle. Mais la grande ville possède également des ressorts insoupçonnés.

L'économiste Saskia Sassen, spécialiste de la *global city*, observe sur le cas nord-américain que « l'espace de la ville est un espace beaucoup plus concret pour la politique que celui du système politique national ». Pourquoi ? Car, selon elle, « il peut abriter des modalités politiques informelles et des acteurs politiques informels ». Elle précise que « ces villes et les nouvelles géographies stratégiques qui les relient font partie intégrante de la société civile mondiale ; et ce sur toutes les strates, opérant à partir de multiples micro-espaces qui s'agrègent les uns aux autres ». L'hétérogénéité des groupes de pression et des territoires concernés n'est aucunement un handicap pour une mobilisation politique, au sein même de la ville globale. Saskia Sassen considère que « ces villes abritent un très large éventail d'activités politiques — squats, manifestations contre la brutalité policière, luttes pour les droits des immigrés et des sans-abri, politiques culturelles et identitaires, comme la reconnaissance des homosexuels, des lesbiennes et des *queers*. C'est de plus en plus perceptible au niveau de la rue. Une bonne partie de la politique urbaine est concrète et plutôt mise en œuvre par la population elle-même que par une massification des technologies médiatiques. La *street politics* permet la formation de nouveaux types de sujets politiques qui, pour "exister", n'ont pas à passer par les systèmes politiques formels ». Nous assisterions donc à une reconfiguration des pratiques politiques en dehors des appareils traditionnels, non pas à leur place, qui, de manière irrégulière et pour un temps indéterminé, reposerait sur les épaules — et la combativité — des exclus, des *outsiders*, enfin dotés d'une citoyenneté active et reconnue. Pourquoi pas ?

Participation des citadins

L'histoire politique nord-américaine pullule d'exemples de ce type. Le mouvement des droits civiques de Martin Luther King, réactivé par la décision de la Cour suprême de 1954 d'interdire la ségrégation raciale dans les écoles, les « jacqueries » urbaines à Harlem, Philadelphie, Rochester, en 1964, le soulèvement du ghetto noir de Los Angeles en 1965, les contestations du complexe militaro-industriel dans les campus, les manifestations pacifistes contre la guerre au Viêtnam, la contre-culture *underground,* le mouvement hippy, le féminisme selon toutes ses obédiences, etc., concourent à rectifier le fonctionnement des institutions, à condamner la politique politicienne, à conscientiser les « bonnes volontés ».

Encourager la démarche participative des citoyens

Dès 1940, Saul Alinsky (1909-1972) arpentait les quartiers pauvres, y repérait la « personne-ressource » et l'aidait à se révéler comme le leader des habitants, les mobilisant sur des enjeux locaux. Il s'agissait de transformer l'apathie apparente des habitants — une sorte de lassitude démobilisatrice entretenue par les autorités — en une revendication ciblée. Avec la Industrial Areas Foundation, qu'il a créé avec Monseigneur Shiel et Marshall Field III (le patron du plus grand magasin de Chicago), il mène de nombreux combats aux côtés des Noirs de Chicago, quitte à dénoncer le fonctionnaire récalcitrant, le flic ripoux ou l'élu corrompu et à manifester sous les fenêtres de son habitation. Ce proche de Jacques Maritain (qui enseigne alors la philosophie à l'université Notre-Dame) deviendra le théoricien de la « raison d'agir ».

Sous Kennedy, puis Johnson, des réformes sont lancées d'en-haut, pour qu'en-bas elles soient réalisées. *Model City Programs, Community Action Agencies, Organization for Equal Opportunity* et d'autres programmes sont ainsi mis au point en direction des quartiers pauvres et des ghettos. La population est invitée à s'engager et à transmettre ses doléances. Les résultats sont maigres, les objectifs fixés ne sont pas atteints, les budgets promis ne sont pas débloqués, les pauvres ont trop de difficultés pour revendiquer, les responsables acceptent mal les critiques et ne réorientent pas leurs actions dans le sens indiqué par les habitants.

Parmi cette nouvelle citoyenneté des années 1960, il convient néanmoins de mentionner l'*advocacy planning,* théorisée et pratiquée par Paul Davidoff (1930-1984) et quelques-uns de ses amis urbanistes et juristes. Ceux-ci ne se satisfont pas de leur rôle d'experts, ils souhaitent s'engager dans le débat public, mettre au service des simples citoyens leurs compétences techniques, d'où le recours à cet « urbanisme de prétoire » (traduction généralement admise pour *advocacy planning*). L'expert doit se faire l'avocat de ce qu'il considère le plus approprié au cas étudié. Dans un article de 1962, Paul Davidoff et Thomas Reiner expliquent que le planificateur se doit de choisir et qu'ainsi il ne peut se draper dans sa toge d'expert, dégagé de tout, neutre idéologiquement, imperméable aux tensions. Des contre-propositions sont présentées et les « habitants », les représentants des pouvoirs publics, les promoteurs du projet contesté, etc., discutent jusqu'à l'émergence d'une opinion majoritaire.

Cette démarche favorise la participation des habitants et désacralise l'expert, qui met son savoir-faire à la portée de tous, sans imposer son jargon. Des maquettes plus « lisibles » que des plans d'architecte ou d'urbaniste sont fabriquées et facilitent la compréhension des enjeux liés à la consultation. Ne rêvons pas. Si l'*advocacy planning* n'abolit pas les hiérarchies, ne gomme pas les différences économiques et culturelles (oser parler en public n'est pas toujours chose facile, surtout face à des décideurs rompus au vocabulaire technique), ne supprime pas les dessous de table et autres magouilles, elle — comme démarche participative — associe tout un chacun aux décisions collectives, et cela est particulièrement précieux pour la bonne santé de la démocratie. Le maire aux États-Unis partage le pouvoir avec le gouverneur de l'État où se trouve sa municipalité ; il est bien moins puissant qu'en France depuis la décentralisation, mais la mobilisation des habitants semble plus efficace.

Cela mériterait une étude comparative serrée, d'autant que l'histoire de l'organisation juridique des communes est assez concomitante : la loi française a attribué un statut aux élus en 1884, et aux États-Unis, c'est en 1872 que John Dillon publie son *Treatise on the Law of Municipal Corporation* auxquels, en échos, répondront les ouvrages de Thomas Cooley, qui discute la notion de *absolute right* et d'Eugene McQuillin (*The Law of Municipal Corporations*, 1911) qui assure à la commune une entière indépendance vis-à-vis de l'État.

Néanmoins, nous retrouvons certains aspects des pratiques de *self-government* dans les groupes d'action municipale (GAM) et les comités de quartier, surtout actifs à Grenoble sous les mandats du maire Hubert Dubedout (au cours des années 1960 et 1970), les « ateliers publics d'urbanisme » — je pense également à René Schoonbrodt et à l'ARAU (Atelier de recherche et d'action urbaines) de Bruxelles —, le *community planning week-end* et l'*action planning* des Britanniques Nick Wates et John Thompson, la « démarche générative » de Michel Conan, la « programmation concertée et participative » de Pierre Dimeglio, Jodelle Zetlaoui et Éric Daniel-Lacombe, le « budget participatif » initié à Porto Alegre et largement repris en France ou encore les « forums hybrides » si chers aux Danois et Néerlandais...

À partir des expériences françaises de participation et de concertation des habitants lors de projets d'urbanisme, je dois admettre que la réalité est éloignée des intentions et que le fait de figurer dans le texte de la loi ne suffit pas à les fondre dans la culture politique « normale » et encore moins dans celle des professionnels de la « chose urbaine »... La participation et la concertation n'appartiennent pas encore spontanément aux métiers de l'architecture, de l'urbanisme ou de l'aménagement.

Un Giancarlo de Carlo, architecte italien, ou un Lucien Kroll, architecte belge, qui prônent la participation comme figure obligée pour n'importe quel projet urbain ou opération architecturale, apparaissent comme des « originaux », des « doux rêveurs ». Dans ses mémoires, *Architecture et liberté*, l'architecte anarchiste italien confie que « dans le processus de participation tout est subtil, contradictoire, changeant, et il faut accepter cet état de choses sous peine de voir tout le processus faussé. Il faut beaucoup plus de talent dans l'élaboration participative que pour imposer autoritairement ses propres projets, parce que dans le premier cas il faut être réceptif, perspicace, agile, avoir l'imagination rapide, savoir transformer très promptement un symptôme en un fait, et en faire un point de départ ». Parmi ses références, il mentionne l'*advocacy planning* mais secondairement après Kropotkine, Patrick Geddes, John Turner et surtout Colin Ward. Lucien Kroll qui dans son genre est également un libertaire « vert » — car l'écologie constitue, à ses yeux comme aux miens, non pas un impératif pour sauver la planète, mais un art d'être au monde —, se méfie terriblement *du* et *des* pouvoirs. Aussi, mise-t-il sur « la mosaïque d'intentions coopérantes » pour réconcilier l'architecture populaire à l'heureuse irrationalité des habitants.

Quant aux promoteurs privés, ils n'ont que faire d'une quelconque participation. L'épreuve du marché vient confirmer ou infirmer le choix qu'ils ont retenu. Leurs commerciaux listent les « besoins » de la clientèle visée et leurs architectes en fournissent une image. Et cela marche ! « Tout se vend en un week-end », m'assurait pleinement satisfait un constructeur très actif en banlieue parisienne où il commercialise des « maisons de ville » et des appartements en « plots » aux crépis ocres et vert olive, comme à Venise.

Créer le lien entre démocratie participative et démocratie représentative

L'apprentissage de la démocratie n'attend pas : il commence à l'école avec l'élection des délégués de classe, les « promenades citoyennes » (on se balade dans la ville et on visite les bâtiments publics comme le Palais de Justice, le commissariat de police, l'Hôtel de Ville, l'hôpital, la Maison des syndicats ou des associations, les centres d'accueil pour les sans-abri, etc.) ou les conseils municipaux pour enfants (un peu plus de 800 seulement en France). L'« idéal démocratique » ne s'encombre pas de cérémonies formelles, il repose sur la responsabilité complète et assumée des citoyens.

Le philosophe Jacques Rancière a raison de distinguer la politique de l'expertise. La politique écrit-il, dans *La Mésentente* (1995), est « scandaleuse », car elle repose sur la « mésentente », elle ne propose pas une réponse à cocher parmi un choix précis mais invente « une question que personne ne se posait ». « La politique, explique-t-il, est d'abord le conflit sur l'existence d'une scène commune, sur l'existence et la qualité de ceux qui y sont présents. » Le débat n'aboutit pas à un consensus — ce minimum commun — mais au « dissensus », qui « fait voir et entendre autrui en tant que tel ». Jacques Rancière souligne bien, dans *La Haine de la démocratie* (2005), la difficulté de réaliser l'idéal démocratique tenaillé entre « l'accaparement de la chose publique par une solide alliance de l'oligarchie étatique et de l'oligarchie économique » et le flou qui sépare la « sphère publique » de la « sphère privée ».

Qu'est-ce qui fait « commun » ? Justement ce qu'on ne partage pas mais qui nous engage les uns vis-à-vis des autres. En ce sens, les « commissions méchantes », chères à l'inventeur de la promenadologie, le suisse Lucius Burkhardt, sont un instrument indispensable à la vie démocratique qui permet à chacun d'exprimer son mécontentement, avec outrance si nécessaire et parfois même injustice. À partir de là, le débat s'ouvre, s'anime, s'active, débat, en quelque sorte. Aussi, serait-il vain de chercher l'équilibre des forces, au contraire, il nous faut déterminer le nœud des différences, le cœur de la polémique, la face abrupte des désaccords. Là seulement gît la dynamique démocratique. Le reste n'est que leurre. Tout militant aguerri sait comment retourner en sa faveur une salle. La confiance des citoyens pour les politiciens repose sur la culture du débat contradictoire. Autant avouer qu'on en est loin. Et ce malgré les innombrables tentatives de gouvernance qui partent des collectifs d'habitants et assurent, plus ou moins efficacement, le contrôle de leurs représentants.

Catherine Foret examine dix ans de pratiques militantes soutenues par la Fondation Charles-Léopold-Mayer un peu partout dans le monde, depuis la *Déclaration de Caracas* (1991), et constate : « La mobilisation civique passe aujourd'hui par des voies nouvelles qui relèvent plus souvent de l'*interpellation des pouvoirs publics* que de la représentation politique classique. Face à cette évolution, il n'est pas trente-six manières de réagir : il faut partir de ces nouveaux modes de rassemblement et d'engagement citoyens, à la marge des lieux officiels du pouvoir, reconnaître leur existence, admettre leur efficacité et inventer les conditions de leur articulation aux systèmes de décision en place. Autrement dit : penser le lien entre démocratie participative et démocratie représentative, retrouver les échelons intermédiaires et les lieux de discussion entre ces deux formes du pouvoir du peuple. » La *Déclaration de Caracas* stipule que toute politique repose sur la connaissance et la reconnaissance des dynamiques ancrées dans les quartiers d'habitat précaire ; la consolidation de la situation foncière des habitants ; la prise de parole des exclus ; la réforme de l'action de l'État, la concordance des temps administratifs et sociaux, le financement *ad hoc*.

Deux ans plus tard, en 1993, le groupe de Caracas lance l'*Appel de Salvador de Bahia*, qui affirme : « La confiance dans la puissance publique ne peut se construire sans un changement profond d'attitude des responsables politiques eux-mêmes : transparence de gestion des fonds, promesses honorées, continuité de l'action, moyens donnés d'évaluer l'efficacité de l'action. » Suit en 1994, le *Manifeste de Turin* qui regrette que : « Les politiques sectorielles mettent rarement en question les découpages de compétences, les modes de gestion et les manières de faire des services chargés de ces problèmes, alors que l'on sait que ce cloisonnement et les pratiques bureaucratiques contribuent à pérenniser, voire à accroître les difficultés. » Tous ces constats et propositions de corrections sont encore valables quinze ans plus tard. Des milliers de luttes urbaines se sont depuis déroulées dans le monde, sans aucune victoire digne de ce nom, mais à chaque fois en libérant de la parole d'exclus, en ébranlant les pouvoirs des potentats locaux, en révélant les coups tordus de l'État et en surlignant en rouge que rien jamais n'est acquis. Une lutte en annonce toujours une autre !

Exercer sa citoyenneté dans la ville-globale

Le citoyen exerce *non-stop* sa citoyenneté. Et dans le cadre de la grande ville, les citoyens sont tous les citadins, les enfants et les immigrés compris. Ainsi une citadinité se dégage lentement des conflits d'intérêts, des intentions divergentes, des combats ordinaires. Mais cette citadinité n'a pas d'expression politique institutionnalisée, elle doit se satisfaire de la manifestation, du « maquis urbain », de la pétition, du groupe de pression, du soutien transfrontières ! Je ne doute pas de l'acuité d'observation de Saskia Sassen et j'admets que la ville-globale — je rappelle qu'il s'agit d'une vaste agglomération urbaine qui regroupe une bourse de taille mondiale, les sièges sociaux de firmes multinationales, des laboratoires performants, des cabinets d'avocats au top niveau, des sociétés de communication innovantes, des bureaux comptables reconnus, des universités avec et à nobélisables, des entreprises financières, des infrastructures efficaces, des hôtels de haut standing, des lieux de loisirs et aussi une main-d'œuvre peu qualifiée, disponible et flexible — secrète une telle nouvelle citoyenneté. Celle-ci peut-elle s'inscrire dans la durée ?

La ville-globale — il en existe une douzaine dans le monde en ce début du XXIe siècle — est connectée aux réseaux qui diffusent la globalisation de l'économie immatérielle et la relocalisation des industries manufacturières, sans toutefois épouser la politique de leur État-nation. Il s'agit là d'un phénomène nouveau, de *dénationalisation* d'un morceau du territoire national, qui se met à vivre à son rythme propre et selon ses seuls intérêts. Certes, elle a encore des relations privilégiées avec la région à laquelle elle appartient géographiquement, mais d'une certaine manière en devient plus ou moins autonome, elle s'en détache, en renforçant son appartenance au réseau des villes-globales. Quant à l'État-nation, il ne peut que reconnaître une situation de fait, d'autant que son fonctionnement est dorénavant grandement dépendant de structures pluri-étatiques et supranationales. Paradoxalement, le monde voit, depuis une vingtaine d'années, une multiplication d'États-nations, avec l'explosion de l'ex-Yougoslavie ou le morcellement de l'ex-URSS, et d'unions régionales, en Amérique latine, en Europe, en Asie, etc., tout en assistant à un retrait de l'État dans la vie de la nation, au nom du néolibéralisme. L'idéal démocratique qui anime, parfois, ces structures, se traduit par une grande diversité de procédures, comme si la démocratie était un singulier aux expressions plurielles. À chaque territoire sa forme démocratique en quelque sorte.

La « bonne » échelle territoriale

Qu'est-ce qu'un territoire ? Le territoire n'est jamais préexistant, donné, il est construit patiemment et avec amour par ses habitants, il résulte de leurs actions cumulées, il *ad-vient.* Et parallèlement, le lieu, lui, sous le coup des « progrès » (?) technologiques, perd de plus en plus son sens originaire.

Territoire et société locale : de nouvelles dimensions

Avec la vitesse de transmission des informations proche de l'instantanéité, le temps ne mesure plus vraiment l'espace et délocalise le local. Paul Virilio s'inquiète de ce « retournement topologique [...] où le global, c'est l'intérieur du monde fini et l'extérieur, le local... Autrement dit, tout ce qui est encore *in situ*, précisément localisé dans cet espace géophysique, où l'importance des distances a disparu devant l'interactivité des opérations ». Une telle réorganisation spatio-temporelle, selon lui, rend obsolète la souveraineté territoriale. Qui est d'ici ? Qui décide pour ici ? Cet ici n'est-il pas déjà là ? « Or, en ce début du troisième millénaire, prévient Paul Virilio, l'ultime synécisme n'est plus tant géophysique que "métagéophysique", étant donné qu'au regroupement d'un peuplement agraire succède la concentration *omnipolitaine* de ces *villes visibles*, en voie de métropolisation avancée pour former demain la toute dernière cité : l'*omnipolis* ; ville-fantôme celle-là, *métacité* sans limites et sans lois, capitale des capitales, d'un monde spectral, mais qui se prétend pourtant *axis mundi*, autrement dit l'*omnicentre* de nulle part. »

Cette dissipation continue et inachevée des limites historiques de la ville par le processus de mondialisation du monde et la généralisation de nouvelles mobilités ne fait que renforcer la recherche d'un ancrage local pour toutes les décisions relevant de l'« idéal démocratique ». C'est, en effet, au niveau du local qu'il convient de renouveler les pratiques démocratiques. Voilà une mission particulièrement délicate en ces temps de démobilisation. Mais les défis écologiques et les revendications patrimoniales peuvent servir d'incitateur. Selon l'urbaniste italien Alberto Magnaghi : « La société locale ne s'invente pas. Elle se développe en valorisant les énergies vertueuses et les nouvelles formes de travail déjà présentes sur le territoire. Mais cette façon de concevoir la politique implique la promotion de nouveaux agrégats communautaires, de nouvelles formes de démocratie, fondées sur une authentique communication à la faveur de laquelle une pluralité d'intérêts, de valeurs et de différences se rencontrent autour d'un pacte concerté, en perpétuelle évolution. » Les échelons des responsabilités et des décisions pourraient être démultipliés et les consultations mieux organisées. Quant aux administrations territoriales, elles assureraient la coordination entre les divers éléments de cette nébuleuse locale...

Le sociologue américain Richard Sennett manifeste un point de vue mitigé sur cette éventuelle démocratie-gigogne : « Le système de démocratie locale et décentralisée a des implications politiques radicales. À la limite, il rejette la simple vision de l'état idéal, il refuse de définir la citoyenneté en termes de droits et d'obligations applicables à chacun de la même manière. Au contraire, il cherche à développer une pratique de la différence et de la divergence. [...] C'est bien sûr attirant : la vie réelle est locale, concrète, particulière. Mais, en fait, la décentralisation du pouvoir n'est pas si simple. » Pourtant, comment responsabiliser une population sans la mobiliser sur ses conditions de vie ? Comment penser un autodéveloppement soutenable local qui participe de cette velléité ? C'est un des moyens non pas de s'opposer à la mondialisation, mais d'en accompagner les effets sur le local, de les réorienter le cas échéant et surtout et avant tout d'élaborer des contre-propositions.

Les apports — parfois précieux — des NTIC ne doivent pas masquer les profondes mutations qu'elles entraînent sur la vie de chacun de nous, sur notre univers mental. Le *cyberspace* dévalorise incontestablement le lieu au profit des réseaux, des nœuds, des branchements. L'aménagement urbain tend de plus en plus à fabriquer un « plateau technique » sur lequel on se branche et se débranche selon la demande. Françoise Choay, préconise « cet aménagement local comme ajustement du bâti à son contexte, au milieu proche, physique ou humain, par son dimensionnement aux mesures de notre corporéité et par son articulation des pleins et des vides qui conditionnent le déploiement de l'intersubjectivité et le façonnement du social. » En effet, il ne faudrait pas que notre corps se résume à un code génétique et le lieu à une carte routière ! Là encore, le temps sans contrainte, sans norme, s'impose pour que chacun puisse, à son propre rythme, saisir la mesure de ses sens et s'ouvrir au monde.

Une nouvelle citoyenneté

Alors, *quid* du couple « démocratie » et « territoire » ? À défaut d'une impossible conclusion, je rassemblerais quelques-unes de mes remarques et suggérerais quelques pistes pour que concordent mieux entre eux, l'« idéal de la ville » et l'« idéal démocratique », quitte à paraître idéaliste ! *Primo*, la démocratie comme le territoire sont des notions plurielles, elles ne se satisfont pas d'un modèle unique, la puissance d'universalité qu'elles contiennent relève de l'idéal de la « juste mesure », à chaque fois redéfinie, qu'elles abritent. *Secundo*, la « glocalisation » à l'œuvre entraîne une mutation culturelle fondamentale irréversible que nous ne pouvons ignorer, au contraire, nous devons en examiner tous les aspects et *politiquement* — c'est-à-dire, chacun animé du principe de responsabilité envers le « bien commun », sachant que ce qui est « commun » n'est pas ce qu'on partage, mais ce qui nous engage les uns envers les autres — établir des priorités, les discuter, les populariser, les apprécier, les acter. *Tertio*, l'urbanisation planétaire s'effectue selon plusieurs modalités, comme je l'ai exposé en introduction, il nous faut penser la cohabitation de divers modèles urbains, le décalage entre les modes de gouvernement des territoires ici et là, la résistance des formes anciennes.

Mais alors, le citoyen sera sollicité à plusieurs reprises et à plusieurs échelles pour exercer sa citoyenneté. Une citoyenneté unique — et non pas à la carte ! — selon des modalités différentes — mais précises — pour les multiples situations de notre quotidien urbain. Espérons que le citadin-citoyen de l'urbain diffus prenne le temps de la rencontre et du débat, privilégie la pensée élaborée collectivement au slogan lancé par un groupe de pression ou un parti et ne se contente pas d'expédier vite fait son vote, comme il remplit son caddie !

Trop souvent les structures administravo-politiques d'un État reposent sur un découpage électoral du territoire national qui ne tient pas compte des mutations que les « territoires de vie » des citoyens ont récemment connues. À ce hiatus s'ajoute l'invraisemblable empilement des responsabilités territoriales, chacune ayant son administration, son financement et son aire d'influence. Il en va de même pour l'aide sociale, sauf cas rarissime ou un « guichet unique » parvient à fonctionner. Là, le maire et aussi le conseil municipal cristallisent de nombreuses espérances.

À l'échelle planétaire, le maire n'est pas partout un élu, c'est parfois un fonctionnaire désigné ou un délégué du parti au pouvoir. Il convient, dans la foulée d'Habitat II (Istanbul, 1996), de promouvoir l'élection des édiles, parallèlement à une réelle décentralisation — qui en principe se met en place en Afrique et en Amérique latine. L'élection de l'équipe municipale et la décentralisation activent la démocratisation. Certes, chaque jour la presse nous apprend qu'un adjoint au maire de Pékin est corrompu, que le maire de Téhéran est contredit par les autorités étatiques, que le responsable des cantines scolaires détournent les provisions, que le choix d'un transporteur se fait au plus offrant... Mais c'est en combinant la citoyenneté à la citadinité que peut-être une gouvernance mal encore assurée, mais décente — c'est-à-dire qui n'humilie personne — facilitera l'en-commun.

L'*homo urbanus* s'apparente au célèbre tableau de Salvador Dali où est représentée la victoire de Samothrace dont le corps abrite d'innombrables tiroirs, il est lui-même un être multiple et néanmoins unifié, qui accepte la pluralité de ses rôles et cherche à en donner un sens en accord avec sa singularité. Celle-ci devient son nord, qui oriente ses actions, ses sentiments, ses colères et ses engagements et dégagements. La démocratie va s'enrichir de ce citoyen inédit, d'ici et de là, exigeant et absent, combatif et démobilisé, toujours en quête de lui-même et des territoires de sa réalisation à jamais remise au lendemain.

*La « gouvernementalité » de l'*homo urbanus

Durant l'année 1977-1978, Michel Foucault consacre son cours au Collège de France à trois notions : « Sécurité, territoire, population ». En fait, il s'évertue à saisir les modalités du passage, durant le XVIIIe siècle, d'une gouvernementalité du territoire à celle de la population. Le mot « gouvernementalité » signifie, pour lui, « la manière dont on conduit la conduite des hommes », et il étudie la genèse de l'État, à travers l'action de gouverner, qu'il repère d'abord dans la figure orientale du « berger ». Le pouvoir de celui-ci « ne s'exerce pas sur un territoire, c'est un pouvoir qui par définition s'exerce sur un troupeau, plus exactement sur le troupeau dans son déplacement, dans le mouvement qui le fait aller d'un point à un autre ».

Michel Foucault examine d'abord la pastorale (hébraïque et chrétienne), puis la « nouvelle technique diplomatico-miliaire et enfin, la police », ce qu'il appelle « les trois points d'appui » de la gouvernementalisation de l'État. L'État n'a d'autre finalité que lui-même, à la différence du souverain, comme il s'en explique longuement. Lors d'une de ses leçons, il affirme que « policer et urbaniser c'est la même chose ». Là, nous voyons bien que l'urbanisation connaît une nouvelle forme. En effet, c'est au cours du XVIIIe siècle que les villes sortent de leurs enceintes fortifiées et se *développent* (Michel Foucault insiste sur la fréquence du terme de « développement » pour qualifier l'extension territoriale des villes, mais aussi l'accroissement de la population qui dépend de la ville pour échanger) et que le gouvernement d'un « État territorial » se construit en « État de population ».

J'oserais poursuivre l'analyse engagée par Michel Foucault en disant que le « développement » urbain actuel — que certains nomment « étalement » par exemple — s'accompagne d'une nouvelle forme de gouvernance, non plus fondée ni sur le contrôle du territoire ni sur celui de la population, mais sur la mobilité des individus, leur nomadisme. En d'autres termes, le berger dont parlait Foucault n'est-il pas le citadin qui peut aller partout ou bon lui semble ? N'oublions pas que le « nomade » correspond étymologiquement au « berger » (le latin *nomadis* vient du grec *nomas*, dérivé du verbe *nemein*, « faire paître ») et que son errance politise les territoires qu'il délimite. Les techniques circulatoires génèrent une agitation forcenée, et de plus en plus accélérée, qui peut contrer l'affirmation de soi. Être partout au monde et dans le monde, à chaque instant. Paradoxe ? Paradoxe d'autant plus puissant que le souvenir est toujours déclenché par le rappel du lieu (mais pour combien de temps encore ?).

La mémoire spatialise plus qu'elle ne temporalise, c'est le lieu qui recueille le temps, le protège, le conserve. Et si je change de lieu que devient alors mon passé ? L'urbain se conjugue à plusieurs temps, le principe d'accessibilité l'emporte dorénavant sur celui de propriété et crée de nouvelles formes d'exclusion inscrites dans la géographie et fait cohabiter des populations aux pratiques temporelles diverses, aux parcours divergents et aux mémoires fluctuantes. Au même moment et au même endroit, se croisent des individus qui ne vivent ni au même rythme ni sur la même planète. L'*homo urbanus* du XXIe siècle nomadise aussi bien dans les temps de son existence agitée que dans les territoires qu'il adopte indifféremment. L'unité de sa personnalité n'évoque plus pour lui la totalité, mais la complétude, et rime avec le provisoire, le réversible et l'incertain. Son rapport au monde, et aux autres, n'exige plus une quelconque stabilité, une base arrière fixe. Il naît chaque matin, et son pays natal a le visage du jour.

5

De l'urbanité sélective et de l'altérité contrariée

La ville est là, devant nous, immense, variée, colorée, rythmée, chantante et même cajoleuse. Elle semble accueillante et indifférente. Ces deux attitudes ne nous paraissent pas contradictoires, mais au contraire exceptionnelles et appréciables. En effet, la ville nous prend comme nous sommes et ne se formalise point de notre réaction. Cela nous semble commode. Pourtant, nous ne souhaitons pas seulement être *dans* la ville, nous voulons aussi être *de* la ville. Qu'espérerons-nous ? Compter pour elle, agir en et avec elle, la choisir comme pays, œuvrer à la civilisation qu'elle porte, l'ouvrir au monde et aux autres, faciliter l'acclimatation de tous ?

La ville appartient à un réseau, plus ou moins étendu et continu, et surtout s'éparpille, comme je l'ai déjà exposé, en un urbain diffus. La ville n'existe jamais comme un territoire fini, parfaitement circonscrit, clairement borné et balisé. Elle est toujours plurielle et changeante et son territoire, lui aussi, se modifie, adopte des frontières « flottantes », d'autant qu'il se met en réseau avec d'autres territoires, parfois lointains. Aussi est-ce délicat de caractériser « la » ville, et son territoire, une fois pour toute et de prétendre que l'urbanité constitue sa principale vertu. Qu'en savons-nous ? N'est-ce point un mirage pour nous ravir ? Une sorte de lieu commun valorisant ? Un peu à la manière de la « mixité sociale », tant vantée et si rarement réalisée ?

Car si la ville et l'urbain, qui dorénavant l'enveloppe, nourrissaient des craintes, des oppositions, des inimitiés, des haines et suscitaient des cadenas, des digicodes, des vigiles, des caméras de vidéosurveillance, des grilles et des barbelés, que deviendrait notre république, cette « chose » « commune » ? Chacun le constate chaque jour en circulant dans l'urbain : la politesse élémentaire tend à s'effacer, la suspicion domine et surtout l'indifférence règne. Dans le journal, il n'est pas rare d'apprendre que des voisins (?) se sont inquiétés de l'absence d'un des leurs et ont appelé les pompiers : il était décédé depuis trois mois ! La mort est si discrète qu'on s'en inquiète toujours trop tard. Comme dans le cas de cet homme sans emploi, aux allocations limitées, qui doit quitter le studio qu'il ne peut plus louer pour vivre dans sa voiture qu'il n'arrive plus à alimenter en essence. Une nuit, par moins cinq, il meurt de froid. Nous sommes dans un village où paraît-il chacun connaît chacun. Le maire avoue que son administré ne posait pas de problème, était inconnu des services sociaux. « Je suis dans la merde », confiait Sylvain Schiltz à un de ses copains, quelques jours avant la découverte de son cadavre (*Le Monde*, 1er décembre 2005).

Et que dire des violences conjugales si nombreuses, de la maltraitance des enfants ou des personnes âgées si peu entourés ? L'automobiliste qui téléphone ou non en conduisant se considère toujours prioritaire. Il ne se soucie aucunement des piétons ou des cyclistes. La route lui appartient, il en est le maître absolu depuis sa bulle mobile. Les vendeuses ne s'inquiètent pas des clients, et les serveurs des restaurants vous balancent les plats sans égard. De telles attitudes si fréquemment répandues n'indignent pas un individu bougon qui regrette un passé idéalisé, où les convenances réglaient les relations entre les gens, mais d'un observateur partisan de l'urbanisation, et toutefois troublé par certaines dérives irrespectueuses du vivre-ensemble. Considérer que l'urbain peut accroître l'humanité des humains mérite donc une démonstration. Je commencerais par examiner le sens du mot « urbanité » puis, mêlant l'histoire des mœurs au processus d'urbanisation planétaire, simultané au déploiement des nouvelles technologies de l'information et des communications (NTIC), je tenterais d'expliquer en quoi la société urbaine combine, à la fois, la peur et le désir d'autrui.

Urbanité élastique ?

À l'entrée « urbanité » de son dictionnaire, Pierre Larousse propose la définition suivante : « politesse des gens de ville », et ajoute hâtivement que c'est « Balzac (qui) l'a mis en usage ».

La notion d'urbanité

Jean-Louis Guez (1594-1654), seigneur de Balzac, est ami du fils du duc d'Epernon, le cardinal de Lavalette, avec qui il se rend à Rome, y séjourne plus d'une année et y inaugure sa correspondance, correspondance qui fera sa renommée — chaque lettre, dit-on, exigeait une quinzaine de jours pour être rédigée. En effet, de retour au pays natal, en 1622, il publie un premier volume de ses échanges épistolaires — il est vrai qu'il écrit à Chapelain, Costar, Voiture et tant d'autres bons esprits de ce siècle raffiné —, puis en 1631, *Le Prince*, dans lequel il décrit les qualités d'un « honnête homme », son humilité, sa disponibilité, sa droiture. Invité à siéger à l'Académie française, nouvellement créée, il fait don d'une somme rondelette (300 livres) pour récompenser un prix d'éloquence que ladite Académie devra, après sa mort, remettre au meilleur candidat. La première lauréate semble avoir été Mademoiselle de Scudéry. Selon diverses sources, la langue française lui doit le verbe « féliciter » et les mots de « bienfaisance » et d'« urbanité ».

Dans un solide article, Jean Lafond concède volontiers à Guez de Balzac une certaine responsabilité dans la popularisation de ce terme. En effet, l'on trouve bien le mot « urbanité » dans les « Dissertations politiques » (1665) et en particulier dans celle intitulée « De la conversation des Romains », où il explique que c'est Aristote, dans le livre IV de *L'Éthique à Nicomaque*, qui étudie trois vertus liées à la vie en société, une certaine douceur dans les relations sociales, le souci de dire la vérité et savoir être « gai ». De cette lecture, il construit la notion d'« urbanité », cet art de se lier propre aux Romains, qui savent comment bien se comporter avec autrui, parler avec aisance et ne pas bouder la raillerie, preuve d'une réelle ouverture d'esprit et d'une capacité à distraire la société en sachant se moquer des vanités des uns et des gaucheries des autres. Comme l'écrit Jean Lafond : « En littérature, Balzac explore les voies neuves d'un atticisme français, et, pour la vie mondaine, il décrit dans l'urbanité une sociabilité fondée sur le jeu d'esprit, l'élégance des sentiments et la connivence particulière à ces sociétés dont la loi est, au double sens du mot, l'agrément. »

Roger Zuber avait également distingué trois étapes dans le voyage du mot « urbanité ». Un moment grec au cours duquel le citadin n'hésite pas à se moquer du paysan, mal dégrossi : les grammairiens parlent alors d'*astéisme* (de *astu*, la « ville »). Un moment romain, où la langue devient un instrument de domination, de conquête de pouvoir : « L'urbanité, écrit l'auteur, implique une recherche de la pureté qui est, pour chacun des utilisateurs de l'idiome, et notamment pour les plus élevés, une ascèse personnelle, une ascension vers la beauté qu'ont analysé les critiques latins. » Cicéron apparaît comme une figure emblématique de cette urbanité romaine que favorise la belle langue latine, et les originaux et amusants jeux de mots que ces « beaux esprits » ne cessent de confectionner.

Il convient de noter que l'*Encyclopédie* de Diderot et d'Alembert ne comprend pas l'entrée « urbanité » mais celle d'« urbanité romaine ». Le texte, signé par le Chevalier de Jaucourt, commence par s'interroger sur la faible fréquence dans le parler ordinaire d'un mot pourtant inscrit dans le dictionnaire de l'Académie française et émet l'explication selon laquelle les Français considèrent que, avec les termes de « galanterie » et de « politesse », ils n'ont pas vraiment besoin de celui-ci. Or, *urbanitas* veut dire bien plus que ce que les Français imaginent et de convoquer Cicéron, Quintilien, Virgile, Tibulle et quelques autres lettrés reconnus, afin de cerner la richesse d'un tel mot. Et de conclure : « Pour me recueillir en peu de paroles, je crois que la bonne éducation perfectionnée par l'usage du grand monde, un goût fin, une érudition fleurie, le commerce des savants, l'étude des lettres, la pureté du langage, une prononciation délicate, un raisonnement exact, des manières nobles, un air honnête et un geste propre, constituaient les caractères de l'urbanité romaine. »

Pierre Larousse est davantage prolixe avec les mots « civilité » et « politesse », qu'il prend le temps de distinguer. « La civilité, écrit-il, peut être définie par la pratique de tous les égards, soit en actions, soit en paroles, que les hommes doivent à leurs semblables dans la société. Mais, comme les égards varient selon les pays, les temps et les circonstances, il est évident qu'on ne peut poser des règles invariables de la civilité ; elles sont trop arbitraires, et l'usage seul peut les apprendre. »

Quant à la politesse, il note : « Le jour où deux hommes libres et forts se sont rencontrés et estimés, ce jour-là, la politesse est née. » Mais, à la différence de la civilité et de ses règles, la politesse et ses manières ne s'enseignent pas, elles sont d'une certaine façon innées, quasi naturelles...

Les notions de civilité et de douceur

De nos jours, on entend des parents maugréer contre leur enfant, « je vais t'apprendre la politesse », ne sachant pas que cela ne servira à rien et qu'il eut été préférable de lui inculquer quelques principes simples de civilité. L'érudit Alfred Franklin (1830-1917) repère au XIIe siècle les premiers traités de civilité destinés aux enfants, dont le *De institutione novitiorum* d'Hugues de Saint-Victor. Dans son ouvrage *De la civilité* (1908), aussi documenté qu'agréable à lire, il retrace l'histoire de la propreté, de la mode vestimentaire, de l'usage du mouchoir ou de la fourchette, des manières de se comporter en public (à table, au moment du coucher, lors d'un mariage ou d'un deuil...), de l'attitude à adopter en présence d'une jeune fille ou d'une femme, etc., avant de livrer quelques « morceaux choisis » d'ouvrages destinés à la formation des enfants des cours princières et signés par d'honorables précepteurs : Jean Sulpice, Josse Bade, Érasme, Gilbert Calviac, Antoine de Courtin... Dans le corps de son copieux ouvrage, il les cite abondamment en les commentant, sans omettre d'autres publications, comme *Le Miroir de vertu*, de Pierre Hubert (1559) ou *Les Règles de la bienséance et de la civilité chrétiennes*, du père Jean-Baptiste de la Salle (1711).

D'autres sources confirment des rituels, que l'on peut sans craindre apparenter à la courtoisie, comme le fait de se saluer. Henri Dupin, dans son étude sur *La Courtoisie au Moyen Âge* (1931), considère le salut comme une sorte d'invariant à toutes les cultures, lié fréquemment au nom de Dieu et plus généralement au souhait de « bonne santé » que l'on s'échange en se croisant. Dans le vocabulaire chrétien, le terme de « salut » est en relation avec le verbe « sauver », idée que l'on retrouve chez William Booth, le fondateur, en 1884, de l'Armée du Salut (*Salvation Army*) destinée à « sauver » les pauvres, les indigents, les âmes perdues... Avec bon sens, Henri Dupin admet que tous les nobles ne sont pas forcément guidés par des sentiments « nobles » voire « ignobles », pas plus que les citadins ne possèdent « cet ensemble de qualités qui s'appelle urbanité ». À partir d'un *corpus*, constitué des lais de Marie de France, de diverses pièces composées par les Troubadours, de la *Chanson de Roland*, du *Roman de Tristan*, des œuvres de Chrétien de Troyes, de Gerbert de Montreuil ou de Jean Renart et des propos des moralistes (Étienne de Fougères, Robert de Blois, Raoul de Houdenc, Guillaume de Lorris...), il constate que les mots « douceur » et « doucement » sont alors d'un usage courant, ce qui renoue, peut-être, avec la Grèce et son sens de l'hospitalité et de la philanthropie et rompt avec l'image, si tenace, d'une période médiévale guerrière avec ses armures, ses châteaux forts et ses bûchers.

Jacqueline de Romilly démontre que la douceur chez les Grecs n'est pas l'inverse de l'amertume, mais l'apaisement, une « attitude humaine » qui « relève de l'éthique ». Elle y associe l'hospitalité et la philanthropie et trouve dans la ville démocratique — Athènes, en l'occurrence et non pas Sparte — le lieu d'expression de cette douceur. Thucydide parle de la « douceur d'Athènes », qui accueille les étrangers et assure à tous les habitants la sécurité dont ils ont besoin pour vivre en sûreté. Isocrate dans le *Panégyrique* loue la « douceur de la démocratie », dont s'est dotée Athènes, et apprécie que chacun se sente bien dans cette cité. Jacqueline de Romilly conclut sa belle étude, en écrivant : « La douceur grecque avait été essentiellement une vertu de sociabilité, de tolérance et d'indulgence. »

Mais, cette douceur n'est pas automatiquement octroyée par la vie commune, il faut la vouloir et élaborer des lois qui la garantissent et l'honorent. La cité n'est pas, par principe, constitutive de la douceur. Aussi, toute ville n'est pas obligatoirement propice à ce genre de « climat » social... Il en va de même pour la tranquillité, elle n'est pas donnée par un cadre culturel mais par la pratique de la *scholè*, ce temps consacré à la connaissance de soi et des autres, que l'on traduit par « loisir » — son sens premier est « leçon », « conférence » — et qui donnera les mots *école, school, schule*. Ainsi la ville, entendue comme un regroupement composite d'humains et une forme d'organisation politique où la délibération entre citoyens est sollicitée, civilise-t-elle potentiellement ses résidents et résidants. Je note « potentiellement », parce que rien n'est joué. La ville représente une condition nécessaire mais pas suffisante, au déploiement de l'urbanité.

Sociabilité et urbanité

J'ajoute, qu'il est toujours aventureux d'évoquer — à défaut de mesurer — les sentiments à l'œuvre dans des sociétés passées et qu'il faut se méfier des généralisations. Ainsi, par exemple, l'opposition entre la « ville » et la « cour », en matière de courtoisie, relève bien souvent, dans les faits, davantage de la complémentarité, du mimétisme, de l'influence imparfaite et spontanée que d'un strict et définitif antagonisme. Cela est parfois difficile à formuler car les mots, « société » et « individu », méritent des définitions précises et l'acception qu'on leur accorde à présent n'a pas toujours existé. De même ce qu'on désigne par « cour » et par « ville » ne correspond pas à un seul modèle, sous-entendu « Versailles » et « Paris », mais à de nombreuses situations particulièrement variées, en taille comme en durée et en puissance.

Daniela Romagnoli admet que « l'étroite association entre *urbanitas* et *facetia* pour désigner les bonnes manières (toujours intimement liées aux bonnes mœurs) est particulièrement évidente à partir du XIIe siècle, lorsque paraissent des ouvrages didactiques latins, des précis de règles morales et d'étiquette, intitulés *Facetus, Phagifacetus, Urbanus* ». La ville avec ses institutions religieuses, ses jurandes, ses hiérarchies, ses pouvoirs concurrents, secrète des fonctions, des statuts qui s'expriment par des vêtements, des gestes, des formules langagières plus ou moins codées, des agissements plus ou moins normés. Si, comme l'affirme Mireille Vincent-Cassy : « La cour n'est pas une institution de pouvoir, mais le lieu où se regroupent des gens de toutes origines sociales, clercs, nobles de moyenne ou de petite noblesse appauvrie, hommes sans origine, lettrés ou enrichis du négoce, arrivistes ou ambitieux, talentueux ou ignorants, vertueux ou brigands », la ville n'en est pas le simple reflet, mais le contrepoint. La louange signifie la reconnaissance d'une supériorité qui attend son lot de faveurs, en remerciement d'une telle soumission acceptée. Le roi n'en est pas dupe, mais c'est ainsi qu'il conforte son autorité et tient « ses » gens.

En ville, la situation interrelationnelle semble plus directe et repose sur des relations plus franches — ou alors elle n'existe pas. À l'époque médiévale, les interpénétrations des parcelles construites, les murs mitoyens, les maisons « entretenantes » ou « entre aboutissantes », les désagréments provoqués par l'écoulement des eaux usées, l'évacuation des immondices, toutes ces situations concourent à imposer une sorte de *statu quo* entre voisins. « Dans le Paris de la fin du Moyen Âge, écrit l'historienne Yvonne-Hélène Le Maresquier-Kesteloot, il existe une réelle volonté de s'entendre avec son voisinage [...]. De nombreuses remarques dans des pièces de procédures et des attitudes particulières montrent l'importance que les Parisiens attachaient à cette qualité de vie faite d'attentions quotidiennes, d'entraide et d'amitié, y compris dans des circonstances difficiles. [...] Il existe donc, dans l'espace urbain, une sociabilité très forte. »

Qui dit « sociabilité » ne dit pas forcément « urbanité », admettons-le. Néanmoins, ne tournons pas autour du pot : pour que la vie soit possible tout simplement, pour que les habitants d'une rue, d'un quartier, puissent vivrent en paix, dans une relative tranquillité, il est indispensable qu'ils s'urbanisent. C'est-à-dire qu'ils acceptent certaines règles de bienséance, certains codes de bonne conduite, appelons cela, « douceur », « philanthropie », « civilité » ou même « urbanité », cela finalement importe peu. C'est Bossuet qui notait, dans son *Discours sur l'histoire universelle* (1681) : « Le mot civilité ne signifiait pas seulement parmi les Grecs la douceur et la déférence mutuelle qui rend les hommes sociables ; l'homme civil n'était autre chose qu'un bon citoyen, qui se regarde toujours comme membre de l'État, qui se laisse conduire par les lois et conspire avec elles au bien public, sans rien entreprendre sur personne. » Plus nous nous rapprochons de notre époque, plus l'individu s'affine, se polit, s'autonomise et s'urbanise. Ce qui ne signifie pas pour autant l'absence de haine, de colère, d'irrespect. Non, la civilité s'élabore et se renforce contre l'incivilité qui perdure et renouvelle les formes de ses manifestations.

L'état d'esprit de la ville

La ville produit un *état d'esprit*, fait de tolérance, d'accueillance, de complaisance qui doit vaincre la crainte, l'appréhension, l'hostilité que certains prodiguent à l'endroit d'autrui. Pour que l'*esprit de la ville* imprègne la majorité des citadins, un seuil démographique doit être franchi. Une petite bourgade fait le jeu d'un ou deux groupes qui monopolisent le pouvoir et terrorisent les autres. Une grande ville assure le partage du *leadership* et permet à chacun d'appartenir à plusieurs « sociétés », à intervenir à différents niveaux, à entretenir des relations spéciales et chaleureuses dans divers réseaux de sociabilité. Le philosophe allemand Georg Simmel sait bien que « la » société résulte des « individus », qu'elle n'est pas donnée une fois pour toute, comme un cadre qui délimiterait les relations sociales, mais qu'au contraire, elle adhère aux formes de la socialisation, au fur et à mesure où celles-ci s'élaborent, puis s'affichent et enfin s'estompent, au profit de nouvelles. Il l'écrit très simplement : « Il y a société là où il y a action réciproque de plusieurs individus. »

La tension, le conflit, le secret ont également une fonction socialisante et régulent, tout autant que la solidarité, le respect, l'admiration, le désir, les relations entre les divers individus qui entremêlent leur destin au cours d'une histoire en partage. L'urbanité consiste justement à amortir les heurts et à adoucir les angles, sans jamais s'imposer au libre-arbitre de chacun. Simmel, dans *Sociologie* (1908), observe que sans cette aversion, ce sentiment d'être des étrangers l'un pour l'autre, « la vie dans les grandes villes, qui met chacun de nous quotidiennement en contact avec d'innombrables autres individus, n'aurait aucune forme pensable. Toute l'organisation intérieure de ce commerce humain repose sur une gradation extrêmement variée de sympathies, d'indifférence et d'aversions, les plus passagères comme les plus durables. » L'urbanité, pour le dire autrement, assure la reconnaissance d'autrui avant sa connaissance. En cela, elle peut paraître provisoire, inégale, sélective, voire discriminante, mais elle doit toujours se situer dans l'ouverture du monde. Penser l'urbanité revient alors à penser l'altérité.

Altérité partielle ?

L'étrangeté de l'autre

De la même manière que l'urbanité réclame l'autonomie du sujet pour se déployer pleinement, il faudrait élaborer une philosophie de l'altérité qui travaille à la fois l'*être* et le *soi*. Une culture qui ne confère pas à l'*individu* sa (une) place ne peut comprendre l'*autre*. Ainsi, l'*être* commande le multiple et le semblable. Sur les philosophies qui n'adoptent pas l'« autre » comme l'*étranger en soi*, telle la pensée grecque, je ne vais en dire que quelques mots, afin de me focaliser sur comment penser *autrui*, par rapport à *soi*, dans le monde urbain.

Platon ne connaît pas les notions d'« humanité » ou encore d'« autrui », mais il attribue aux étrangers des droits et des devoirs. L'étranger est d'abord et avant tout, en Grèce ancienne, celui qui n'appartient pas à la *polis*, qui vient d'ailleurs (le métèque, *metoikos*), qui ne parle pas la langue (le barbare, *barbaros*), qui circule d'une ville à une autre pour ses affaires ou compte s'y installer, dans ce cas, il a besoin d'un protecteur (le proxène) local qui se porte garant de lui. L'étranger (*xenos*, « de l'extérieur », « insolite ») n'existe pas comme individu, mais comme le membre d'une autre cité qui pratique d'autres mœurs. L'acte d'hospitalité (*xenia*) banal et habituel consiste à interpeller le nouvel arrivant, en lui souhaitant la bienvenue et en le questionnant : « Quel est ton nom, ton peuple, ta ville ? » L'étranger en latin, *extraneus*, veut aussi dire « venir du dehors » et « être étrange ». Cette étrangeté attire et dérange, à la fois. Elle rend curieux et inquiet, simultanément.

Pas étonnant alors de retrouver cette ambivalence dans le mot « hospitalité », l'hôte (*hospes*) est aussi l'ennemi (*hostis*). Ce terme d'*hostis* en français donnera « host », qui désigne l'armée au Moyen Âge, et « hostile ». Quant à l'« hôte », il suffit de peu pour qu'il ne se transforme en « otage ». C'est Jacques Derrida qui constate dans *De l'hospitalité* (1997) : « L'hôte est un otage en tant qu'il est un sujet mis en question, obsédé (donc assiégé), persécuté, dans le lieu même où il a lieu, là où, émigré, exilé, étranger, hôte toujours, il se trouve élu à domicile avant d'élire domicile. » Des idéogrammes mésopotamiens du troisième millénaire associent aussi « étranger » à « ennemi ». Est-ce afin d'éviter la suspicion qui naît de l'incompréhension et provoque le différend que les Babyloniens réalisent des glossaires, ancêtres des dictionnaires bilingues, et que les Grecs font du Dieu des étrangers, Hermés, celui qui sert d'interprète, l'herméneute ? Dans le mot *hospitum* on repère la racine indo-européenne *pot* qui confère l'idée de « maître », comme dans *despotês*, et de « soi-même » (« ipséité »).

La figure de l'étranger est par conséquent ambiguë, il est cet autre qui ne doit pas être totalement assimilé à l'autre car il en perdrait sa qualité d'étranger, son étrangeté. Dans le monde antique, il n'existe pas d'étranger en soi mais toujours d'étranger en particulier. Aussi en Grèce l'étranger dispose-t-il de plusieurs statuts selon qu'il vient d'ailleurs, qu'il soit de passage ou inconnu ou encore ignorant des us et coutumes locales. De même pour les Romains, qui distinguent le *peregrinus*, du *pelegrinus* et encore de l'*aduena*.

L'affirmation de l'individu

Cette perception plurielle d'autrui change avec le christianisme et sa notion de « prochain ». Mais c'est avec René Descartes et l'être du sujet pensant et non plus l'être en tant qu'être de la philosophie aristotélicienne, et surtout avec John Locke, que la « conscience de soi » (expression que ces deux philosophes n'emploient pas, mais pressentent) affirme toute sa dimension. Les Grecs n'envisagent pas le « je pense donc je suis », car pour eux l'existence est première et précède le sentiment d'être. Ne pouvant ici développer ces divers points qui relèvent d'une géohistoire comparée des idées et des sentiments, j'appelle le lecteur à être attentif à tout un ensemble de transformations culturelles qui se trament dans la ville, et parfois à cause d'elle, et qui a contribué à façonner, en quelques siècles, notre monde urbain.

De quoi s'agit-il ? De l'affirmation de l'*individu* — entendu comme un sujet libéré du carcan lignager —, d'une *personne* nommée et prénommée qui dessine son destin et revendique une *identité*, d'un *citoyen* qui prend part à la vie politique de son pays et d'un *citadin* qui aime sa ville et sait accueillir l'autre à lui-même semblable, l'autre cet étranger, dont l'étrangeté lui assure sa propre différence. Voilà où nous en sommes, peu ou prou, après plusieurs siècles d'urbanisation, et de développement du capitalisme — qui pour se consolider à l'échelle mondiale impose la montée en puissance de l'individu — avec des décalages ici et là, des combinaisons au dosage varié, des mutations inachevées et réversibles, etc.

L'urbain et la mise en relation des individus

À la suite de Georg Simmel, je considère que « la » société figure la cohabitation entre des individus qui peuvent à tout moment s'en extraire et constituer un autre rassemblement ayant, lui aussi, ses formes et ses règles de sociabilité. La « grande ville » pour Georg Simmel possède cette qualité d'accueillir l'interaction entre deux humains et de provoquer le « rendez-vous », expression, remarque-t-il, qui « désigne à la fois la rencontre elle-même et son lieu ». Dorénavant le téléphone portable, ou d'autres moyens de communication, transforme le « rendez-vous », ni en un lieu géographique, ni en une rencontre physique effective, mais en un échange de paroles hors sol. Le « face-à-face », si important pour Georg Simmel, s'est mué en un « oreille/oreille » où s'emboîte les silences, les hésitations et la fluidité de la parole. La vue ne possède plus cette suprématie sensitive que lui attribuait Simmel au cœur de la grande ville, lorsqu'il écrivait : « Par le regard qui appréhende l'autre, on se révèle soi-même ; l'acte même par lequel le sujet cherche à découvrir son objet le livre ici à ce dernier. On ne peut prendre par le regard sans se donner aussi soi-même. Le regard dévoile à l'autre l'âme qui cherche à le dévoiler. »

En attendant la généralisation du vidéoportable qui établit de la réciprocité dans l'échange, car c'est par le regard précisément, que chaque interlocuteur a un accès direct à l'autre, en observant la variation de ses traits. « C'est le contraste sociologique extrême entre l'œil et l'oreille, note avec perspicacité Georg Simmel, celle-ci ne nous fournit que la manifestation de l'homme soumise à la forme du temps, celui-là nous révèle en outre la permanence de son être, la concrétisation de son passé dans la forme substantielle des actes de sa vie. » La sollicitation de l'oreille seule modifie les termes de l'échange. L'ouïe, comme l'écrit encore Georg Simmel, « est par nature au-dessus de l'individu : quand quelque chose se produit dans un espace, tous ceux qui s'y trouvent doivent pouvoir l'entendre », ce faisant, la parole reçue s'adresse au destinataire et à ceux qui, autour de lui, l'entendent. Je ne m'immisce pas dans le face-à-face, ne me faufile pas entre les regards alors que j'entends ce qui est dit, même murmuré et devient réellement indiscret. Si le face-à-face est exclusif, l'oreille/oreille se trouve parasité par la présence même du public.

Or la rencontre réclame l'exclusivité de l'autre. Chacun de nous a ressenti cela lorsqu'il fixe un rendez-vous à quelqu'un et qu'une tierce personne, par hasard, passe et s'agrège à vous. Vous êtes contrarié même si cette tierce personne est un(e) ami(e). La relation à trois empêche la familiarité du duo. Les rencontres fortuites, que la grande ville facilitent, modèlent notre rapport à autrui. En fait, l'altérité admet tout un dégradé dans l'intentionnalité et l'« attentionnalité ». Elle est plus ou moins exigeante selon les personnes attendues ou croisées. Le rapport à l'autre varie d'intensité, selon les formes de la rencontre, notre humeur et le désir que nous en avons. La rencontre constitue l'avant-goût de la connaissance d'autrui. De la même façon que l'échange de regard annonce la promesse d'une présence. Tout n'est pas encore joué mais tout s'y joue déjà.

Or l'urbain diffus et les mobilités, qui le traversent, modifient les conditions de la mise en présence avec autrui. Les distances parcourues n'ont plus de réelles épaisseurs géographiques, seul le temps en indique une certaine mesure. En effet, je peux traverser une région sans voir — ni entendre — les autres, qui pourtant collaborent à cette incroyable chorégraphie du monde urbain. Moi et les autres nous ne formons aucunement *ensemble*, ni *un* ensemble, du reste. Nous cohabitons dans une indifférence (in) volontaire, qui ne nous pèse pas. L'autre d'à-présent — à l'ère de l'urbanisation planétaire et du « tout-NTIC » — n'est pas *l'étranger* de Georg Simmel, celui qui par sa seule présence donnait du sens à chacun, qui « positivait » la relation en la faisant naître, qui lointain devenait proche. C'est cette perte de commerce entre les citadins qui maintient des distances insurmontables entre eux, là où il n'y a qu'insensibilité. Dorénavant, la relation spontanée se raréfie au profit d'une urbanité froide. La réclamation confuse dans sa formulation approximative de plus de « respect », que l'on constate ici ou là, et encore récemment lors des événements de novembre 2005 dans certaines cités des banlieues françaises, appartient à ce processus de désaffection des uns vis-à-vis des autres. À dire vrai, le respect est la manifestation d'une considération pour quelqu'un, quelqu'un que l'on reconnaît supérieur à soi comme l'expliquait si bien Vauvenargues.

L'urbanité froide

Il conviendrait ici de parler de *décence*, c'est-à-dire de non-humiliation. L'altérité-à-la-carte, l'urbanité sélective, la civilité discriminante, ces divers processus de socialisation/désocialisation que nous observons un peu partout dans le monde urbanisé, expriment un profond détachement de l'humain pour l'humanité. Je ne reconnais que celui ou celle avec qui j'ai affaire. Autant avouer alors que je sélectionne strictement les membres de mon entourage. Relations familiales, rapports professionnels, contacts de voisinage, amitiés : j'appartiens à plusieurs réseaux et clubs où je distribue mes affections et mes aversions ou animosités. Parfois l'émotion déborde de ces canaux à la suite d'un événement télévisuel, par exemple, et je descend alors dans la rue me mêler à d'autres et ce bain d'altérité me réjouis. Parfois tout simplement l'ambiance festive d'un lieu, dans lequel je réside, m'invite à rejoindre d'autres participants à une liesse collective. Les occasions ressemblent à un pique-nique de quartier, un repas d'immeuble, un bal populaire, la fête de la musique ou une manifestation politique.

Bref l'*entre-soi* s'entrouvre un peu, comme une respiration, mais pour un laps de temps restreint et isolé, presque volé. Je suis curieux de l'autre, mais de manière indirecte, c'est pour cela que si le « dîner partagé » (sic !) devient régulier, il est déserté. Les séries télévisées américaines, *Friends* ou *Seinfeld*, mettent en scène de jeunes New-Yorkais entièrement acquis aux relations spontanées entre voisins. Pendant ce temps, à La Norville, dans l'Essonne, une pétition lancée par des cadres moyens, recueille les signatures de celles et ceux qui s'opposent à l'implantation de logements sociaux (*Le Monde*, 2 et 3 avril 2006) et à payer l'amende prévue par la loi SRU au cas où la commune n'atteint pas le quota de 20 % d'habitat social. Pendant ce temps, des villages de Haute-Savoie ou de Dordogne, se peuplent de Britanniques qui malgré leur bonne volonté, on du mal à s'intégrer. Le président d'une communauté de communes de Dordogne a engagé une Franco-Britannique pour faciliter l'installation des uns et réduire la méfiance des autres (*Le Monde*, 23 juin 2005). Pendant ce temps, Lognes (Seine-et-Marne) se transforme en ville asiatique, plus de 40 % des habitants viennent d'Asie ? Son surnom de « ville du dragon » s'explique certainement parce qu'en chinois comme en vietnamien, le mot « dragon » se prononce « lognes » ! (*Le Monde*, 1er octobre 2005).

Proximité spatiale et distance sociale

Les coupures de presse s'empilent sur mon bureau, toutes décrivent de tels imbroglios, souvent cocasses parfois tragiques, entre populations aux origines si diverses. Leur point commun est l'urbain, justement. La ville et l'urbain conditionnent fortement nos relations et nos parcours. Une inégale alternance affectivo-sociale guide nos interrelations colorées d'un mélange semblable : un peu d'autres et beaucoup de soi ! Les études régulières de l'INSEE sur le voisinage montrent que nous parlons peu à nos voisins et que l'âge et la catégorie socio-professionnelle interviennent grandement dans le moment et le motif de la conversation ordinaire. Il conviendrait d'en savoir plus sur les cyber-pratiques (Internet, blog, chat...). Qui contacte qui ? Qui répond à qui ? Qui se délie avec qui ? Et aussi pour quelles raisons et combien de temps ?

Dans un article devenu un « classique » de la sociologie contemporaine, « Proximité spatiale et distance sociale : les grands ensembles et leur peuplement » (1970), Jean-Claude Chamboredon et Madeleine Lemaire démontraient que le voisinage accroit l'écart que chacun entretient avec les autres, au lieu de le réduire... Éric Maurin mentionne, dans *Le Ghetto français* (2004), des enquêtes étatsuniennes qui montrent que le fait d'inscrire plus de garçons dans une école primaire — ou plus d'enfants noirs — entraîne une « baisse » générale du niveau et un accroissement de l'indiscipline. Une autre enquête, toujours américaine, souligne l'importance de la variété socioculturelle ambiante pour la formation d'un enfant d'une classe sociale défavorisée. La simple fréquentation d'une famille *différente* de la sienne, par exemple celle d'un copain d'école dont le père est plasticien et la mère musicienne, où l'on se parle sans crier ou s'insulter comme chez soi et où l'on se préoccupe de l'avis des enfants, va avoir des effets extrêmement bénéfiques sur vous. Ainsi une expérience conduite sur plusieurs années révèle que des enfants noirs d'un quartier-ghetto emmenés chaque jour dans une école fréquentée majoritairement par des Blancs acquièrent, plus tard, une situation « correcte » et « stable » alors que leurs voisins restés dans le quartier mono-ethnique n'arrivent pas à s'en sortir. C'est donc la diversité que la grande ville porte en elle qui possède une incontestable vertu éducationnelle. Mais peut-on généraliser ?

C'est exact, et chaque lecteur en a certainement fait l'expérience, que la présence d'une famille « originale » modifie la donne d'un quartier. Adolescent, je me souviens d'un copain de classe, un « pied-noir », dont la famille était accueillante et vivait « comme au pays » : non seulement l'alimentation, l'ameublement mais aussi la musique, les gestes, exprimaient une joie de vivre évidente et un cosmopolitisme tranquille. Ses parents étaient chaleureux, toujours de bonne humeur. J'avais l'impression, en arrivant chez eux, de ne pas gêner. Tout y semblait simple. J'appris par la suite que cette famille disposait d'un revenu plus que confortable, ce qui aide à peindre la vie en rose ! Il irradiait d'elle une sorte de bonheur ordinaire communicatif. Bien sûr, il est absolument inenvisageable d'introduire dans un immeuble où règne la discorde une famille *cool* qui, par sa seule présence, en modifierait l'ambiance ! Cela me rappelle un éducateur de rue qui expliquait, lors d'un colloque, que les adolescents se responsabilisent dès qu'ils sortent avec une copine. Par conséquent, il invitait, avec humour, les institutions concernées à favoriser les relations amoureuses !

La frontière entre l'autre et soi

Comment penser l'urbanité et l'altérité à l'heure de l'urbanisation planétaire ? Tout d'abord qu'il n'y a pas d'« autre » s'il n'y a pas de « soi ». La longue gestation historique de l'individu, puis son épanouissement, est une donnée incontestable. Dorénavant, « la » société ne peut être saisie que comme un écheveau d'interrelations individuelles. Celles-ci sont à la fois, volontaires et incertaines, durables et provisoires, affectives et utilitaires, contraintes et libératrices, suivies et discontinues, aimables et tendues. Elles adoptent également les hésitations, les caprices, les (in) certitudes, les attentes qui modèlent l'individu-à-tiroirs, que nous nous efforçons d'être. La frontière entre le privé et le public passe dorénavant en chacun de nous.

La frontière selon Georg Simmel n'est pas un « fait spatial » aux conséquences sociales, mais un « fait social » qui adopte une forme spatiale. J'ajouterais que, pour notre propos, la frontière a aussi une dimension existentielle. D'autant plus que les barrières entre le « privé » et le « public » s'avèrent de plus en plus poreuses, ou plus exactement nous acceptons la non-universalité d'un tel couple. Selon les périodes et les cultures, le « privé » et le « public » — qui ne se définissent pas nécessairement en s'opposant, mais parfois en se chevauchant ou en s'ignorant — revêtent certaines caractéristiques qui ont à voir avec l'urbanité et l'altérité, l'individu et la famille, le corps et la pudeur, la maison et la ville. Nous devons les manier avec prudence, surtout dès qu'on s'essaie à une comparaison.

L'historien Philippe Ariès s'interroge sur la possibilité d'une histoire de la vie privée, sachant que la notion de « vie privée » recouvre « des états et des valeurs trop hétérogènes d'une époque à l'autre ». Néanmoins, il la pense envisageable en partant des transformations de « l'idée de soi et de son rôle dans la vie quotidienne de la société ». Il précise que la chronologie ne sera qu'un cadre formel et que bien souvent un décalage existe entre une attitude particulière et son idéologie. Ce qu'il repère, afin d'analyser la vie privée au cours de l'« âge moderne », ce sont trois événements : le nouveau rôle de l'État, le développement de l'alphabétisation et la diffusion de la lecture et les nouvelles pratiques religieuses. Ils vont indéniablement contribuer à la privatisation observable à partir de divers indices (la préoccupation de son corps, la mode des « portraits » de famille, la tenue de son journal intime, le goût de la solitude, la constitution d'un *chez-soi* avec spécialisation des pièces, etc.).

La ville accélère un tel processus de privatisation parallèlement à la constitution de la sphère publique. L'État moderne occidental sépare bien (y compris juridiquement) ce qui appartient au « public » de ce qui représente la propriété privée, dès sa naissance au début du XVIIe siècle. Trois siècles plus tard, l'État brade ses services publics, ouvre au marché le capital de ses entreprises publiques, décentralise la plupart de ses missions, confie en partie au secteur associatif l'aide sociale et aux institutions privées l'éducation, réduit considérablement la sphère publique, longtemps garante d'une certaine égalité de traitement entre citoyens et aussi entre territoires.

Simultanément l'individu s'individualise, son *ego* prend le dessus sur la solidarité familiale, l'entraide de classe, la défense du local et de l'esprit national... Le privé se fait intime, se ferme, se protège. Le citoyen se mue en consommateur, client, usager, utilisateur, pratiquant, adepte, membre, cyborg, que sais-je encore ! Il se morcelle, se déterritorialise, s'irréalise, se veut multiple, insaisissable, libre. Mais d'une liberté intransigeante, infantile, irresponsable, une liberté de publicité, factice, improbable, oubliant que chacun n'existe, ne se réalise, ne se découvre, ne se ressent, ne fait l'expérience de soi, d'abord et avant tout, *via* les autres, par leur médiation, leur présence, leur regard, leur défi.

L'irréductible inconnaissance d'autrui

La singularité d'autrui

L'anthropologue Roger Bastide nous prévient : « Lorsqu'un groupe accepte des traits culturels venus du dehors, il les réinterprète à travers son monde mental, il pense par exemple les cérémonials chrétiens à travers le rituel magique du paganisme ou bien encore il identifie les saints catholiques à ses propres divinités ; on a donné à ce phénomène, dont l'importance est capitale, toute une série de dénominations : réinterprétation, réorientation, réadaptation, indigénisation, syncrétisation, reconstellation et synthèse. À l'autre bout du continuum, lorsque le choc des civilisations a brisé les formes traditionnelles de solidarité, selon l'expression de M. Lévi-Strauss, nous passons des "systèmes sociaux" aux "attitudes", c'est-à-dire que la déstructuration ne laisse plus subsister que des individus marginaux, en dehors de toute institutionnalisation cohérente, avec leurs ressentiments, leurs anxiétés, leurs frustrations, leurs agressivités et leurs névroses. » Il va de soi qu'aller à la rencontre de l'autre ainsi acculturé c'est prendre le risque de le caricaturer, de le réduire à une « moyenne », alors même qu'il est l'expression d'une singularité, dont il ignore parfois l'existence.

Comme l'écrit Emmanuel Levinas dans « De l'unicité » (1986), « un individu est autre à l'autre. Altérité formelle : l'un n'est pas l'autre, quel que soit son contenu. Chacun est autre à chacun. Chacun exclut tous les autres, et existe à part, et existe pour sa part ». Projeter de créer un « cours » présentant les diverses religions, à l'école, revient à faire croire qu'il est possible de résumer les systèmes de croyances en une poignée de paragraphes usant des mêmes mots standardisés, alors même que le sens des mots, justement, est décisif et pas toujours éclatant. De plus, lorsqu'il s'agit d'une religion dont l'acquisition repose sur le lent cheminement entre un « maître » — qui révèle — et un « disciple » — qui s'éveille à —, puis de la comparer avec l'une des trois religions monothéistes, nonobstant leurs innombrables schismes, nous imaginons aisément les simplifications fâcheuses, les interprétations uniformisantes, les réécritures dogmatiques de leurs histoires désynchronisées...

Paul Ricœur, dans « Civilisation universelle et cultures nationales » (*Esprit*, 1961), toujours soucieux d'écouter la parole d'autrui afin de l'entendre, admet avec Heidegger qu'« il nous faut nous dépayser dans nos propres origines » et que, « pour avoir en face de soi un autre que soi, il faut avoir un soi ». « Rien par conséquent, ajoute-t-il, n'est plus éloigné de la solution de notre problème que je ne sais quel syncrétisme vague et inconsistant. [...] Aux syncrétismes il faut opposer la communication, c'est-à-dire une relation dramatique dans laquelle, tour à tour, j'affirme dans mon origine et je me livre à l'imagination d'autrui selon son autre civilisation. [...] L'histoire des hommes sera de plus en plus une vaste explication où chaque civilisation développera sa perception du monde dans l'affrontement avec toutes les autres. » En effet, à l'homogénéisation des modes de vie et des valeurs qui est impulsée par la globalisation de l'économie capitaliste, l'internationalisation des nouvelles technologies de l'information et des communications et l'urbanisation planétaire correspond une diversification des modalités d'être, qui s'enracine et dans la langue et dans le rapport au temps de chaque culture et de chacun dans sa culture, y compris dans une culture métissée.

Cosmopolitisme et spécificité cutlurelle

La question n'est plus alors de se mettre à la place de l'autre et de comprendre, en lui, ce qui est incompréhensible, le mystère de sa foi ou la raison de sa conviction à ne pas croire en un quelconque Dieu, par exemple. Mais de prendre la mesure de l'autre qui est en moi et avec lequel je pars, à la fois, à la découverte de moi et de lui. Ce cheminement refuse toute interchangeabilité, tout système d'équivalence, une religion n'égale pas une autre, elles sont incomparables et il en est de même pour les cultures. L'idéologie de l'universalité de certaines valeurs, à laquelle je souscris encore, ne s'accommode pas d'une seule grille de lecture, elle exige de l'attention, du respect, de la curiosité. En effet, aucune culture ne respire au même rythme qu'une autre, et son histoire n'use pas du même parcours qu'une autre culture qu'elle est amenée à croiser ici, ou avec laquelle, elle va s'entrelacer là.

La difficulté de connaître autrui ne se pose pas en handicap définitif. « Une seule certitude suffit, affirme Paul Ricœur dans *Projet universel et multiplicité des héritages* (2003), qu'il n'y a pas d'intraduisible absolu, que la traduction, malgré son inachèvement, crée de la ressemblance là où il ne semblait y avoir que de la pluralité. C'est dans cette ressemblance créée par le travail de traduction que se concilient "projet universel" et "multitude d'héritages". » Il serait ainsi plus facile d'enseigner les cultures — et les religions — du monde avec les mêmes mots de la même langue, mais alors, nous laminerions leurs qualités intrinsèques, substituerions à leur singularité une fausse ipséité et passerions à côté de la rencontre, cette promesse aux accents d'espérance.

Avec l'urbanisation planétaire le sentiment du citadin tend à se distinguer de celui du citoyen (qu'il est également) et par conséquent les frontières ne s'estompent pas mais ne constituent plus des obstacles infranchissables. Avec le tourisme de masse, les migrations forcées du Sud vers le Nord, la gigantesque démultiplication des échanges par Internet et les téléphones portables, la croyance en une société de consommation ouverte à tous, un *cosmopolitisme sans qualité* s'introduit en chacun et laisse entendre que les spécificités culturelles sont des entraves à la compréhension mutuelle, que les communautarismes ne résisteront pas à ce désir d'un monde sans aucune frontière. Alors qu'en même temps, mais depuis un autre tiroir, l'individu cherche à affirmer « sa » différence, à intégrer « sa » diaspora, à se croire « unique », à se revendiquer « minoritaire » et à se regrouper en « tribu ».

Toute distinction aussi minime soit-elle apparaît comme une originalité face à la puissance de l'imitation qui uniformise les comportements. Ces processus de cosmopolitisation, internationalisation, mondialisation, dénationalisation, etc., sont non seulement contradictoires entre eux, mais se déroulent à des rythmes variés qui parfois les relient et parfois les déconnectent, donnant du mou à l'imbroglio qu'ils constituent. Ce *mou* facilite la résistance et l'expérimentation, il *détend* la violence réelle ou symbolique que ces processus ne cessent de générer. Il peut aussi endormir la vigilance citoyenne et transformer l'altérité en un exotisme aussi plaisant qu'éphémère.

Conclusion

Au-delà de ces cinq défis

Après la lecture de ces cinq chapitres, à la suite des uns des autres ou dans le désordre, peu importe car le lecteur s'en ait rendu compte chaque thème est entièrement imbriqué aux autres et réciproquement, le message est clair (l'urbanisation planétaire constitue une véritable révolution qui fait que maintenant et irréversiblement rien n'est plus comme avant, tant en ce qui concerne les modes de vie, les manières de résider, les paysages, les temporalités du quotidien urbain, les modalités d'exercice du pouvoir sur un territoire, les expressions des contre-pouvoirs que les formes d'inclusion et d'exclusion, les comportements individuels et les relations à autrui...) et les solutions brouillées. Si le diagnostic est aisé à établir les remèdes à préconiser ne le sont guère ! Il convainc dans ses grandes lignes car les tendances qu'il met à jour sont effectivement repérables.

En effet, ces cinq « questions » (le sol, la nature, les mobilités, la démocratie et l'altérité) se posent à toutes les « sociétés » (mot, nous l'avons vu, qui appelle bien des réserves et que souvent j'ai remplacé par « les humains », sans être vraiment satisfait) et s'articulent entre elles selon d'invraisemblables schémas, jamais figés. Il n'est pas envisageable de les isoler, sauf artificiellement pour les exposer. D'où la difficulté pour l'auteur de circonscrire ce qui en réalité n'est que transitoire et formel. Tout se tient, tout fait corps, tout fait sens. Ce « tout » ne résulte pas d'une totalisation d'éléments épars, mais d'une *unité* situationnelle.

C'est parce que nous assistons à l'urbanisation planétaire que l'unité du monde urbain se réalise devant nous en quelque sorte en temps réel. Unité du processus et diversité des configurations. Là aussi j'ai dû simplifier pour ne pas alourdir chacun de mes propos d'un indispensable et permanent appel à la complexité. Pourquoi sont-ce des « défis » ? Pierre Larousse (1870) évoque d'abord, pour expliciter ce terme, « une provocation au combat », puis « une déclaration par laquelle on soutient que quelqu'un est incapable de faire une chose déterminée », enfin il admet que « défier » revient à « mettre quelqu'un au défi de, c'est-à-dire lui déclarer qu'on regarde comme impossible qu'il fasse la chose dont il est question ». Alain Rey (*Dictionnaire historique de la langue française,* 1992) suggère que « défi » est la traduction de l'anglais *challenge,* qu'il s'agit donc d'un obstacle à surmonter. Le mot « obstacle » vient du latin *obstaculum,* « empêchement, ce qui arrête, ralentit ». Ainsi, les cinq défis présentés ici — ils sont à dire vrai bien plus nombreux ! — sont autant d'obstacles, d'empêchements pour l'accomplissement d'une urbanisation accueillante, douce et mesurée, qui ne détruise ni la nature, ni le vivant, ne détériore ni l'humain, ni les conditions de son devenir.

Ces défis sont lancés par les hommes aux hommes. À eux seuls de les relever, non pas de manière guerrière, mais pacifique. Ce sont des défis de bon sens, pas de puissance. Et comme ils sont interdépendants, en traiter un revient à aborder un aspect d'un autre et à modifier leur assemblage. Je veux dire par là qu'il n'existe pas de classement et qu'aucun ne serait prioritaire par rapport aux autres. Tous sont aussi importants pour les humains et la nature, qu'intervenir sur les mobilités, par exemple en réduisant l'automobilisation par une taxe exorbitante sur le prix du litre d'essence à la pompe, agira à terme sur le changement climatique, la concertation entre les décideurs et les riverains, les usagers et leurs élus, le respect d'autrui, l'humeur du conducteur, la sérénité du piéton, etc. Conscientiser les habitants sur le tri sélectif, le contrôle des bruits ordinaires (voiture mal réglée, sono trop forte, tondeuse et perceuse en activité le week-end...), l'échange de services entre voisins, ces choses de la vie qui semblent sans importance, consiste aussi à les doter d'un esprit civique et à les inciter à devenir plus exigeant quant à l'expression de la démocratie locale, à l'élaboration des grandes orientations nationales, à la discussion des décisions internationales...

Rien n'est automatique, rien n'est certain, rien n'est acquis. Il ne faut pas se décourager devant l'inégale prise de conscience entre humains : l'un est attentif aux effets nocifs de sa consommation sur les écosystèmes, tandis que d'autres en sont totalement indifférents. Tant pis. Cela retarde, mais ne contrarie pas le processus qui est en marche... Cette « révolution urbaine » provoque une indispensable révolution des idées et des méthodes d'analyse. Penser des situations inédites exige des outils nouveaux ajustés aux concepts plus anciens, pas tous périmés, du reste. Les Occidentaux, en particulier, sont conviés à prendre en considération au moins cinq « traits » (je n'ose dire « réalités » ou « caractéristiques » ou « attendus ») qui ne se présentent plus comme des exceptions mais appartiennent aux règles aléatoires d'une méthode résolument ouverte. Ce sont : la violence, l'imperfection, l'impatience, l'intranquillité et l'habitabilité qui viennent enrichir le vocabulaire de notre problématique et réorienter notre posture intellectuelle. Voyons-les d'un peu plus près.

Cinq mots pour comprendre le monde

La violence

Nous sommes et resterons dans un monde violent, traversé par mille et une tensions, pas seulement géopolitiques, mais aussi institutionnelles, communautaristes, comportementales... Le seul anticorps à la violence est la paix. La paix est un idéal humaniste que théorise en premier Érasme sans vraiment convaincre ses contemporains. C'est le même Érasme qui s'inquiète de la civilité et, à dire vrai, j'établis une correspondance entre la paix et la politesse. Souvenez-vous de la poignée de main : je donne la main droite, celle qui prend l'épée, je l'offre désarmée et nue (sans son gant) en signe de paix, de bienvenue. En quoi l'urbanisation contribuerait-elle à la paix, alors que nous constatons d'abord en quoi elle déstabilise, agresse, violente ?

Les exemples sont légion, depuis la pollution liée à la taille d'une conurbation traversée en permanence par des milliers d'automobiles au « grand ensemble », cette non-architecture de la non-ville, en passant par les innombrables désagréments imposés par les logiques du profit, de la rentabilité et de la sécurité (je songe ici au portillon du métropolitain parisien si agressif pour le voyageur et sans efficacité contre le resquilleur). Il faudrait que les immeubles, les places, les rues, le mobilier urbain, les moindres aménagements, les bus, les trains soient pacifiés, de même que la plupart des objets du quotidien qui sont violents car ils s'accordent à la violence généralisée de notre société.

La démarche écologique, qui a de plus en plus d'adeptes, indéniablement va dans le bon sens et ne repose sur rien d'autre que le libre-arbitre. Elle n'a que faire avec une soi-disant labellisation « haute qualité environnementale » (HQE), elle concourt à stimuler l'intelligence humaine collective pour économiser les ressources et harmoniser l'humain avec la nature, la technique, les institutions et les autres humains. Il s'agit d'une ambition certainement impossible dont la seule formulation induit heureusement celle d'alternatives et surtout d'expérimentations. En cela elle est salutaire. Et sa diffusion via Internet, par exemple, ne peut qu'en accroître les effets bénéfiques.

Supprimer la violence en soi n'est pas une action mobilisatrice, cela reviendrait à nier son caractère anthropologiquement constitutif de l'humain et à lobotomiser toutes les populations ! Endiguer, positiver, orienter les violences voilà des projets civilisateurs à promouvoir. La violence est aussi un langage, elle dit ce qu'on ressent sans en trouver les mots. Comme lors des colères urbaines d'octobre-novembre 2005 en France. Comme les jacqueries urbaines qui pourraient jaillir des bidonvilles aux conditions de vie scandaleuses. Comme les grilles des *gated communities* qui expriment un tel mépris envers les pauvres... Ces violences manifestent un désarroi fondamental, une impossibilité d'aller vers l'autre, une peur pour les uns, un sentiment d'injustice pour les autres. La ville et l'urbain peuvent être d'excellents terrains initiateurs pour la mise en place d'un code de « bonne conduite », reposant non pas sur la répression, mais l'exemplarité.

L'imperfection

Après tout, pourquoi pas ? Notre monde demeurera imperfectionné — et non « imparfait », qualificatif qui exprime tout autre chose — et nous-mêmes moins arrogants, prêts à considérer que le commencement d'un processus est parfois plus important que sa conclusion ! Il ne s'agit pas d'imaginer, par exemple, un ménagement urbain définitif, impeccable, parfait, mais de faire au mieux en l'état de nos connaissances et de nos moyens, tout en acceptant le principe d'imperfection, c'est-à-dire en sachant qu'une amélioration ne tardera pas à se préciser et à venir réclamer sa place. Trop souvent nous sommes enclins à attendre un résultat absolu, tel un fruit sans tache, alors même que simultanément, nous espérons apprendre de son indétermination, de son incomplétude. L'inattendu relève aussi de l'imperfection et apporte son irremplaçable lot d'usages insoupçonnés.

C'est justement cette marge entre la perfection et son inaboutissement qui abrite l'expérience, expérience qui permet à chacun de grandir en lui-même et qui reste par nature intransmissible. Traduit en termes urbanistiques cette imperfection réclame l'originalité des propositions préconisées — le cas par cas, si vous préférez —, et le maximum d'initiatives singulières libérées des contraintes étatiques et du contrôle bureaucratique.

L'impatience

L'imperfection nourrit l'impatience et l'impatience nourrit l'imperfection, car les deux vont ensemble comme les deux visages de Janus. Pourquoi ? Parce que les deux s'affrontent au manque. C'est-à-dire au désir impossible. Nous baignons dans des situations de manque, mais nous nous y habituons. Nous vivons de mieux en mieux cette situation. Je ne dis pas cela pour consoler ceux qui sont déçus de ne pas pouvoir réclamer tout et pouvoir posséder tout, tout de suite. Nous sommes existentiellement dans cette condition du manque. Ce qui explique pourquoi vraisemblablement se développera de plus en plus une économie du don. C'est par l'échange non marchand, ou par la part extra-économique de la relation marchande, que s'atténue le manque et que se comble le désir.

Cela a commencé timidement avec les banques du temps, cela se poursuit avec les systèmes de partage des savoirs. Il est encore trop tôt pour en mesurer les effets, et en indiquer les chemins à défricher. L'impatience, dont je rêve, contrecarre la politique de l'urgence et l'idéologie de la vitesse et revendique la pluralité des temporalités, l'arrêt si nécessaire, l'attente, le détour.

L'intranquillité

J'emprunte ce terme au poète portugais aux mille visages et à l'identité turbulente, Fernando Pessoa. L'intranquillité n'est aucunement l'inquiétude, elle n'a pas le pointu de la lance, le tranchant du couteau, elle ne féconde pas d'ulcères à l'estomac, elle épouse l'obstinée interrogation qui tenaille chaque être sur son devenir. On barbote dans l'intranquillité comme un poisson dans l'eau, parce que sans cesse on essaye précisément d'en savoir plus sur soi et sur autrui. L'intranquillité est un questionnement toujours en éveil, sans repos. Avec l'urbanisation, l'intranquillité se dégage du « national » pour fondre ensemble le « local » et le « mondial », c'est-à-dire pour inventer une culture urbaine spécifique qui joue des divers registres mis à sa disposition.

L'habitabilité

Je me suis souvent demandé pourquoi des humains acceptaient un logement, une ville, un site qui sont, à mes yeux, inhabitables. Je n'ai pas de réponse. Cela relève certainement de processus psychologiques et anthropologiques extrêmement compliqués. Mon père m'a confié un jour que c'est dans un *stalag* allemand, durant la Seconde Guerre mondiale, qu'il a ressenti, paradoxalement, un certain confort. Mon père, qui assaisonnait les mots avec gourmandise, n'ignorait pas que le mot « confort » provenait de « réconfort » au XIIe siècle et que, après une période d'effacement relatif et un détour anglais, il réapparaît dans notre langue au cours du XIXe siècle, signifiant « agréable », « commode », « bien équipé ». Très vite on va y associer l'idée de « modernité », le « confort moderne », c'est le dernier cri, la prouesse technique, le fin du fin ! Mon père prisonnier avait en tête le sens ancien, celui de « réconfort », de « sûreté ».

L'écoutant et transposant son appréciation à mes propres préoccupations, j'intègre ce que contient le mot « confort » dans l'*habiter*, qui est selon Martin Heidegger la véritable et incomparable mission de l'homme sur la terre, urbaine ou pas. L'habitabilité est ce vers quoi tumultueusement nous entraîne le ressort d'humanité qui se tend et se détend infatigablement au plus profond de notre être. Pourtant, l'inhabitable accompagne les diverses formes d'urbanisation à l'œuvre, et s'attribue abusivement les qualités de l'habitabilité. Un tel leurre n'est concevable que parce que ces formes d'urbanisation se font passer pour ce qu'elles ne sont pas : un incitateur à urbanité, un démultiplicateur de civilité, un incubateur d'altérité. Néanmoins, c'est bel et bien l'habitabilité qui constitue notre horizon, notre ligne de vie. En termes d'urbanisation, *habiter* ne dépend pas ni de l'urbaniste soucieux de concilier les diverses activités humaines en un territoire agréable, ni de l'architecte préoccupé par la qualité des espaces qu'il réalise, mais par la richesse des interactions entre individus.

Dans *La Vie urbaine* (n° 48, novembre/décembre 1938), Georges Sébille publie un article au titre séduisant, « L'urbanisme gratuit », dans lequel il précise que « l'urbanisme ne consiste pas *à faire des travaux*, mais à en préparer logiquement et soigneusement le programme coordonné en rapport avec les facteurs politiques, économiques, sociaux et esthétiques ». C'était un propos audacieux pour l'époque. Si le titre me plaît, car il colle avec l'idée d'un éco-urbanisme considéré comme un « bien commun », le contenu est bien obsolète. Pourtant, et compte tenu des cinq « attendus » ci-dessus et des cinq formes d'urbanisation, l'éco-urbanisme apparaît comme une *généreuse contrainte*, un ensemble de dispositions « gratuites » — c'est-à-dire qui ne pèsent pas vraiment, ni sur le budget d'une communauté, ni sur la liberté des citadins —, décidées conjointement afin d'assurer le maximum de communication entre les habitants d'une Cité.

Écologie, toute !

Comment rassembler les données — incomplètes, provisoires, changeantes, instables — de cet essai, en une formule facile à retenir ou sous le drapeau d'un mot ? Les cinq formes d'urbanisation retenues, les cinq défis examinés et les cinq « entendus » — qui vont modifier profondément notre univers mental — ont un point commun et un seul : l'écologie. L'écologie au sens premier, c'est-à-dire : la « connaissance » (*logos*) de la « maisonnée » (*oïkos*). En d'autres termes, le respect de la demeure terrestre.

L'écologie temporelle

L'écologie à laquelle j'aspire, je l'ai déjà évoqué, regroupe les trois écologies énoncées par Félix Guattari, l'écologie environnementale, l'écologie sociale et l'écologie mentale, qui correspondent à ce qu'il nomme une écosophie. J'y ajouterais volontiers l'écologie temporelle (théoriser en France par William Grossin) qui consiste à se familiariser avec sa chronobiologie et à la combiner, sans dommage, avec les horaires du quotidien urbain. La maîtrise de son temps personnel, intime, couplée aux rythmes collectifs (travail, commerce, distraction, école, administration, transports publics, décalages horaires, vacances, etc.) ne va pas de soi et résulte d'un combat que l'idéologie dominante (celle de la vitesse pour la vitesse et de la ville vingt-quatre heures sur vingt-quatre, par exemple) esquive en le disqualifiant, au nom de l'efficacité d'un temps universel, d'une homogénéité de l'écoulement de la durée, d'une invariance quant au destin des individus.

Or, précisément, les trajets destinaux sont incomparables entre eux. Le temps, malgré son découpage en secondes, minutes, heures, jours et nuits, mois et années, est apprécié individuellement. Ce qui semble long à l'un est acceptable à l'autre. C'est précisément la diversité des temps vécus et des temps représentés qui donne à l'altérité son incomparable apport. Par le temps d'autrui, je prends la mesure de la singularité de mon temps et je perçois à quel point il me dote d'une étrangeté bienfaisante qui m'encourage à marquer mes différences. Les pratiques cultuelles, selon leurs calendriers annuels et leurs rites journaliers, confirment la diversité des temporalités qui s'entremêlent au sein des formes d'urbanisation, ce qui parfois provoque des discordances sans réelle gravité pour la cohérence du territoire en question et la cohésion de ses populations. L'apprentissage d'une ville, pour le migrant, le touriste ou l'enfant, consiste avant tout à en comprendre les horaires.

L'uniformisation du quotidien urbain, que la globalisation du capitalisme espère réaliser, représente une entrave à cette liberté fondamentale qu'est le temps pour soi. La suppression arbitraire de la sieste, par exemple, au nom d'une homogénéité des horaires entre établissements de la même firme transnationale à l'échelle mondiale (je songe ici au secteur bancaire espagnol qui européanise ses heures d'ouverture) est une violence symbolique forte et aussi une mesure contre-productive. Les NTIC, contrairement à ce que certains esprits chagrins imaginent, facilitent le choix du temps et permettent, en partie, un contrôle des contraintes temporaires. Je réponds à mes messages électroniques selon mon humeur, j'enregistre un film sur une chaîne de télévision pour le visionner lorsque j'en aurais envie, je branche mon répondeur téléphonique pour ne pas être importuné durant un rendez-vous (ou une sieste !), je programme mon four pour déclencher la cuison d'un plat, j'organise « mon » temps en tenant compte de l'imprévu et aussi du désir soudain de rompre avec la routine — ou ce qui lui ressemble — en décidant au dernier moment une escapade...

Le quotidien urbain (ce que les sociologues désignent par la « vie quotidienne » ou la « quotidienneté » et que les statisticiens étudient en établissant des « budgets-temps ») ne concerne qu'une partie de la population mondiale. Les paysanneries, dans leur majorité, ne s'en préoccupent pas, de même que les bidonvillois. C'est un agencement entre trois moments (temps de travail salarié ou temps scolaire/temps « contraint », comme les courses, le transport, le sommeil/temps de loisirs, souvent confisqués par les professionnels du « temps libre » qu'ils se chargent d'occuper...) de la journée qui est lié historiquement avec l'industrialisation et le salariat. C'est dire si cette « vie quotidienne » est récente, pas plus de deux siècles, et concerne pour l'instant une minorité — importante certes, mais minoritaire — de terriens. C'est parce qu'il est particulièrement prégnant en ville, et plus généralement dans tous les territoires urbanisés, que je nomme cet agencement du temps, le quotidien urbain. Maintenir la plus grande autonomie à son égard correspond à une démarche écologique en matière de temporalité. Je n'insiste pas.

L'écologie des langues

À ces quatre écologies, j'en joins une cinquième, l'« écologie des langues », selon l'heureuse expression de Einar Haugen (1972), reprise et développée par Louis-Jean Calvet. La langue est une propriété collective qui consolide l'espace public, c'est-à-dire qui permet la publicité des opinions, qui facilite la possibilité d'exprimer publiquement une pensée privée. Sans jouer sur les mots, je rappellerais que, pour Martin Heidegger, la langue est l'« habitat de l'être », c'est dire si entre la langue et la demeure terrestre les connexions sont constantes et puissantes. Je ne vis parmi les choses que parce que je peux les nommer, je ne vis qu'avec ce qui m'est intelligible, ce que Jean Giono nomment les « grandeurs libres », et qui me parlent pour autant que je puisse leur répondre. De la même manière que l'homogénéisation du temps ne représente pas pour moi, écologiquement parlant, un progrès, la diffusion massive d'un anglais abâtardi et sans nuance, n'est pas un sujet réjouissant. La babélisation assure non seulement la diversité des cultures, mais aussi des manières d'être et de penser.

Protéger les langues, comme se garder du temps à soi pour rien, est une activité décente. Imposer une langue est une marque de pouvoir absolu, comme l'expose George Orwell dans *1984*. Aussi est-il encourageant d'apprendre que les millions de messages qui s'échangent chaque jour, *via* les NTIC, ne le sont en anglais que pour un tiers d'entre eux (Manuel Castells, « Émergence des "médias de masse individuels" », *Le Monde diplomatique*, août 2006). Les blogs, les SMS, le *peer-to-peer*, les communications par portables, les mels, etc., concurrencent la communication « professionnelle » (celle des agences de presse et des médias, plus ou moins « libres » des puissances économiques et politiques) et corrigent l'information standardisée en la contestant ou en la complétant par d'autres analyses, d'autres points de vue, d'autres données.

Les réseaux informatiques concourent à la babélisation et, de fait, contribuent à une plus large autonomie culturelle des « citoyens du monde ». Manuel Castells, prudemment, insiste sur l'apparition de nouvelles manières de participer au débat politique, mais se retient d'en conclure à une réactivation de la démocratie. Quoi qu'il en soit, ces cinq écologies s'associent en une *écologie existentielle* résolument urbaine qui amène chaque humain à repenser sa place sur Terre en tant que citadin. Le devenir urbain du monde et de l'être dépend des réponses apportées aux cinq principaux défis qui se posent à tous comme à chacun : la possession et la destination du sol ; la qualité des mobilités et leurs économies ; la préoccupation environnementale et l'éthique qu'elle réclame ; la démocratie en des modalités inédites pour des territoires en mutation et l'accueil de l'autre comme témoignage de paix entre les humains. Autant l'avouer : rien n'est encore joué.

Lectures conseillées

La documentation écrite sur les villes, et la question urbaine, est massive. Chaque jour des milliers de pages imprimées viennent s'ajouter aux précédentes. Des centaines de colloques, tables rondes, symposiums, séminaires sont organisés quotidiennement par des collectivités territoriales, des institutions internationales, des organisations non gouvernementales, des universités, des laboratoires de recherche, des mouvements associatifs, des municipalités, des regroupements professionnels dont le thème est directement lié à la ville et à l'urbanisme. Bien sûr des actes sont réalisés et témoignent de ces rencontres. Comment se tenir au courant de ces publications, plus ou moins largement diffusées ? Et surtout, comment réussir à tout lire ? Cela est impossible, j'allais ajouter, malicieusement, « heureusement », car il y a autre chose dans la vie que la recherche bibliographique !

Je propose de présenter ici les études qui ont participé à ma réflexion. Je vais les classer selon les thèmes abordés dans les différents chapitres, ainsi le lecteur retrouvera facilement l'ouvrage cité dans le cours du texte, car il ne figure pas en note de bas de page afin de ne pas entraver la lecture. Il s'agit d'une bibliothèque personnelle qui regroupe des livres épuisés, d'autres encore présents en librairie et des travaux appartenant à la « littérature grise », mais j'ai tenu à les présenter rapidement et à leur associer des commentaires figurant dans d'autres articles ou essais et aussi des références secondaires eu égard à la thématique générale de mon ouvrage. Bien souvent un livre en appelle un autre et toute une connaissance en cascade — ou par ricochets — s'élabore progressivement. Le travail intellectuel possède certainement sa logique propre mais j'ai remarqué que celle-ci pouvait ne pas être entièrement rationnelle ce qui explique de nombreux à-côtés, aux surprises incalculables.

À propos de l'urbanisation planétaire

Pour une histoire mondiale des villes — projet ambitieux et certainement démesuré —, je suggère quatre « sommes », c'est-à-dire de gros ouvrages qui palpitent d'intuitions, de fulgurances, de parti pris aussi, mais dont la lecture apporte toujours son lot de satisfactions : *The City in History* (1961) par Lewis Mumford (*La Cité à travers l'histoire*, traduit de l'américain par Guy et Gérard Durand, Seuil, 1964*) ; *De Jéricho à Mexico. Villes et économie dans l'histoire*, par Paul Bairoch (Gallimard, 1985) ; *Cities in Civilization. Culture, Innovation and Urban Order*, par Peter Hall (Weidenfeld & Nicolson, Londres, 1998) ; *Histoire de l'architecture et de l'urbanisme modernes*, par Michel Ragon (trois tomes, Seuil, coll. « Points », 1991, il s'agit d'une nouvelle édition mise à jour, la première est parue en 1986 chez Casterman).

De Lewis Mumford, il est conseillé de lire également, *The Culture of Cities* (Harcourt Brace Jovanovich, New York, 1938, nombreuses rééditions) et *Le Piéton de New York* (Les Éditions du Linteau, 2001, avec une introduction biobibliographique de Thierry Paquot). Sur son œuvre, en liaison avec mes propos : *Lewis Mumford and American Modernism. Eutopian Theories for Architecture and Urban Planning*, par Robert Wojtowicz (Cambridge University Press, Cambridge, 1996) ; « Lewis Mumford au miroir de Georges Friedmann », par Françoise Choay (*Urbanisme*, n° 287, mars-avril 1996) et *Lewis Mumford, Public Intellectual*, sous la direction de Thomas P. Hugues et Agatha C. Hugues (Oxford University Press, New York, 1990). L'énorme livre de 1 170 pages de Peter Hall a fait l'objet d'un compte rendu (« L'âge d'or des villes », par Thierry Paquot, *Sociétal*, n° 27, 1999) et se trouve éclairé par un entretien (*Urbanisme*, n° 316, janvier-février 2001) et un précédent ouvrage davantage axé sur l'urbanisme, *Cities of Tomorrow. An Intellectual History of Urban and Design in the Twentieth Century* (Blackwell, Oxford, 1988, nombreuses rééditions).

De telles épopées urbaines sont régulièrement proposées aux lecteurs, elles ont l'avantage, pour les meilleurs d'entre elles, de synthétiser de remarquables travaux scientifiques, mis ainsi à la portée du plus grand nombre, je songe, par exemple à : *De Babylone à Brasilia. Des villes et des*

* Pour les références citées, sans autre indication de lieu d'édition, il s'agit de Paris.

hommes, par Wolf Schneider (traduit de l'allemand par Denise Meunier, Plon, 1960), *L'Habitat de l'homme*, par Barbara Ward, très sensible à l'écologie (traduction française, Les Éditions La Presse, Montréal, 1976) et plus récemment, *Cities*, par John Reader (William Heinemann, Londres, 2004).

Deux ouvrages collectifs ont été réalisés à l'occasion d'Habitat II (Istanbul, 1996) et, malgré dix ans d'âge, sont encore à consulter : *Le Monde des villes. Panorama urbain de la planète*, sous la direction de Thierry Paquot (Complexe, 1996, épuisé), qui d'emblée considère l'urbanisation comme planétaire, refusant de distinguer le tiers monde et les pays développés et traitant de façon transversale les caractéristiques du « monde urbain » (le droit, l'écologie, l'économie, le logement, les violences, le sport, la fête, le sacré, l'enfant...) avec la collaboration d'auteurs reconnus (Jacques Lévy, Jean-François Tribillon, Jean-Paul Flamand, Pierre Calame, Rémy Prud'homme, Charles Goldblum, Jérôme Monnet, Sophie Body-Gendrot...) ; *Quelles villes, pour quel développement ?* sous la direction d'Ignacy Sachs (PUF, 1996), qui contient un excellent résumé de la thèse de Paul Bairoch, par lui-même, un article sur le « modèle italien » par Arnaldo Bagnasco et une étude sur l'urbanisation chinoise par Claude Aubert.

Trois ouvrages du géographe-statisticien François Moriconi-Ebrard proposent une nouvelle classification (*L'Urbanisation du monde depuis 1950*, Anthropos, coll. « Villes », 1993, et *Géopolis. Pour comparer les villes du monde*, Anthropos, coll. « Villes », 1994) et une analyse originale de la lente constitution des grandes villes à partir du modèle des trois « a » (agriculture, armée et argent), qu'il argumente avec ténacité, *De Babylone à Tokyo. Les grandes agglomérations du monde* (Ophrys, 2000).

Un ouvrage collectif confronte les différentes disciplines universitaires au « fait urbain », *La Ville et l'urbain, l'état des savoirs* (sous la direction de Thierry Paquot, Michel Lussault et Sophie Body-Gendrot, La Découverte, 2000). J'ajoute trois dictionnaires très commodes à utiliser : *Les Mots de la géographie, dictionnaire critique*, par Roger Brunet, Robert Ferras et Hervé Théry (RECLUS-La Documentation française, 1992), le *Dictionnaire de la géographie et de l'espace des sociétés*, sous la direction de Jacques Lévy et Michel Lussault (Belin, 2003) qui adopte une approche épistémologique des concepts et des théories, et *La Ville et l'urbain, dictionnaire*, par Denise Pumain, Thierry Paquot et Richard Kleinschmager (Economica/Anthropos, coll. « Villes », 2006), qui s'efforce d'introduire dans la définition des items les principales références bibliographiques.

Pour une étude comparée des « régimes » d'urbanisation selon les continents, je recommande quatre ouvrages de grande qualité : *L'Invention de la ville. Banlieues, townships, invasions et favelas*, par Michel Agier

(Éditions des Archives contemporaines, Amsterdam, 1999), *La Ville franchisée. Formes et structures de la ville contemporaine*, par David Mangin (Les Éditions de La Villette, 2004), *Les Stratégies des grandes métropoles. Enjeux, pouvoirs et aménagement*, par Gilles Antier (Armand Colin, 2005) et *La Condition urbaine. La ville à l'heure de la mondialisation*, par Olivier Mongin (Seuil, 2005).

La bibliographie concernant chacune des formes d'urbanisation que je propose de privilégier est incroyablement riche. Pour le lecteur qui souhaite approfondir j'indique quelques travaux.

Les bidonvilles

Le taudis appartient entièrement à la phase d'urbanisation liée à la révolution industrielle — il existe certainement sous la forme d'une habitation précaire dans toute l'histoire des villes pour loger les esclaves, les soldats, les ouvriers d'un chantier de construction, les saisonniers agricoles, et personne ne le nomme ainsi... —, et les médecins hygiénistes et les autres philanthropes sont, justement, indignés et exigent de combattre ces logements insalubres et préconisent des habitations aérées, propres, saines, voire même des cités-jardins...

Les célèbres enquêtes sociales du docteur Villermé, d'Eugène Buret, mais aussi de Friedrich Engels, Charles Booth et Jacob Riis sont faciles à trouver en bibliothèque. On peut aussi lire : *Les Enquêtes ouvrières en France entre 1830 et 1848*, par Hilde Rigaudias-Weiss, préface de Célestin Bouglé, (Librairie Félix Alcan, 1936), *L'Observation de l'homme. Une histoire des enquêtes sociales*, par Gérard Leclerc (Seuil, 1979) et *Laboratoires du nouveau siècle. La nébuleuse réformatrice et ses réseaux en France, 1880-1914*, sous la direction de Christian Topalov (Éditions de l'École des hautes études en sciences sociales, 1999). Ces enquêtes décrivent les logements insalubres (*La Construction des îlots insalubres. Paris 1850-1945*, par Yankel Fijalkow, préface de Marcel Roncayolo, L'Harmattan, 1998) et nourrissent les arguments des hygiénistes (*L'Hygiène dans la République. La santé publique en France ou l'utopie contrariée 1870-1918*, par Lion Murard et Patrick Zylberman, Fayard, 1996).

L'École de Chicago n'est pas en reste et Harvey Zorbaugh publie *The Gold Coast and the Slum : A Sociological Study of Chicago's Near North Side* (Univervity of Chicago Press, Chicago, 1929). Ce mot, *slum*, défini par N.J. Newman dans l'*Encyclopedia of Social Sciences* (vol. 13, The MacMillan Compagny, New York, 1934), fait l'objet d'une analyse socio-historique (*Slums and Housing : History, Conditions, Policy*, par J. Ford, Harvard University Press, Cambridge, 1936) et est traduit en français par « bidonville ».

Colette Pétonnet (*Ces Gens-là*, préface de Roger Bastide, Maspero, 1968), Monique Hervo et Marie-Ange Charras (*Bidonvilles : l'enlisement*, Maspero, 1971) réalisent les premières enquêtes sur des bidonvilles français. Colette Pétonnet avait déjà exploré un bidonville marocain (« Espace, distance et dimension dans une société musulmane. À propos du bidonville marocain de douar Doum à Rabat », *L'Homme*, XII/2, 1972, p. 47-84). On lira également, *Du bidonville aux HLM*, par Mehdi Lallaoui (Syros, 1993), une monographie (*Portugais à Champigny, le temps des baraques*, par Marie-Christine Volovitch-Tavares, Autrement, 1995), un excellent roman, *Le Gone du Chaâba*, par Azouz Begag (Seuil, 1987) et un récit de vie (*Du bidonville à l'expulsion, itinéraire d'un jeune Algérien de Nanterre*, par F. Lefort, éditions CIEMM, 1980).

Jacques Berque a distingué « Médinas, villeneuves et bidonvilles » (*Cahiers de Tunisie*, n° 21-22, 1958, p. 5-42, repris dans *Opera Minora*, Bouchène, 2000, vol. II, p. 239-272). Une première étude d'ensemble des bidonvilles du tiers monde est proposée par Bernard Granotier (*La Planète des bidonvilles*, Seuil, 1980), elle est suivie par les ouvrages de Noël Cannat (*Sous les bidons la ville. De Manille à Mexico à travers les bidonvilles de l'espoir*, L'Harmattan, 1988 ; *Le Pouvoir des exclus, pour un nouvel ordre culturel mondial*, L'Harmattan, 1990 ; *La Force des peuples, olympiens et gens de rien à la conquête de la ville-monde*, L'Harmattan, 1993 et *L'Honneur des pauvres. Valeurs et stratégies des populations dominées à l'heure de la mondialisation*, Éditions Charles-Léopold Mayer, 1997).

D'autres travaux universitaires s'attachent à décrire la vie des bidonvillois, l'attitude des pouvoirs publics, les actions engagées par des collectifs d'habitants, les politiques impulsées par les organisation internationales (Banque mondiale, ONG, etc.), parmi des milliers d'études de cas, je mentionnerais volontiers : *Intouchable Bombay. Le bidonville des travailleurs du cuir*, par Marie-Caroline Saglio-Yatzimirsky (CNRS, 2002), remarquable monographie du plus peuplé des bidonvilles du tiers monde, Dharavi, plus d'un million d'habitants ; *Les Interventions en bidonville au Maroc : une évaluation sociale*, par Françoise Navez-Bouchanine (préface de Mohamed M'Barki, ANHI, Rabat, 2002), *Dans les courées de Calcutta, un développement à l'indienne*, par Gaston Dayanand (préface de Noël Cannat, Éditions Charles-Léopold Mayer, 2003), *Les Favelas de Rio, un enjeu culturel*, de Paola Berenstein-Jacques (préface de Henri-Pierre Jeudy, L'Harmattan, 2001), « Qu'est-ce qu'une favela ? », par Licia Valladares (*Cahiers des Amériques latines*, n° 34, 2002, p. 61-72), *Habitat créatif, éloge des faiseurs de ville : habitants et architectes d'Amérique latine et d'Europe*, par Yves Pedrazzini, Jean-Claude Bolay et Michel Bassand (Éditions Charles-Léopold Mayer, 1996), *La Violence des villes* d'Yves Pedrazzini (Éditions Charles-Léopold Mayer,

2005) s'attarde sur les actions violentes des gangs, les rackets, les trafics au sein des bidonvilles.

Planet of Slums de Mike Davis (Londres, Verso, 2006 ; traduction française Jacques Mailhos, *Le Pire des mondes possibles. De l'explosion urbaine au bidonville global*, La Découverte, Paris, 2006), non seulement nous guide dans une favela de Rio, un *slum* de Nairobi, de Port-au-Prince ou de Bangalore, mais surtout démonte l'exploitation économique des plus pauvres des pauvres par des « spéculateurs » spécialisés dans cet immobilier si particulier et si rentable.

Enfin, le rapport, tout aussi accablant, de l'ONU-Habitat, sur *Le Défi des bidonvilles : rapport mondial sur les établissements humains 2003* (Earthscan Publications Ltd, Nairobi, 2005), regorge de données chiffrées « officielles » qui confirment l'extrême dénuement des bidonvillois et l'incroyable violence sociale dont ils sont victimes et le copieux article, particulièrement intéressant, de Jean-Claude Bolay de l'École polytechnique fédérale de Lausanne, « Slums and urban development : Questions on society and globalization » (*European Journal of Devlopment Research*, vol. 18, n° 2, juin 2006, p. 284-295, Routlege, Taylor & Francis Group, Londres).

Les mégacités

Cette expression vient des Nations unies et désigne les agglomérations peuplées par au moins 8 millions d'habitants. Elle a comme synonyme « mégaville » (Rémy Prud'homme, « Mégaville : économie et gestion », *Le Monde des villes, op. cit.*, p. 45-77) ou encore « métapole » (François Ascher, *Métapolis ou l'avenir des villes*, Odile Jacob, 1995). Il s'agit d'une « grande ville », mais sa taille géographique et sa population ne suffisent pas à en faire une « ville » riche et compétitive, d'où la nécessité de calculer son PIB par habitant. C'est le géographe Jean Gottmann qui considère que, de Boston à Philadelphie, il y a une sorte de continuum urbain qu'il nomme « mégalopolis » (*Megalopolis : the Urbanised Northeast Seabord of the United States*, The Twentieth Century Fund, 1961, repris par le MIT-Press en 1964 et régulièrement réédité).

La « grande ville » a fait l'objet de plusieurs publications, dont : *The Metropolis Era*, t. 1, *A World of Giant Cities*, sous la direction de Mattei Dogan et John Kasarda (Sage Publications, Newbury Park, 1987), qui rassemble de bonnes études sur la mégalopolisation des divers continents par Manuel Castells, Peter Hall, Jürgen Friedrichs, Yue-Man Yeung, Hans Nagpaul, etc., et l'originale analyse d'Ignacy Sachs, « Vulnerability of giant cities and the life lottery » ; *Metropolis*, par Emrys Jones (Oxford University Press, Oxford, 1990) ; *Megalopolis, the Giant City in History*, sous la direction de Theo Barker et Antony Sutcliffe (Saint Martin Press, New York, 1993) ; *Mégapoles méditerranéennes. Géographie urbaine rétrospective*, sous la direction de Claude Nicolet, Robert Ilbert et Jean-Charles Depaule (Maisonneuve & Larose, 2000).

En France c'est Philippe Haeringer qui s'est évertué à expliciter la notion de « mégapolisation » et d'en repérer les multiples modalités, expressions et caractéristiques (« La mégapolisation n'est pas une crise. Esquisse de mise au point sémantique et problématique », *Villes du Sud*, sous la direction d'Émile Le Bris, ORSTOM Éditions, 1996 et « Économie invertie. Mégapolisation, pauvreté majoritaire et nouvelle économie urbaine », *2001 plus...* n° 50, 1999, ministère de l'Équipement). On lira avec grand intérêt, *Métropoles en mouvement. Une comparaison internationale*, ouvrage coordonné par Françoise Dureau, Véronique Dupont, Éva Lelièvre, Jean-Pierre Lévy et Thierry Lulle (Anthropos/IRD, coll. « Villes », 2000), qui examine 19 métropoles.

De nombreux ouvrages présentent des monographies de « grandes villes », je recommande plus particulièrement : *Portraits de grandes villes. Société, pouvoirs, territoires*, sous la direction de Guy Jalabert (Presses universitaires du Mirail, Toulouse, 2001) ; *Les Métropoles du Sud*, par Jean-François Trouin (Ellipses, 2000) ; *Le Défi urbain dans les pays du Sud*, par Michel Rochefort (L'Harmattan, 2000), et *Un mondo di città* de Giorgio Piccinato (Edizioni di Communità, Turin, 2002) qui nous entraîne dans la « ville des pauvres » mais aussi à Los Angeles, Singapour, Caracas, Tokyo, New York, en questionnant à chaque fois la « forme de la ville » et ses évolutions. *La Revue durable* consacre un dossier au thème de « Vivre ensemble en mégalopole » (Lausanne, n° 14, février-mars 2005) en pointant des réalisations qui réussissent à améliorer la situation des habitants, pour une fois que la lamentation (légitime trop souvent) est démentie...

Les villes globales

Dire *global city*, c'est obligatoirement penser à l'économiste Saskia Sassen qui en a proposé la première analyse détaillée, *The Global City : New York, London, Tokyo* (Princeton University Press, Princeton, 1991, traduction française aux Éditions Descartes & Cie, en 1996, avec une préface de Sophie Body-Gendrot). Saskia Sassen a publié dans *Urbanisme* (n° 296, septembre/octobre 1997) un article sur cette notion, comme elle a répondu à mes questions dans un long entretien (*Urbanisme*, n° 345, novembre/décembre 2005). C'est en étudiant la division internationale du travail à l'heure de la mondialisation, qu'elle constate qu'à la dispersion des sites de production correspond une concentration territoriale des conditions de direction et de contrôle des firmes transnationales en une poignée de « villes globales ».

On lira également les pages très éclairantes qu'Armand Mattelart consacre à la ville globale dans son *Histoire de l'utopie planétaire, de la cité prophétique à la société globale* (La Découverte, 1999) ainsi que les travaux de l'économiste américain John Friedmann sur la « ville mondiale » (« World city formation : an agenda for research and action », *International Journal of Urban and Regional Research*, vol. 6, n° 3, 1982, p. 309-344 et « The world city hypothesis », *Development and Change*, n° 17, 1986, p. 69-84) et l'ouvrage ancien, mais encore instructif, de Peter Hall intitulé *Les Villes mondiales* (traduction française, Hachette, 1966), où il dénombrait sept « centres urbains névralgiques » (Londres, Moscou, New York, Paris, Tokyo et le Randstad). La situation a bien changé, l'Asie et l'Amérique latine sont dorénavant deux continents urbanisés.

Les enclaves résidentielles

Une très bonne introduction à la diffusion de ce produit immobilier si particulier, dont l'histoire est retracée, est *Privatopia. Homeowner Associations and the Rise of Residential Private Government*, par Evan McKenzie (Yale University Press, New Haven, 1994). Un second ouvrage a fait date, il s'agit de *Fortress America : Gated Communities in the United State*, par Edouard Blakeley et Marie Snyder, (Brooking Institution Press/Lincoln Institute of Land Policy, Washington DC, 1997). À cette époque, les auteurs avançaient le chiffre de 8 millions de résidants, ils seraient en 2002 près de 35 millions, soit 15 % de la population des États-Unis, dont 20 % de locataires...

Depuis les études monographiques et les analyses géographiques affluent, citons : *The City of Walls : Crime, Segregation and Citizenship in São Paulo*, par Teresa Caldeira, (University of California Press, Berkeley, 2000) et son article en français, « Un nouveau modèle de ségrégation spatiale : les murs de São Paulo » (*Revue internationale des sciences sociales*, n° 147, Unesco-Érès, Paris, mars 1996).

Le dossier « Villes privées » (*Urbanisme*, n° 312, mai-juin 2000) n'a pas pris beaucoup de rides, il mérite encore le détour et comprend : « France : ségrégation haut de gamme », par Hacène Belmessous ; « États-Unis : *gated communities* et *private cities* », par Cynthia Ghora-Gobin, « Des sociétés fragmentées », par Georg Glasze, « Le privé, version nippone », par Marc Dilet, « Afrique : ghettos dorés et quartiers du pouvoir », par Marc-Antoine Pérouse de Montclos et « Qui paie la ville ? », par Joseph Comby. À lire également : « Istanbul cernée par les cités privées », par Jean-François Pérouse (*Urbanisme*, n° 324, mai-juin 2002), « Le Caire, métropole privatisée », par Éric Denis et Marion Séjourné (*Urbanisme*, n° 328, janvier-février 2003) et « Mexico : l'enfance agitée d'une métropole éclatée », par Marc Guerrien (*Urbanisme*, n° 334, janvier-février 2004) et l'ensemble du dossier « Enclaves résidentielles » (*Urbanisme*, n° 337, juillet-août 2004) avec des contributions de Renaud Le Goix, Stépahen Degoutin, Gérald Billard et François Madoré sur l'Australie, Hacène Belmessous sur Toulouse, Marie-France Prévôt-Schapira sur l'Amérique latine, Christian de Portzamparc sur la Chine, Georg Glasze et Robert Pütz sur Varsovie, etc.).

Les *Cahiers des Amériques latines* (n° 35, IHEAL-Éditions, 2000) traitent des « Métropoles d'Amérique latine, de l'espace public aux espaces privés » et dans le numéro suivant (n° 36, 2001), Guy Thuillier y publie, « Les quartiers enclos à Buenos Aires : quand la ville devient *country* ».

L'excellente revue *Études foncières* a couvert, à plusieurs reprises, ce sujet : « L'essor planétaire des espaces résidentiels sécurisés », par Georg Glasze (n° 101, 2003) ; « Les villes fermées ou l'impuissance du droit », par Patrick le Louarn (n° 105, 2003), « Sécurité et privatisation de l'espace public », par David-André Camous (n° 108, 2004) et « Le développement des lotissements clos », par Éric Charmes (n° 109, 2004).

La revue espagnole, *Ciutad y Territorio* (vol. XXXIV, n° 133-134, 2002) s'attaque aux « Nuevas formas de polarizacion y exclusion social del espacio : las urbanizaciones enclaustradas y su tendencia hacia la ciutad privatizada en América y Europa ».

En Belgique, *Les Cahiers de La Cambre* (n° 1, La Lettre volée, Bruxelles, 2002) consacrent un dossier aux « Enclaves ou la ville privatisée » et *Belgeo* (n° 1, 2003) aborde la « Privatisation of urban spaces in contemporary European cities », avec des contributions de J.-M. Decroly, C. Dessouroux et M. Van Criekingen (« Les dynamiques contemporaines de privatisation des espaces urbains dans les villes européennes »), C. Dessouroux (« La diversité des processus de privatisation de l'espace public dans les villes européennes »), J. Massey (« Public consumption : a private enterprise ? »), G. Glasze (« Private neighbourhoods as club economies and shareholder democracies ») et F. Madoré (« Logiques géographiques et sociales de l'enclosure des espaces résidentiels en France »).

La revue suisse de géographie, *Geographica Helvetica*, publie un bel ensemble sur les villes privées (Basel, n° 4, 2003) avec des contributions de G. Glasze (« Bewachte Wohnkomplexe und die europäische stadt. Eine Einführung »), de Rita Raposo (« New landscapes : gated housing estates in the Lisbon metropolitan aera »), Rainer Wehrhahn (« *Gated communities* in Madrid : Zur Funktion von Mauern im europäischen Kontext »), Sarah Blandy et David Parsons (« Gated communities in England : rules and rethoric of urban planning »), F. Madoré et G. Glasze (« L'essor des ensembles résidentiels clos en France : un phénomène en expansion et aux ressorts multiples ») et de Jean-François Pérouse (« La sournoise émergence des cités dites sécurisées en Turquie »).

Notons également le dossier « *Gated communities* » de la revue *Housing Studies* (Routledge, New York, vol. 20, n° 2, mars 2005), avec des contributions de G. Glasze, R. Le Goix, G. Thuillier, E. McKenzie..., et *Private Cities. Global and Local Perspectives* (édité par Georeg Glasze, Chris Webster et Klaus Frantz, Routledge, Londres, 2006) avec des textes sur le voisinage, la gouvernance, la Chine, l'Afrique du Sud, la Russie...

Deux articles sont régulièrement cités à propos de l'effet « club » et de son mécanisme économique : « A pure theory of local expenditures », par Charles Tiebout (*Journal of Political Economy*, n° 64, 1956, p. 416-424) et « An economic theory of clubs », par J. M. Buchanan (*Economica*, n° 32, 1965, p. 1-14).

Quant à l'argument sécuritaire en liaison avec l'architecture, il est étudié par Oscar Newman (1935-2004) dans *Defensible Space : Crime Prevention Through Urban Design* (MacMillan, New York, 1972) et *Creating Defensible Space* (Center for Urban Policy Research, Rutgers University, Washington DC, 1996). Peter Marcuse s'inquiète de la « militarisation » des villes, « The ghetto of exclusion and the fortified enclave : new patterns in the United States » (*American Behavioral Scientist*, vol. 41, n° 3, 1997, p. 311-326), « Walls of fear and walls of support » (*Architecture of Fear*, sous la direction de N. Ellin, Princeton University Press, Princeton, 1997, p. 101-114), *Of States and Cities : The Partitioning of Urban Spaces* (avec R. Van Kempen, Oxford University Press, Oxford, 2002) « The barricaded city and deglobalization » (*Post-ex-sub-dis-Urban Fragmentations and Constructions*, Ghent Urban Studies Team, 010 Publishers, Rotterdam, 2002, p. 122 et s.).

Les villes moyennes

Ce sont incontestablement les parents pauvres de la recherche et de l'édition, on les retrouve dans les statistiques de l'INSEE et dans les palmarès « des villes où il fait bon vivre » que publient une fois par an les magazines. La revue *Urbanisme* (n° 136, 1973) a rassemblé plusieurs points de vue (Olivier Guichard, Alfred Sauvy, Rémy Prud'homme, Philippe Pinchemel, Bernard Kayser...) sur les « villes moyennes », alors fer de lance de la politique d'aménagement du territoire. On lira également : *Gouverner les villes moyennes*, sous la direction d'Albert Mabileau et Claude Sorbets (Pédone, Bordeaux, 1989) ; *Villes en Europe*, sous la direction d'Arnaldo Bagnasco et Patrick Le Galès (La Découverte, 1997, en particulier le chapitre 4, « Structures sociales comparées des villes moyennes », par Marco Oberti, p. 129-146) ; *La Ville aujourd'hui. Croissance urbaine et crise du citadin*, sous la direction de Marcel Roncayolo (t. 5 de l'*Histoire de la France urbaine*, sous la direction de Georges Duby, Seuil, 1985) ; *Villes moyennes. Espace, société, patrimoine*, sous la direction de Nicole Commerçon et Pierre Goujon (Presses universitaires de Lyon, Lyon, 1998).

Quant à l'*urbain diffus* qui englobe ces cinq formes et leurs innombrables combinaisons, voici quelques travaux essentiels : « Le règne de l'urbain et la mort de la ville », par Françoise Choay (*La Ville*, Centre Georges-Pompidou, 1994), c'est le texte de référence ; « Que savons-nous de la ville et de l'urbain ? », par Thierry Paquot (*De la ville et du citadin*, Parenthèses, Marseille, 2004) retrace l'historique de la notion d'« urbain » et établit une bibliographie indicative ; *Entre-ville, une lecture de la Zwischenstadt*, par Thomas Sieverts (traduction française, Parenthèses, Marseille, 2004), expose le « cas allemand » et le généralise à l'ensemble des pays où se manifeste l'étalement urbain. André Corboz est l'auteur de nombreux articles dont « *Non-city revisited* » (*Le temps de la réflexion*, VIII, Gallimard, 1987) et « La Suisse, fragment de la galaxie urbaine européenne » (*Cahiers de l'ASPAN-SO*, n° 1, mars 1999) où il défend l'idée d'une hyperville (« La Suisse comme hyperville », *Le Visiteur*, n° 6, 2000). Pour faire sa connaissance, lire mon entretien avec lui (*Urbanisme*, n° 317, mars-avril 2001).

On trouve l'explicitation de la position italienne dans *La città diffusa*, ouvrage collectif dirigé par Francesco Indovina (Venise, dipartimento di analisi economica e sociale dei territorio, 1990) et la *Première leçon d'urbanisme*, par Bernardo Secchi (traduit de l'italien par Patrizia Ingallina, Parenthèses, Marseille, 2006). L'urbaniste Pierluigi Cervellati parle de *villettopoli* pour l'extension pavillonnaire actuelle. Environ un tiers des habitations en Italie sont des maisons individuelles, depuis une dizaine d'années plus de 700 000 citadins sont partis des villes pour la « campagne » urbanisée et occupent 3 millions d'hectares de terres agricoles (« L'étalement urbain en Italie entre *villettopoli* et légitimation de l'urbanisme », par Mari Christina Gibelli, *La Ville insoutenable*, sous la direction d'Augustin Berque, Belin, 2006, p. 105-117).

En France, les enquêtes de Daniel Pinson et Sandra Thomann rompent avec l'habituelle analyse en terme de « périurbain » (*La Maison en ses territoires. De la villa à la ville diffuse*, préface de Jacques Lévy, L'Harmattan, 2001), ce qui n'est pas le cas de Martine Berger (*Les Périurbains de Paris. De la ville dense à la métropole éclatée ?* préface de Jean-Pierre Orfeuil, CNRS-Éditions, 2004) qui, pourtant, étudie l'urbain éparpillé. Je signale l'étude comparée France/Italie rédigée par Chiara Baratucci, *Urbanizzazioni disperse. Interpretazioni e azioni in Francia e in Italia, 1950-2000* (Officina, Rome, 2004, avant-propos de Giuseppe Dato ; préface de Thierry Paquot, traduction française, Presses universitaires de Rennes, Rennes, 2006, avec un avant-propos de Marcel Roncayolo).

Sur les manifestations de la banlieue-à-l'américaine, le texte de référence demeure celui de Melvin Webber (« The urban place and the non-place urban realm », *Explorations into Urban Structure*, University of Pennsylvania Press, Philadelphie, 1964, traduction française par Xavier Guillot, *L'Urbain sans lieu ni bornes*, préface et annotations de Françoise Choay, Éditions de l'Aube, La Tour-d'Aigues, 1996) et quelques livres « généralistes » de grande qualité : *Building Suburbia. Green Fields and Urban Growth, 1820-2000*, par Dolores Hayden (Vintage Books, New York, 2005) ; *Twentieth Century Sprawl : Highways and the Reshaping of the American Landscape*, par Owen Gutfreund (Oxford University Press, New York, 2004), *Sprawl a Compact History*, par Robert Bruegmann (The University Press of Chicago, Chicago, 2005), *Sprawltown. Looking for the City on Its Edges*, par Richard Ingersoll (Princeton Architectural Press, New York, 2006), l'enquête journalistique de Joel Garreau, qui décrit une nouvelle forme d'urbanisation, l'*Edge City : Life on the Frontier* (Doubleday, New York, 1991) et l'ouvrage de Robert E. Lang, *Edgeless City : Exploring the Elusive Metropolis* (The Brooking Institution, Washington DC, 2003) qui recense quarante-quatre nouvelles appellations. Compléter par le riche article de Nick Oatley, « L'apparition de l'*Edge (of) City* : quels mots pour les "nouveaux" espaces urbains ? » (*Nommer les nouveaux territoires urbains*, sous la direction d'Hélène Rivière d'Arc, Éditions de la Maison des sciences de l'homme/UNESCO, 2001, p. 17-38).

L'étalement urbain peut-il être contré ? Vincent Fouchier examine plusieurs politiques qui s'y essaient, *Maîtriser l'étalement urbain : une première évaluation des politiques menées dans quatre pays (Angleterre, Norvège, Pays-Bas, Hong Kong)* (revue *2001 plus...*, n° 49, ministère de l'Équipement, septembre 1999). Gabriel Dupuy et Patricia Sajous avec « L'étalement périurbain : perspectives internationales » (*Données urbaines*, sous la direction de Marie Flore Mattéi et Denise Pumain, Anthropos, coll. « Villes », 2000, p. 141 et s.) en mesurent la généralisation à venir. L'étalement urbain est-il plus cher que le quartier dense ? Marc Sauvez, « Les coûts cachés de l'étalement urbain » (*Études foncières*, n° 85, janvier-février 2002) et Jean-Charles Castel décortiquent les comptes, « Les coûts de la ville dense ou étalée » (*Études foncières*, n° 119, janvier-février 2006). Enfin, il n'est pas inintéressant de se pencher sur l'imaginaire de cet « urbain », en produit-il un, voilà une bonne question ? Les articles rassemblés par Patrick Baudry et Thierry Paquot dans l'ouvrage collectif, *L'Urbain et ses imaginaires* (Maison des sciences de l'homme d'Aquitaine, Pessac, 2003), apporte quelques premières réponses, de même que mon article « Cinéma et "après-ville" » (*La Ville au cinéma, encyclopédie*, sous la direction de Thierry Jousse et Thierry Paquot, Cahiers du cinéma, Paris, 2005).

À propos du sol et de ses usages

La Tenure (Recueils de la Société Jean Bodin, n° III, Bruxelles, Nouvelle Société d'édition, 1938) rassemble 15 contributions qui décrivent la tenure en ancienne Égypte (Jacques Pirenne), dans le droit romain (Jérôme Carcopino), au Moyen Âge, au Japon (le *shô*), en Chine (Henri Maspero), en Russie, au Maroc (René Maunier) et se conclut par un exposé comparatif (Alexandre Eck). À lire ce volume, on se rend compte de la difficulté de trouver dans toutes les langues des termes équivalents à « propriété », « possession », « usufruit », « expropriation », « usage », « foncier », « sol », etc. Proudhon propose une définition de la propriété : « C'est le domaine absolu, exclusif, autocratique de l'homme sur la chose ; domaine qui commence par l'usucapion, se continue par la possession et trouve enfin, à l'aide de la prescription, sa sanction dans la loi civile ; domaine qui identifie l'homme et la chose de telle sorte qu'il peut dire : celui qui exploite mon champ est comme celui qui me ferait travailler moi-même, donc il me doit récompense » (*Théorie de la propriété*, 1861 par Pierre-Joseph Proudhon, introduction de Chantal Gaillard, L'Harmattan, 1997).

Il existe de nombreuses histoires de la propriété ; je n'en mentionne que quelques-unes : *Histoire du droit de propriété foncière en Occident*, par Édouard-René de Laboulaye (chez l'auteur, 1839), *La Propriété*, par l'économiste Henri Baudrillart (Hachette, 1867), *De la propriété et de ses formes primitives*, par Émile de Laveleye (G. Baillière, 1877), *L'Origine de la famille, de la propriété privée et de l'État*, par Friedrich Engels (1884, traduction française aux Éditions sociales, 1974), *L'Invention de la propriété. De la terre sacrée à la société marchande*, par Grégoire Madjarian (L'Harmattan, 1991) et *La Propriété. Étude de philosophie du droit*, par Mikhaïl Xifaras (PUF, 2004).

Joseph Comby et Vincent Renard font le point sur les législations, principalement en France, concernant *Les Politiques foncières* (PUF, coll. « Que sais-je ? », 1996). Denis Rousseau et Georges Vauzeilles évoquent un « sol urbain » qui résulte de l'urbanisme de dalle (*L'Aménagement urbain*, PUF, coll. « Que sais-je ? », 1992). Lire également, *Le Sol urbain*, sous la direction de Sabine Barles (Anthropos, coll. « Villes », 1999). Jean-François Tribillon clarifie la plupart des notions juridiques dans son *Vocabulaire critique de l'urbanisme* (Les Éditions de La Villette, 1985).

Selon John Turner, « voici les libertés essentielles que doivent avoir les gens pour contrôler leur logement — et, par là même, une part importante de leur existence : premièrement, la liberté de vivre là où l'on peut être parmi les siens et faire son travail ; deuxièmement, la liberté de choisir le genre de logis nécessaire à son foyer ; et, troisièmement, la liberté de choisir une forme d'occupation appropriée. Ces trois libertés présupposent que l'on a la liberté de décider du maximum ou du minimum de ce que l'on veut payer ou investir — dans des limites raisonnablement larges — ainsi que celle d'utiliser à sa façon ce que l'on possède — dans des limites protégeant les droits et libertés des voisins » (*Le logement est votre affaire*, préface de Colin Ward, traduit de l'anglais par Maud Sissung, Seuil, 1976). De telles considérations sous-entendent un certain type d'État (confiant, attentif et peu dirigiste) et une forte dose d'autonomie pour chaque citadin, cela n'est peut-être pas impossible répond Patrick McAuslan (*Les Mal-logés du tiers monde*, traduit de l'anglais par Martine et Monique Lainé, L'Harmattan, 1986) qui relate de nombreuses initiatives populaires d'auto-organisation.

Une des premières synthèses sur les politiques urbaines dans le tiers monde est rédigée par Gustave Massiah et Jean-François Tribillon, *Villes en développement* (La Découverte, 1988). Un dossier « Le logement des pauvres dans les villes du tiers monde » (sous la direction de Michel Rochefort, *Revue tiers monde*, t. XXIX, n° 116, PUF, 1988) est encore valable sur bien des points concernant l'accès au sol (« L'invasion, principale filière populaire de production foncière et immobilière à Lima » ; « Favelas et pouvoir municipal à São Paulo : de la répression à la tolérance » et « L'État, le "bas", les cours : exclusion sociale et petite production immobilière à Abidjan », par Alain Dubresson et Alphonse Yapi-Diahou). Alain Durand-Lasserve se révèle peu optimiste, même si il note quelques avancées, pour lui *L'Exclusion des pauvres dans les villes du tiers monde* (L'Harmattan, 1986) ne fait aucun doute. Vingt ans plus tard, parcourant la planète, il observe la justesse de ses prévisions (« La loi ou la ville ? », avec Jean-François Tribillon, *Urbanisme*, n° 318, mai-juin 2001 ; « La gestion coutumière du foncier urbain au sud du Sahara », *Études foncières*, n° 121, mai-juin 2006) et reste sceptique face à l'expertise des institutions internationales, qui sous-estime les effets durables de la pauvreté. Pour l'Asie du Sud-Est, Charles Golblum propose une approche panoramique dans son article, « Situations infralégales dans, la métropolisation » (*Urbanisme*, n° 318, mai-juin 2001).

Le sol est un enjeu pour tous les peuples, comme nous le rappellent les auteurs de *Sols et sociétés, regards pluriculturels* (sous la direction de Rabah Lahmar et Jean-Pierre Ribaut, Éditions Charles-Léopold Mayer, 2001), aussi convient-il d'examiner dans les cinq formes d'urbanisation que j'ai recensé — et leurs combinaisons — la place du sol, de la propriété et des usages. À ce propos, l'enclave résidentielle (voir la bibliographie), le centre commercial, le centre de loisirs consistent à privatiser du sol commun tout en permettant un accès filtré. La voirie n'est pas toujours du domaine public (dossier « Espace(s) public(s) », *Urbanisme*, n° 346, janvier-février 2006) et attire un « public » comblé de pouvoir circuler en sécurité dans un réseau « privé » qui pastiche les passages parisiens du XIXe siècle. La disparition des communaux modifie profondément le rapport au sol que chacun entretient. Les enclosures en Grande-Bretagne ont livré au vagabondage des milliers de paysans sans terre, un Anglais anonyme, au XVIIIe siècle note :

« La loi punit l'homme ou la femme
Qui vole l'oie du pré communal
Mais laisse partir le plus grand félon
Qui vole à l'oie le pré communal. »

Ivan Illich évoque à plusieurs reprises la perte d'autonomie, pour les plus pauvres, qui résulte de ce détournement des terres communales (« Le silence fait partie des communaux » ; « L'art d'habiter », « Le message de la chaumière de Bapu », *Œuvres complètes*, t. 2, introduction par Thierry Paquot, Fayard, 2005). On lira également : *Propriété collective et identité communale : les biens communaux en France (1789-1914)*, par Nadine Vivier (Publications de la Sorbonne, 1998) ; *Les Propriétés collectives face aux attaques libérales (1750-1914). Europe occidentale et Amérique latine*, sous la direction de Marie-Danielle Demilas et Nadine Vivier (Presses universitaires de Rennes, Rennes, 2003) ; « Les communaux, patrimoine du pauvre. Un discours sur les sociétés rurales », par Nadine Vivier (*Campagnes de l'Ouest*, sous la direction d'Annie Antoine, Presses universitaires de Rennes, Rennes, 1999), « En un débat douteux. Les communaux, quels enjeux dans la France des XVIIIe-XIXe siècles ? », par Gérard Béaur (*Revue d'histoire moderne et contemporaine*, t. 53, n° 1, 2006, Belin, p. 89-114) et l'ouvrage oublié de Pierre Kropotkine, *L'Entr'aide, un facteur de l'évolution* (traduit de l'anglais par L. Bréal, Hachette, 1906), étudie les communaux et leur contribution quant à une des formes de solidarité entre humains.

On lira également : « Regardez le sol », conférence de Camille Jullian (*La Revue de France*, n° 7, 1er avril 1928, p. 531-551), dans laquelle il explique le lien mémorial qui unit l'homme à la terre. Le sol dont il parle est celui des fleuves et des routes, c'est-à-dire de ces parcours qui naturellement suggèrent des villes. Il ne dit rien des séismes, et des villes construites imprudemment sur des sols « en mouvement » (Istanbul, Addis-Abeba, Téhéran, Karachi, Calcutta, Shanghai, Manille, Osaka, Tokyo, Lima, Bogota, San

Francisco...). Jean Canaux avec « Le sol n'est pas la terre. Remarques pour une politique foncière » (*La Vie urbaine*, n° 60, 1951, p. 129-148) explique comment contenir les hausses spéculatives de certains terrains en ramenant « le capital que représente le sol-support à sa valeur d'utilisation immédiate ». Je retrouve certaines orientations de ce texte, bien mieux développées, dans *L'Utopie foncière* d'Edgard Pisani (Gallimard, 1967).

Vincent Renard s'attarde, lui aussi, sur les mécanismes des bulles foncières, il écrit : « Un terrain urbain ne vaut que par les droits qui lui sont attachés, le droit sur le sous-sol, le droit de survol et surtout le droit de construire tel qu'il est déterminé par les règles d'urbanisme. Et ces droits ne sont eux-mêmes que la traduction, à un moment donné et en un lieu donné, des rapports sociopolitiques qui s'établissent au niveau local. Autant dire qu'il serait vain de vouloir cerner cette réalité à travers un modèle à portée générale, puisqu'elle repose sur un pacte social daté et situé » (« Les politiques foncières de la mixité », *Les Annales de la recherche urbaine*, n° 93, 2002, p. 169-173). Ces valeurs des terrains — et les plus-values dégagées pour les propriétaires par le tracé d'une nouvelle voie ou l'installation d'un équipement, financés par la collectivité — ont été étudiées dans le cas parisien par Maurice Halbwachs (*Les Expropriations et le prix des terrains à Paris (1860-1900)*, Société nouvelle de librairie et d'éditions, Cornély, Paris, 1909). Rémi Aubin dénonce les « conséquences désastreuses du marché libre » et réclame une vraie « loi foncière » qui modifierait les pratiques de l'intervention publique (« La loi foncière et la politique des terrains », *Esprit*, n° 10-11, octobre-novembre 1953, p. 550-563) ; cinquante ans plus tard, Jean-Paul Lacaze rédige un « Requiem pour une politique foncière » (*Urbanisme*, n° 330, mai-juin 2003). On lira aussi de Natacha Aveline, *La Bulle foncière au Japon* (ADEF, 1998) et de Jean-Michel Roux, « Le siècle d'un nouvel immobilier ? » (dossier « Tendances 2030 », *Urbanisme*, n° 334, janvier-février 2004).

Sur la *cité-jardin*, consulter : *Les Cités-jardins de demain*, par Ebenezer Howard (traduit de l'anglais par Th. Elziere et J. Engelmann, présentation de Robert Auzelle, préface de F.-J. Osborn, essai introductif de Lewis Mumford, Dunod, 1969). *Sir Ebenezer Howard and the Town Planning Movement* regroupe des écrits du fondateurs compilés et présentés par Dugald MacFadyen et F.R. Hist (Manchester University Press, 1970) ; *British Town Planning : the Formative Years*, sous la direction d'Antony Sutcliffe (Leicester University Press and Saint-Martin's Press, New York, 1981) est un ouvrage essentiel ; *Letchworth. The First Garden City*, par Mervyn Miller (Pullimore, Chichester, Sussex, 1989) ; « De Letchworth aux cités-jardins anglaises, 1904-1946 », par Mervyn Miller, *Les Cahiers de l'Ipraus* (n° 2, « Cités-jardins. Genèse et actualité d'une utopie », Éditions Recherches, 2001, p. 35-48) ;

« De la cité-jardin à la ville rationalisée. Un tournant du projet réformateur, 1905-1925. Étude comparative France, Grande-Bretagne, Italie, États-Unis », par Suzanna Magri et Christian Topalov (*Revue française de sociologie*, XXVIII, 1987, p. 417-451) ; « Destin, au Japon, de la *garden-city* howardienne », par Augustin Berque (*Quelles villes, pour quel développement ?* sous la direction de Ignacy Sachs, PUF, 1996) ; « Garden-city Japanese style : the cas of Den-en Toshi Company Ltd., 1918-28 », par Shun-Ichi J. Watanab (*Shaping an Urban World*, édité par Gordon E. Cherry, Mansell Publishing, Londres, 1980, p. 129-143) ; « A patriarchal utopia : the garden city and housing reforme in Germany at the turn of the century », par Franziska Bollerey et Kristina Hartmann (*The Rise of Modern Urban Planning, 1800-1914*, édité par Anthony Sutcliffe, Mansell, Londres, 1980, p. 135-164) et « The nazi garden city », par Gerhard Fehl (*The Garden City, Past, present and Future*, sous la direction de Stephen Ward, E & FN Spon, Londres, 1992, p. 88-106) et « Theodor Fritsch ou la version nationaliste allemande de la cité-jardin », par Dirk Schubert (*Cahiers de la recherche architecturale*, n° 15/16/17, 1985, Parenthèses, Marseille, p. 154 et s.) ; *La Cité-jardin*, par Georges Benoit-Lévy, préface de Charles Gide (Henri Jouve éditeur, 1904) ; « À l'origine des cités-jardins à la française », par Roger-Henri Guerrand (*Urbanisme*, n° 281, mars-avril 1995, p. 57-58) ; « Un heureux moment dans la fabrication du paysage de la banlieue : les cités-jardins », par Ann-Caroll Werquin et Alain Demangeon (*Bulletin d'informations architecturales*, supplément au n° 96, juin 1985) ; « La cité-jardin française entre mythes et réalités », par Rémi Baudouï (*Cités, cités-jardins : une histoire européenne*, Actes du colloque de Toulouse des 18 et 19 novembre 1993, Éditions de la MSHA, Talence, 1996) et « Le Musée social, Georges Benoit-Lévy et les cités-jardins, 1900-1909 » par Suzanna Magri (*Les Cahiers de l'Ipraus*, *op. cit.*, p. 83-92) ; « The garden city in early twentieth-century Latin America », par Arturo Almandoz (*Urban History*, 31, 3, Cambridge University Press, UK, 2004, p. 437-452). D'Edward Bellamy, *Cent ans après* (traduction française de Paul Rey, éditions Dentru, 1891), à compléter par « L'an 2000 d'Edward Bellamy : rêve ou cauchemar ? », par Raymond Trousson (*Urbanisme*, n° 336, mai-juin 2004, p. 48-52) et *La Genèse de l'esprit de révolte dans le roman américain 1875-1915*, par Marianne Debouzy (Minard, 1968, p. 124 et s., pour l'accueil politique de ce roman aux États-Unis).

Sur le sol devenu le lieu d'un « développement urbain soutenable », *Le Projet local*, par Alberto Magnaghi (préface de Françoise Choay, traduction française, Mardaga, Liège, 2003), contient de judicieuses idées alter-urbanistiques. Evoquant l'ouvrage que vous lisez avec Ignacy Sachs, celui-ci me conseille de préciser qu'on ne pourra régler, en partie, la question de l'accès au sol en ville pour les plus pauvres qu'en valorisant le travail paysan, en équipant les campagnes, en asséchant le flux migratoire de la campagne vers la ville, en améliorant la qualité de vie des ruraux au point où ils n'auront plus envie de migrer. Cette piste est explorée, dans le cas français, par Pierre Gevaert, *L'Exode urbain est-il pour demain ?* (Éditions Ruralis, Port-Sainte-Marie — 47130, 1997).

À propos des mobilités et des réseaux

André Guillerme repère dans l'ingénierie militaire et civile du XVIIIe siècle et dans l'anatomie du XVIIe siècle (la circulation sanguine) « L'émergence du concept de réseau, 1820-1830 » (*Réseaux territoriaux*, sous la direction de Gabriel Dupuy, Paradigme, Caen, 1988), et il signale la première manifestation de l'expression « réseau des fortifications » (1821) et « réseau de distribution de l'eau de Paris » (1828). C'est en 1628 que William Harvey, médecin anglais, énonce sa découverte de la double circulation sanguine, et c'est davantage le mot « circulation » que « réseau » qu'étudie Ivan Illich : « Au début du XVIIIe siècle — sauf en France, où les idées avaient déjà commencer à "circuler" — le terme "circulation" était employé en médecine dans le même sens que lui donnaient les botanistes pour parler de la montée de la sève. Et puis, assez soudainement, vers 1750, les richesses et l'argent se mettent à "circuler" et on en parle comme s'il s'agissait de liquides. On en vient à se représenter la société comme un système de canalisations. Après la Révolution, le terme de "liquidité" devient une métaphore dominante : les idées, l'information, les rumeurs "circulent" — et, après 1880, ce sera le tour des véhicules, de l'air et de l'électricité. [...] À l'image du corps humain et du corps social, la ville était à présent décrite comme un réseau de tuyaux » (*H2O. Les eaux de l'oubli*, traduit de l'américain par Maud Sissung, Lieu Commun, 1988, repris dans *Œuvres complètes*, t. 2, Fayard, 2005).

L'urbaniste Maurice-François Rouge, dans « L'organisation de l'espace et les réseaux » (*Éventail de l'histoire vivante, hommage à Lucien Febvre*, Armand Colin, 1953, t. 1, p. 401-405), considère que les citadins sont dorénavant tributaires de nombreux réseaux, pas tous inscrits dans le sol, qui souvent s'entremêlent et interagissent entre eux, sans autre logique que la leur, d'où selon lui l'urgence d'élaborer une « organisation de l'espace ». Le géographe Paul Claval, dans *La Logique des villes. Essai d'urbanologie* (Litec, 1981), attribue à la notion de « réseau » une place de choix dans son étude de l'urbanisation, entendue comme « formes d'interaction », comme « commutateur social ». Il poursuit sa réflexion, par exemple, avec

« La mise en réseau des territoires » (*Communications et territoires,* sous la direction d'Henry Bakis, La Documentation française, 1990). L'ingénieur Claude Martinand suggère, à l'heure des réseaux généralisés de promouvoir une nouvelle discipline (qui se déclinera en plusieurs compétences professionnelles) *Le Génie urbain,* rapport au ministère de l'Équipement, du Logement, de l'Aménagement du territoire et des Transports (La Documentation française, 1986).

Gabriel Dupuy se consacre à *L'urbanisme des réseaux. Théories et méthodes* (Armand Colin, 1991), étudiant tour à tour, *Les Territoires de l'automobile* (Anthropos, coll. « Villes », 1995), *La Dépendance automobile. Symptômes, analyses, diagnostic, traitements* (Anthropos, coll. « Villes », 1999), *L'Automobile et son monde* (sous la direction de Gabriel Dupuy et François Bost, Éditions de l'Aube, La Tour-d'Aigues, 2000) et *Internet. Géographie d'un réseau* (Ellipses, 2002). Son œuvre constitue une référence incontournable en la matière. Il y a dorénavant tout un vocabulaire spécifique, avec « maille », « nœud », « réticulaire », « système », « flux », « interopérabilité », « multiplexage », « lieux centraux », « club de villes » et bien d'autres notions qu'ils convient de connaître. Pour cela, je renvoie à l'ouvrage particulièrement pédagogique dirigé par Jean-Marc Offner et Denise Pumain, *Réseaux et territoires. Significations croisées* (Éditions de l'Aube, La Tour-d'Aigues, 1996).

Armand Mattelart raconte l'*Histoire de l'utopie planétaire, de la cité prophétique à la société globale* (La Découverte, 1999). Pour certains réseauteurs du XIXe siècle, l'unification de la planète résulterait de l'adoption d'un même mode de communication, avec une langue « technique » pratiquée par tous... Paul Virilio ne cesse de dénoncer les chimères que dissimulent les « progrès » des NTIC : *L'Insécurité du territoire* (Stock, 1976), *La Machine de vision* (Galilée, 1988), *L'Art du moteur* (Galilée, 1993), *La Vitesse de libération* (Galilée, 1995) et *Ville panique. Ailleurs commence ici* (Galilée, 2004). Le « réseau », *versus* informationnel, a ses partisans : la « somme » de Manuel Castells (*L'Ère de l'information,* trois volumes : *La société en réseaux, Le pouvoir de l'identité* et *Fin de millénaire,* traduit de l'anglais par Philippe Delamare, Paul Chemla et Jean-Pierre Bardos, Fayard, 1998, 1999) ou encore William Mitchell, *City of Bits : Space, Place and the Infobahn* (The MIT Press, Cambridge, 1995) et *E-topia : Urban Life, Jim — but not as we know it* (The MIT Press, Cambridge, 1999). Lire également *Cyberplanète, notre vie en temps virtuel,* par Philip Wade et Didier Falcand (préface de Jacques Attali, Autrement, 1998). Si le lecteur, pour ma satisfaction, se plonge dans *Cybernétique et société* (1950) de Norbert Wiener (traduction française, en 1952, par les Éditions des Deux Rives, repris en 10/18, UGE, 1971), il ne doit pas se priver de lire, *Langue de tradition et langue technique* de Martin Heidegger (traduit par Michel Haar, Éditions Lebeer-Hossmann, Bruxelles, 1990), qui en propose une critique radicale.

La revue *Urbanisme* a publié plusieurs dossiers sur cette large thématique : « Transports » (n° 289, juillet-août 1996, avec des contributions de Jean-Pierre Orfeuil, Georges Amar, Marc Wiel, Xavier Godard, Francis Beaucire...), « Réseau » (n° 292, janvier-février 1997, avec des articles de Philippe Quéau, André-Clément Découflé, Chantal de Gournay et un entretien avec William Mitchell), « Mobilités » (n° 306, mai-juin 1999, avec des réflexions de Marc Wiel, Gabriel Dupuy, Pierre Zembri et Geneviève Zembri-Mary...), « Tramway » (n° 315, novembre-décembre 2000), « Temps et territoires » (n° 320, septembre-octobre 2001 avec Chris Younès, Bruno Marzloff, Luc Gwiadzinski...), « Villes chinoises en mouvement » (n° 341, mars-avril 2005) ou encore « Mobilités et exclusions » (n° 347, mars-avril 2006, avec les analyses de Jean-Pierre Orfeuil, de François Ascher...). Cette petite chronologie d'une revue, parmi d'autres, montre à quel point ces questions s'imposent progressivement et constituent l'« air du temps ». Nous retrouvons, bon an mal an, les mêmes chercheurs : Jean-Pierre Orfeuil, Francis Beaucire, François Ascher, Georges Amar, Bruno Marzloff, Marc Wiel, Gabriel Dupuy, Jean-Marc Offner, Vincent Kaufmann, Pierre Veltz... Certains de leurs travaux ont contribué à éclairer ma démarche.

Les Territoires de la mobilité, sous la direction de Michel Bonnet et Dominique Desjeux (PUF, 2000), entrecroise les regards d'économiste (Jean Rémy), de sociologues (Alain Bourdin, Jean-Samuel Bordreuil, Michel Bassand et Vincent Kaufmann), d'urbaniste (François Ascher), d'ingénieurs (Gabriel Dupuy, Jean-Pierre Orfeuil), de géographe du tourisme (Rémy Knafou)...

Les Sens du mouvement. Modernité et mobilités dans les sociétés urbaines contremporaines, sous la direction de Sylvain Allemand, François Ascher et Jacques Lévy (Belin, 2004), regroupe de nombreux textes, dont « L'individualisme à l'heure de la mobilité généralisée » d'Alain Bourdin, « La mobilité comme événement » de Michel Lussault, « Justice sociale et droit à la mobilité » de Nigel Thrift et « Urbanisme traditionnel, nouvelles technologies et choix de mobilités » de Robert Cervero.

Professeur à l'université de Lancaster, John Urry est l'auteur de *The Tourist Gaze* (1990), *Consuming Places* (1995) et *Sociology beyond Societes* (2000), qui paraît en français sous le titre de *Sociologie des mobilités. Une nouvelle frontière pour la sociologie ?* (traduit de l'anglais par Noël Burch, préface de Patrick Le Galès, Armand Colin, 2005). Commentant opportunément une phrase choc de Margaret Thatcher — « la société n'existe pas » —, John Urry rompt avec l'étude de la société entendue comme un ensemble de « formes de la conscience aliénée reproduites par les institutions de la société de masse », pour privilégier les interrelations entre des individus. Il pense que la globalisation de l'économie capitaliste et l'internationalisation des réseaux marquent la « fin de la société », « société » entendue comme « ensemble » relationnel territorialisé. L'auteur, avant d'expérimenter de nouveaux concepts, souhaite introduire de nouvelles métaphores (sans relever toutefois qu'en grec *metaphora* signifie justement « transport » !), et il écrit, par exemple : « Je ne pense pas que la mondialisation doit être perçue comme le remplacement des petites régions de chaque société par une plus grande. Mais plutôt comme le remplacement d'une métaphore de la société comme *région*, par une métaphore du global, conçu comme *réseau* et comme *fluide*. C'est dans ce postulat du remplacement d'une topologie sociale par ces autres topologies que réside toute l'importance de la mondialisation. » Pour John Urry, ces nouvelles métaphores (« diaspora », « cartographie », « exploration », « jardinier »...) sont « spatiales » et entrent en permanence dans la délimitation, réelle ou virtuelle, des territoires de chacun. Attention, dans la bibliographie commentée, les paragraphes 5 et 6 sont inversés...

Mobilités, trajectoires fluides, par Bruno Marzloff (Éditions de l'Aube, La Tour-d'Aigues, 2005). Sociologue, fondateur de l'observatoire de la mobilité Chronos (www.groupechronos.org), Bruno Marzloff est à l'affût de toutes les nouveautés qui modifient, à la fois, le rapport que chacun entretient avec le temps et aussi avec les divers modes de transport et de communication. La géographie ne se fait plus seulement avec les pieds, il faut compter sur les parcours effectués virtuellement, les trajets fantaisistes qui trahissent les habitudes, les flux aux destinations changeantes, les emplois du temps modulables en temps réel, etc. « La mobilité, affirme-t-il d'emblée, non seulement remodèle les modes de vie, mais elle est devenue un mode de vie à part entière. » Plus loin, il précise : « Chacun se construit son propre système de mobilité. Dès lors, les schémas collectifs de la mobilité sont à revoir. » D'autant plus que le « collectif » se fissure et que le transport est une affaire personnelle, c'est quand je veux, comme je veux... Cela pose d'énormes problèmes aux transporteurs, qui jusqu'à présent déterminaient des horaires types, alors que dorénavant, la flexibilité des heures de travail, la combinaison des temps (de travail, de déplacement, réservé à la famille, aux courses, aux loisirs...), la rythmique de la semaine (travail à domicile, RTT, etc.), de l'année (des vacances plus fréquentes et plus courtes) et même de la vie (congé de formation, reconversion, préretraite active...), cassent cette grille standard et réclament un plus large éventail d'offres de déplacements, combinées si possible à d'autres activités, comme le repas, l'échange professionnel ou les courses. Le signe de cette révolution des mobilités est l'impressionnante diffusion du téléphone portable, 2 milliards en 2005. La billetique, la circulation de photographies, la mémorisation des messages, la commande d'informations, etc., d'incroyables fonctions sont possibles en continuité avec le mobile. Il note judicieusement : « La mobilité numérique ne se résume pas à un téléphone mobile, ni même à la multiplicité des formats qu'il active. La démarche de créer un continuum technologique assuré par les réseaux est spontanément utilisée par les plus nomades. C'est une idée sur laquelle les acteurs de la ville peuvent fonder leur stratégie. Elle s'inscrit dans une trajectoire dont les fondamentaux physiques — la vitesse, la fluidité, la continuité, le rythme — ont leurs contrepoints numériques : le haut débit, le sans-fil, le sans contact, le roaming, le seamless, la maille. » Ce qui n'est pas encore le cas pour la plupart des administrations, des services, de l'architecture de la maison et de l'urbanisme... Un « droit à la mobilité » se constitue, une urbanité aussi, espérons-le. Quant à nous, essayons de penser l'unité de notre diversité et de résister à la marchandisation de ce bien si précieux, qu'est le temps de notre intimité.

Bernard Charbonneau, avec *L'Hommauto* (Denoël, 1967), dénonce l'excessive présence de la « bagnole » dans notre univers, son pamphlet est encore réjouissant à lire, d'autant que la plupart de ses griefs sont malheureusement d'actualité. Il en va de même avec Alfred Sauvy (*Les 4 Roues de la fortune. Essai sur l'automobile*, Flammarion, 1968).

Jean-Pierre Orfeuil, avec *Je suis l'automobile* (Éditions de l'Aube, La Tour-d'Aigues, 1994) se prend pour une voiture et ainsi, de façon plaisante, relate sa courte histoire familiale (première voiture qui roule sur une route, en France, 1890 ; premier salon, 1898 ; la production américaine dépasse la production européenne, dès 1905...). Il raconte aussi que la voiture pollue, tue, exige des places de stationnements et des autoroutes, remodèle les villes, modifie les déplacements, etc. Il note, un rien désabusé, que « toute notre culture enfin repose sur la dénégation de la valeur de la proximité. Comment faire exprimer à nos modèles qu'une personne âgée qui parle deux minutes avec son boucher n'en passera peut-être pas dix chez le médecin, qu'il y a quelque chose d'aberrant à accompagner nos enfants à l'école en voiture pour leur éviter l'insécurité routière, qu'un voisin à qui on parle, peut être aussi efficace, à l'occasion, que l'ANPE pour retrouver un emploi, que l'intensité des échanges d'une vie de quartier est souvent aussi utile dans la maîtrise de la petite délinquance que les portes blindées et les patrouilles ? Difficile à faire rentrer dans les logiques des ingénieurs-économistes. Affaire de sens, ni unique, ni giratoire. De sens des territoires ». Dans *Urbanisme* (n° 334, janvier-février 2004), il répond à la délicate question : « À quoi ressemblera la mobilité quotidienne en France en 2030 ? » : à la suite d'un effacement prévisible de l'État, l'on assistera à plus d'autonomie des individus, plus de déplacements à longue distance (avion, TGV, autoroute), des vitesses plus diversifiées et des moyens de transport flexibles (voiture de location, vélo à la carte, transports publics « souples » et « propres »...).

L'ingénieur et urbaniste Marc Wiel — qui a dirigé l'agence d'urbanisme de Brest —, avec *La Transition urbaine. Le passage de la ville pédestre à la ville motorisée* (Mardaga, Liège, 1999), interroge la notion d'« espace public » à l'heure de son occupation par l'automobile et constate d'incroyables changements morphologiques pas vraiment prévus, à l'échelle de l'agglomération. « Ce n'est pas la mobilité qu'il faut contrarier, écrit-il, mais son mode d'exercice, si celui-ci a des effets négatifs. Ce n'est pas la vitesse qui est perverse, mais l'insuffisance de sa maîtrise en fonction du contexte ou de la finalité du déplacement. Nous nous trouvons donc bien sûr confrontés à une question de société nécessitant une régulation entre les avantages privés octroyés et les conséquences collectives consenties. » Il réitère ses préoccupations pour un urbanisme pacifié avec, *Ville et automobile* (préface de Jean Frébault, Descartes & Cie, 2002), tout en savant que la « ville agglomérée » ne fait plus le poids face à la « ville étalée », « les ménages périurbains sont majoritaires » accepte-t-il, en maugréant. Il ne s'avoue pas vaincu et préconise : la modération de la vitesse, la mise en œuvre de politiques foncières, le partenariat avec les entreprises et la coordination entre les institutions, en plus de la promotion des transports collectifs, de la politique de la ville, de la fiscalité locale, etc. D'autres actions sont à mener, conjointement, mais la situation sans être désespérée est grave, chers amis lecteurs !

L'historien Mathieu Flonneau, avec *Paris et l'automobile. Un siècle de passions* (préface d'Antoine Prost, Hachette, 2005), montre, à partir d'archives et de témoignages, à quel point l'histoire des relations nouées entre la pratique automobile et l'urbanisme parisien est variée. On apprend plein de choses, pêle-mêle : trente-deux constructeurs à Paris en 1900, la duchesse d'Uzès, première femme titulaire du permis de conduire en 1898, premier fiacre à moteur en service en 1896, passages cloutés expérimentés en 1925, « zones bleues » en 1957, voie sur berge en 1967, le périph en 1973, le sabot de Denver en 1968... Et à chaque fois la sempiternelle opposition entre les « pour » et les « contre », avec comme acmé la déclaration du président Georges Pompidou le 18 novembre 1971, trop souvent tronquée : « Ceci pour expliquer qu'il y a un certain esthétisme auquel il faut renoncer et que ce n'est pas parce que l'on empêcherait les voitures de circuler qu'on rendrait Paris plus beau. La voiture existe, il faut s'en accommoder et il s'agit d'adapter Paris à la fois à la vie des Parisiens et aux nécessités de l'automobile, à condition que les automobilistes veuillent bien se discipliner. » L'auteur adhère à cette position, s'inquiète du poids inconsidéré des élus Verts sur le maire (ce qui reste à démontrer), ne saisit pas toute la Francilie dans son étude, qui néanmoins reste solide et à lire. Mais la voiture ne circule pas qu'à Paris ! Elle transforme les paysages en les soumettant à ses caprices, l'automobilisation de la ville et de l'urbain est dorénavant une évidence. Il ne s'agit plus d'adapter la ville à l'automobile, c'est fait ! Il s'agit de se désintoxiquer de l'automobile, de réduire notre dépendance à cet engin, certes commode, mais vorace en territoire et en temps.

La littérature sur les relations que l'automobile entretient avec les territoires est importante et souvent redondante, j'indiquerai seulement quelques ouvrages : *For the Love of Automobile*, par Wolfgang Sachs (University of California Press, Berkeley, 1992, c'est la traduction anglaise d'un ouvrage paru initialement en allemand) ; *The Car and the City. The Automobile, the Environment and Daily Urban Life*, sous la direction de M. Wachs et M. Crawford (The University of Michigan Press, Ann Arbor, 1992) ; *The Ecology of the Automobile*, par Peter Freundt et George Martin (Black Rose Ltd, Montréal, 1993) ; un bon dossier de la revue de Régis Debray, *Les Cahiers de médiologie* (n° 12, Gallimard, 2001) est à consulter (articles de Marc Guillaume, Rémy Prud'homme, Jean-Jacques Wunenburger, Marc Wiel, François Ascher, Jean-Pierre Orfeuil, François Dagognet...)

Qui dit « automobile », dit « route », non ? Quelques « vieux livres » : *Comment la route crée le type social*, par Edmond Demolins (Firmin Didot et Cie, 2 tomes, 1927, il s'agit d'une réédition) ; *Sur les quatre routes. L'automobile, l'avion, le bateau, le chemin de fer*, par Le Corbusier (Nouvelle Revue française, 1941) ; *La Route. Voies antiques. Chemins anciens. Chaussées modernes*, par Pierre Fustier (préface d'André Piganiol, Picard, 1968) ; *Corps à corps sur la route. Les routes, les chemins et l'organisation des services au XIXe siècle*, par André Guillerme (Presses de l'École nationale des ponts et chaussées, 1984) ; *Les Autoroutes*, par Robert Lafont (PUF, coll. « Que sais-je ? », 1997) ; *L'Europe des autoroutes*, par Jean-Antoine Winghart (PUF, coll. « Que sais-je ? », 1997) ; « Téhéran, Beyrouth, Le Caire : les citadins face aux projets autoroutiers », sous la direction d'Agnès Deboulet (*Urbanisme*, n° 336, mai-juin 2004, p. 29-38) et *Paysages en mouvement, transports et perception de l'espace, XVIIIe-XXe siècle*, par Marc Desportes (Gallimard, 2005).

Qui dit « automobile », dit « essence », non ? L'approche de la « fin du pétrole » déchaîne les passions et provoque d'inquiétants scénarios. Je recommande deux ouvrages qui cherchent à y voir clair, parmi des données souvent contradictoires, en adoptant une attitude plutôt dégagée : *Vivre sans pétrole*, par J.A. Grégoire (Flammarion, 1979) qui rétrospectivement démontre que cette question n'est pas neuve... Du reste, les essais récents, vont dans le même sens : *La Vie après le pétrole. De la pénurie aux énergies nouvelles*, par Jean-Luc Wingert (préface de Jean Laherrère, Autrement, 2005) et *Le plein s'il vous plaît ! La solution au problème de l'énergie*, par Jean-Marc Jancovici et Alain Granjean (Seuil, 2006).

Enfin sur les relations entre les mobilités et l'urbanisme, on lira avec profit : *Renouveler l'urbanisme*, par Jean-Paul Lacaze (Presses des Ponts et Chaussées, 2000), *Les Nouveaux Principes de l'urbanisme. La fin des villes n'est pas à l'ordre du jour*, par François Ascher (Éditions de l'Aube, La Tour-d'Aigues, 2001) et *La Transformation des villes et les politiques publiques 1945-2005*, par Jean-Paul Lacaze (Presses des Ponts et Chaussées, 2006).

L'Agence d'urbanisme et de développement de la région Flandre-Dunkerque a publié une excellente brochure, *Visions*, dont le dossier s'intitule « Déplacements : ces villes qui innovent » (agur@agur-dunkerque.org, 2005), recense quelques « bonnes pratiques » à Münster, Lyon, Saint-Étienne, Chambéry, Angers, Caen, Nice... et démontre ainsi que tout n'est pas irrémédiablement condamné.

À propos de l'éco-urbanisme

Je commencerais par indiquer chronologiquement quelques « classiques » avant de m'arrêter sur la production contemporaine.

Les Fondements biologiques de la géographie humaine, par Max Sorre, t. 1 : *Essai d'une écologie de l'homme*, Armand Colin, 1943.

Hommes, maisons, paysages. Essai sur l'environnement humain, par Urbain Cassan, Plon, 1949.

La Planète au pillage, par Osborn Fairfield, traduction française, Payot, 1949.

Destruction et protection de la nature, par Roger Heim, Armand Colin, 1952.

Avant que nature meure, par Jean Dorst, Delachaux et Niestlé, 1965 (une version abrégée est publiée par le Seuil, en 1970, sous le titre, *La Nature dénaturée*).

Quelle terre laisserons-nous à nos enfants ? par Barry Commoner, traduction française, Seuil, 1969.

Le Jardin de Babylone, par Bernard Charbonneau, Gallimard, 1969 (réédition aux Éditions de l'Encyclopédie des Nuisances, 2002).

Socialisation de la nature, par Philippe Saint-Marc, Stock, 1971.

Halte à la croissance ? ouvrage qui contient « Enquête sur le Club de Rome », par Janine Delaunay et « Rapport sur les limites de la croissance » par D. H. Meadows, D. L. Meadows, J. Randers et W.W. Behrens, préface de

Roberte Lattès, coll. « Écologie » dirigée par Armand Petitjean, Fayard, 1972.

L'Utopie ou la mort, par René Dumont, Seuil, 1973.

Croissance zéro ?, par Alfred Sauvy, Calmann-Lévy, 1973.

Énergie et équité, par Ivan Illich, Seuil, 1973.

La Synthèse écologique, par Paul Duvigneaud, Doin, 1974.

Das Prinzip Verantwortung, par Hans Jonas, 1979 (traduction française par Jean Greisch, *Le Principe responsabilité. Une éthique pour la civilisation technologique*, Cerf, 1990).

Stratégies de l'écodéveloppement, par Ignacy Sachs, Les Éditions ouvrières, 1980.

« Écologie urbaine 1. Nouveaux savoirs sur la ville » et « Écologie urbaine 2. Des villes en action », dossiers sous la direction de Christian Garnier et Philippe Mirenowicz, *Metropolis*, n° 64/65, 1984 et n° 66, 1985.

Le Sauvage et l'artifice. Les Japonais devant la nature, par Augustin Berque, Gallimard, 1986.

The Ages of Gaia, par James Lovelock, Oxford University Press, Oxford, 1988.

Le Contrat naturel, par Michel Serres, François Bourin, 1990.

Histoire de l'écologie, une science de l'homme et de la nature, par Jean-Paul Deléage, La Découverte, 1991.

Sauver la ville. Écologie du milieu urbain, par François Lapoix, préface de Brice Lalonde, postface de René Passet, Éditions Sang de la Terre, 1991.

Les Pionniers de l'écologie. Une histoire des idées écologiques, par Donald Worster, préface de Roger Dajoz, traduit de l'anglais par Jean-Pierre Denis, Éditions Sang de la Terre, 1992.

The Gaia Atlas of Cities, par Herbert Girardet, Gaia Books, Londres, 1992.

Terre-Patrie, par Edgar Morin et Anne Brigitte Kern, Seuil, 1993.

Les Sentiments de la nature, sous la direction de Dominique Bourg, La Découverte, 1993 (avec des contributions de Pierre Gentelle sur la Chine, de Jean-Claude Galey sur l'hindouisme, d'Abdelwahab Meddeb sur l'islam, de Stanislas Breton sur le christianisme, de Michel Conan sur les États-Unis...).

Être humain sur la terre. Principes d'éthique de l'écoumène, par Augustin Berque, Gallimard, 1996.

L'Homme artifice. Le sens de la technique, par Dominique Bourg, Gallimard, 1996.

Du bon usage de la nature. Pour une philosophie de l'environnement, par Catherine et Raphaël Larrère, Aubier, 1997.

Cities for a Small Planet, par Richard Rogers et Philip Gumuchdjian, Faber and Faber, Londres, 1997 (traduction française, *Des villes pour une petite planète*, Le Moniteur, 2000).

Ville contre-nature. Philosophie et architecture, sous la direction de Chris Younès, La Découverte, 1999.

À cette « petite bibliothèque idéale » sur l'écologie, la technique et l'état du monde, il convient d'ajouter des articles et travaux plus pointus, parfois moins militants, mais dont les informations et les préconisations sont souvent pertinentes.

« Le développement durable et le devenir des villes. Bonnes intentions et fausses bonnes idées », par Olivier Godard, *Futuribles*, n° 209, mai 1996.

« Green cities, growing cities, just cities ? Urban planning and the contradictions of sustainable development », par Scott Campbell, *Journal of the American Planning Association*, vol. 62, n° 3, 1996.

Politiques novatrices pour un développement urbain durable. La ville écologique, OCDE, 1996.

Environnement urbain, sous la direction de Jean-Claude Bolay, Peter Odermatt, Yves Pedrazzini et Marcel Tanner, Birkhäuser Verlag, Basel, 1999.

L'Écologie urbaine et l'urbanisme. Aux fondements des enjeux actuels, par Vincent Berdoulay et Olivier Soubeyran, préface de Marcel Roncayolo, La Découverte, 2002.

« Jalons pour une histoire de la notion de développement durable », par Franck-Dominique Vivien, *Mondes en développement*, vol. 31-2003/1, n° 121, Éditions de Boeck, Bruxelles.

Quelle éthique pour la nature ?, par Jean-Claude Génot, Édisud, Aix-en-Provence, 2003.

Approches spirituelles de l'écologie, dossier coordonné par Frédéric Paul Piguet, Éditions Charles-Léopold Mayer, 2003.

Sustainable Urban Planning. Tipping the Balance, par Robert Ridelle, Blackwell Publishing, 2004.

« Urbanisme durable ? », dossier sous la direction de Cyria Emelianoff, *Écologie et politique*, n° 29, 2004.

« L'âge deux de l'utopie », par Chris Younès, *Urbanisme*, n° 336, mai-juin 2004, où l'auteur s'inspire de l'aphorisme d'Ignacy Sachs, « Développer, c'est construire une civilisation de l'être dans le partage équitable de l'avoir ».

Économie et politique des changements climatiques, par Sylvie Faucheux et Haitham Joumni, La Découverte, coll. « Repères », 2005.

« Jardins », dossier sous la direction de Thierry Paquot (*Urbanisme*, n° 343, juillet-août, 2005) avec l'apport de Martine Bergues, Élisabeth Landes, Michèle Jolé, Jean-Pierre Charbonneau, Michel Conan, Laurence Baudelet, Xavier Bonnaud, Frédéric Bonnet et Chris Younès.

Le Développement durable. Une perspective pour le XXIe siècle, sous la direction de Jean-Paul Maréchal et Béatrice Quenault, préface de Henri Bartoli, Presses universitaires de Rennes, Rennes, 2005. Ouvrage de qualité avec des articles solides : « Paradoxes du développement durable », par Jean-Paul Deléage ; « L'empreinte écologique : un indicateur de développement durable ? », par Valérie Boisvert ; « La prise en compte du développement durable dans les documents et procédures d'urbanisme : nouveauté ou validation de l'existant ? », par Jean-François Inserguet ; « L'urbanisme durable en Europe, à quel prix ? », par Cyria Emelianoff ; « Quels contenus aux politiques de développement durables des villes aux États-Unis ? », par Jacques Chevalier ; « Solidarité et développement durable », par Jean-Louis Laville...

Le Développement soutenable, par Franck-Dominique Vivien, La Découverte, coll. « Repères », 2005.

La Ville durable, du politique au scientifique, sous la direction de Nicole Mathieu et Yves Guermond, INRA-Éditions, 2005.

Le Développement durable : approches plurielles, sous la direction d'Yvette Veyret, Hatier, 2005 (en particulier le chapitre 5, « Énergie et développement durable », par Jacques Treiner et le chapitre 7, « Les agricultures durables et leurs territoires », par Jean-Paul Charvet).

Ville et environnement, sous la direction d'Élisabeth Dorier-Apprill, SEDES, 2006 (en particulier, le chapitre 7, « Déplacements automobiles urbains et environnement », par Jean-Pierre Orfeuil et la quatrième partie consacrée à l'eau et aux déchets).

Prospérité contre écologie ? L'environnement dans l'Amérique de G.W. Bush, par Olivier Delbard, Éditions Lignes de repères, 2006, qui retrace le combat écologique aux États-Unis, pays superpollueur, par ailleurs. Particulièrement intéressant.

La Ville insoutenable, sous la direction d'Augustin Berque, Philippe Bonnin et Cynthia Ghorra-Gobin, Belin, 2006 (approche théorique neuve pour le texte d'Augustin Berque).

Un éléphant dans un jeu de quilles. L'homme dans la diversité, par Robert Barbault, préface de Nicolas Hulot, Seuil, 2006. Excellent essai qui met à la portée du néophyte les travaux des savants, à lire impérativement.

À propos de la démocratie et de l'individu

L'idéal démocratique qui nous sert encore de référence provient de l'indépendance des États-Unis (1776) et de la Révolution française (1789). Ces deux événements ont largement contribué à populariser la figure du « citoyen », dont les lignes de conduite s'inspirent à la fois du libéralisme économique (*Introduction aux fondements philosophiques du libéralisme*, par Francisco Vergara, La Découverte, 1992) et de la Déclaration des droits de l'homme et du citoyen (1789, 1793, 1795 et la Déclaration universelle des droits de l'homme votée par l'assemblée générale des Nations unies en 1948).

L'héritage grec est présent dans l'étymologie du mot « démocratie » pouvoir (*kratein* = commander) du peuple (*dêmos*), bien davantage que dans ses modalités concrètes. C'est l'histoire de chaque État-nation misant sur la démocratie représentative qu'il faut alors considérer. On lira avec profit les textes suivants : *Démocratie antique et démocratie moderne*, par Moses I. Finley (traduction française, Payot, 1976, précédé de « Tradition de la démocratie grecque », par Pierre Vidal-Naquet) ; « La démocratie athénienne : fausses et vraies questions », par Cornélius Castoriadis (*La Montée en insignifiance*, Seuil, 1996, p. 183 et s.), *Politique et société en Grèce ancienne. Le « modèle » athénien*, par Claude Mossé (Aubier, 1995) et *Le Métier de citoyen dans la Rome républicaine*, par Claude Nicolet (Gallimard, 1976). Un somptueux article d'Émile Benveniste, « Deux modèles linguistique de la cité » (*Échanges et communications*. Mélanges offerts à Claude Lévi-Strauss, sous la direction de Jean Pouillon, Mouton & Co, La Haye, 1970, repris dans *Problèmes de linguistique générale*, Gallimard, 1974, deux volumes), distingue le modèle latin du modèle grec. Il résume ainsi sa démonstration : « Dans le modèle latin, le terme primaire est celui qui qualifie l'homme en une certaine relation mutuelle, *civis*. Il a engendré le dérivé abstrait *civitas*, nom de collectivité. Dans le modèle grec, le terme primaire est celui de l'entité abstraite *polis*. Il a engendré le dérivé *politès*, désignant le participant humain. » Il constate que la plupart des langues occidentales ont adopté le modèle grec : cité donne citoyen ; *city*, *cityzen* (en anglais) ; *burg*, *burgen* (en allemand) ; *gorog*, *grazsamin* (en russe), ce qui devrait provoquer de nouvelles recherches.

Sautons allégrement quelques siècles et lisons, *Principes et limites de la démocratie libérale*, par Crawford Brough Macpherson (traduit de l'anglais par André d'Allemagne, La Découverte/Boréal Express, Paris/Montréal, 1985), qui revisite les classiques (Locke, Rousseau, Burke, Stuar Mill, Bentham) et présente la « démocratie de protection », la « démocratie d'épanouissement », la « démocratie d'équilibre » et la « démocratie de participation ». Cette dernière, la moins bien conceptualisée, naît sur les campus nord-américains au début des années 1960. Lire également *Participation in Politics* (sous la direction de J.-R. Pennock et J.W. Chapman, New York, *Nomos XVI*, 1975). Dans chaque cas, la liberté d'expression, par exemple, est grandement tributaire de ses moyens de diffusion. Certes, je peux librement indiquer mon opinion, mais si je possède une chaîne de télévision, je touche plus de concitoyens que si j'harangue les passants à Hyde Park. De même, pour l'égalité, elle est encore sélective : en France, les femmes n'ont pas toujours eu le droit de vote, les enfants ne l'ont pas ainsi que les résidants non européens...

Mais la démocratie ne se satisfait pas du seul fait de voter, elle repose sur tout un état d'esprit, qui conjugue à la fois des droits et des devoirs. La démocratie respire au rythme des débats, des controverses, des mésententes, des projets et elle se fige avec la délégation de pouvoir et devient de plus en plus abstraite au fur et à mesure que le « peuple » se trouve déposséder de toute initiative, de toute intervention, de toute consultation. La démocratie s'entretient. La participation, la concertation, le débat — qui ne datent pas d'hier comme en témoigne le riche article de Gabriel Dupuy, « Aménagement et participation » (*Urbanisme*, n° 160, 1977, p. 68-77) ; l'ouvrage collectif, *Aménagement urbain et mouvements sociaux* (Centre de recherche d'urbanisme, 1978, avec des contributions d'André Bruston, Augustin Autunes, Katharine Coït, Françoise Lugassy) ; le dossier *Vers des quartiers plus humains : action publique et initiative des habitants* (« Dossiers pour un débat » n° 5, Fondation pour le progrès de l'homme, 1996) ; l'ouvrage collectif dirigé par Loïc Blondiaux, Gérard Marcou et François Rangeon, *La démocratie locale : représentation, participation et espace public*, par CRAPS et CURAPP (PUF, 1999) ; le texte synthétique d'Albert Lévy, « La démocratie locale en France : enjeux et obstacles » (*Espaces et sociétés*, n° 112, L'Harmattan, 2003, p. 155-177) ; les articles de Pierre Dimeglio, « Pour la programmation générative et participative des projets urbains » (*Urbanisme*, n° 320, septembre-octobre 2001) ; « Proposition de charte de programmation concertée et participative » (*Urbanisme*, n° 342, mai-juin 2005) ; « Buxerolles : du projet de vie au projet architectural », par Jodelle Zetlaoui et Éric Daniel-Lacombe (*Urbanisme*, n° 342, mai-juin 2005) ; *Gouverner la ville. Les voies urbaines de la démocratie moderne* de Thierry Oblet (PUF, coll. « Le lien social », 2005, un quasi-manuel avec une bonne bibliographie) — sont toujours à entretenir, à renouveler, à activer.

Nous assistons certainement à un essoufflement de la « démocratie d'élection » (l'estime de l'« homme politique » — qui peut être une femme — s'érode considérablement, il est vrai que la « langue de bois » d'une part et les « affaires » de l'autre, ne le rendent guère aimable...) et à une montée en puissance de formes « alternatives » et « associatives » de la démocratie (« Le mythe du citoyen passif », par Pierre Rosanvallon, *Le Monde*, 20-21 juin 2004). Plusieurs modalités d'une démocratie renouvelée se manifestent différemment selon le cadre spatial, ce n'est pas pareil dans la mégalopole, la ville globale, l'éparpillement pavillonnaire, la bidonvilisation, etc. Il nous faut alors concevoir et accepter la cohabitation de divers modèles urbains, le décalage entre les modes de gouvernement des territoires ici et là, la résistance des formes anciennes. Le citoyen sera alors sollicité à plusieurs reprises — y compris avec les NTIC — et à plusieurs échelles pour exercer sa citoyenneté. Le dossier « Les chemins de la démocratie » (*Urbanisme*, n° 342, mai-juin 2005) apporte son lot de propositions de qualité (« La démocratie territoriale en France », par Jean-Claude Croizé ; « Les territoires urbains en quête d'images », par Michel Lussault ; « La ville, expérience de la *res publica* », par Olivier Mongin ; « Place aux citoyens ! », par Pierre Calame et « Urbanisme et démocratie », par Jean-Paul Lacaze). Pierre Calame avait déjà posé clairement la question d'*Un territoire pour l'homme* (Éditions de l'Aube, La Tour-d'Aigues, 1994), en expliquant qu'il fallait « territorialiser l'action politique », « revoir les échelons », « promouvoir de nouveaux fonctionnaires » et « déconcentrer les responsabilités financières ». En fin de son exposé, il avouait que tout cela serait lent. Il n'avait pas tort. D'autant que la collecte des attentes des habitants n'est toujours pas entrée dans les mœurs des professionnels de la ville. Déjà en 1953, Paul-Henry Chombart de Lauwe réclamait des enquêtes sociologiques (« Scandale du logement et espoir de l'urbanisme », *Esprit*, n° 10-11, octobre/novembre 1953, p. 571-579) permettant d'associer les citoyens aux décisions des décideurs. Ces enquêtes coûtent des millions de francs s'effraient déjà les responsables, le sociologue répond qu'il ne s'agit que de quelques mètres d'autoroute... À la suite des conférences internationales (Rio, 1992, Istanbul, 1996...) ont été popularisées des initiatives citoyennes comme le budget participatif mis en place à Porto Alegre (*Porto Alegre. L'espoir d'une autre démocratie*, par Marion Gret et Yves Sintomer, La Découverte, 2002, nouv. éd., 2005) ou les divers processus de démocratie locale (*La Démocratie en débat*, par Sandrine Rui, Armand Colin, 2004). Ces liens entre territoire et politique sont étudiés dans *Villes, métropoles. Les nouveaux territoires du politique*, sous la direction de Bernard Jouve et Christian Lefèvre (Anthropos, coll. « Villes », 1999). On lira également de Bernard Jouve, « La démocratie en métropoles : gouvernance, participation et citoyenneté » (*Revue française de science politique*, vol. 55, n° 2, 2005, p. 317-337) et l'éclairant papier de Jean-Marc Offner, « Les territoires de l'action publique locale. Fausses pertinences et jeux d'écarts » (*Revue française de science politique*, vol. 56, n° 1, 2006, p. 27-47).

L'advocacy planning (ou « urbanisme de prétoire ») est un des outils de la démocratie locale en matière d'urbanisme aux États-Unis. Des professionnels conseillent un comité de quartier ou une association d'habitants, décortiquent le projet du promoteur privé ou de la municipalité et élaborent un « contre-projet », qui peut être retenu, après discussion comme « le » projet, dans ce cas ce sont eux qui en sont chargés. Herbert J. Gans (« The human implications of current redevelopment and relocation planning », *Journal of the American Institute of Planners*, XXV, 1959), Janes Jacobs (*The Life and Death of Great Amecrican Cities*, 1961) et Martin Anderson (*The Federal Bulldozer*, 1964) sont certainement à l'écoute de ces premiers mouvements de citoyens. Le principal théoricien de l'*advocacy planning* est Paul Davidoff, alors professeur de « planification urbaine » à l'université de New York, auteur de nombreux articles (« A choice theory of planning », avec Thomas Reiner, *Journal of the American Institute of Planners*, XXVIII, mai 1962, p. 103-115 ; « Advocacy and pluralism in planning », *Journal of the American Institute of Planners*, XXXI, 1965, p. 331-338) et « militant » d'une démocratie urbaine participative (« Advocacy and equity planning », par N. Krumholz, *International Encyclopedia of the Social and Behavioral Sciences*, vol. 1, Elsevier, Oxford, 2001, p. 199-204). On aurait tort de se priver de la parole des habitants, comme le démontre Pascal Percq (*Les Habitants aménageurs*, Éditions de l'Aube, La Tour-d'Aigues, 1994) ou encore Michel Callon, Pierre Lascoumes et Yves Barthes (*Agir dans un monde incertain*, Seuil, 2001) et Dominique Bourg et Baniel Boy (*Conférences de citoyens, mode d'emploi*, Éditions Charles-Léopold Mayer/Descartes & Cie, 2005) et Hélène Bernard (*Paroles d'acteurs. Participation des habitants au renouvellement urbain à Berlin*, coll. « Recherches », n° 164, Puca, 2006) et aussi *Renouveler la démocratie... oui, mais comment ?*, par Serge Depaquit (Adels, 2006). Je signale également deux livraisons de la revue *Informations sociales* (n° 43 et n° 44, 1995) qui effectuent un utile tour d'horizon sur ce que « participer veut dire » et un article de très bonne tenue, « Démocratie et délibération », par Daniel Weinstock (*Archives de philosophie*, n° 63, 2000, p. 405-421). Pour les propos de Giancarlo de Carlo et de Lucien Kroll cités, se reporter à *Architecture et liberté*, du premier (Les Éditions du Linteau, 2003) et *Tout est paysage*, du second (Sens & Tonka, 2001). Je me suis entretenu avec le premier, en compagnie d'Ariella Masboungi (*Urbanisme*, n° 294, mai-juin 1997) et avec le second (*Urbanisme*, n° 347, 2006).

À propos de l'urbanité et de l'altérité

La notion d'urbanité est examinée dans plusieurs articles : « L'urbanité française au XVIIe siècle », par Roger Zuber (*La Ville, histoires et mythes*, sous la direction de Marie-Claire Bancquart, Institut de français de l'université de Paris-X-Nanterre, p. 41-57) ; « Une vertu pour la ville : l'urbanité » de Jean Lafond (*Mélanges offerts à Bernard Chevalier. Villes, bonnes villes, cités et capitales*, sous la direction de Monique Bourin, Publications de l'université de Tours, 1989, p. 401-409 ; réimpression en 1993 par Paradigme, Caen) ; « Civilité-urbanité », par Alain Pons (*Dictionnaire raisonné de la politesse et du savoir-vivre du Moyen Âge à nos jours*, sous la direction d'Alain Montandon, Seuil, 1995, p. 91-109).

L'œuvre de l'historien et anthropologue Norbert Elias (1897-1990) est impérativement à lire *Über den Prozess der Zivilsation*, publiée en 1939 et rééditée en 1969 (*La Civilisation des mœurs*, traduction française, Calmann-Lévy, 1973 et *La Dynamique de l'Occident*, traduction française, Calmann-Lévy, 1975). Elias retrace l'histoire des transformations mentales et comportementales du XVIe siècle au XXe siècle, parallèlement à la construction de l'État, qui « gendarmise » la société et qui invite l'individu à un autocontrôle de ses pulsions, violences, manières d'être. Bref, l'individu, en découvrant son intimité, se civilise et toute la société adhère à un nouveau code régissant les mœurs. La traduction française de cette fresque historique arrive à point nommé, c'est l'époque où Philippe Ariès (*L'Enfant et la famille*, Plon, 1960) et Michel Foucault (*L'Histoire de la folie à l'âge classique*, édition définitive, Gallimard, 1972), pour ne citer que deux auteurs essentiels, participent à un profond renouvellement des thèmes que l'historien se doit de traiter, l'histoire des sensibilités, de la sexualité, du « je » et par conséquent de la frustration et de la discipline, tant des esprits rebelles que des corps dévergondés. Plusieurs ouvrages collectifs examinent sous toutes les coutures l'originalité ou non d'Elias, comme *Norbert Elias, la politique et l'histoire* (sous la direction d'Alain Garrigou et Bernard Lacroix, La Découverte, 1997) et *Norbert Elias et l'anthropologie, « Nous sommes tous si étranges… »*, sous la direction de Sophie Chevalier et Jean-Marie Privat (CNRS-Éditions, 2004).

Un auteur allemand, Hans Peter Duerr conteste totalement — et en donne de nombreuses preuves — la démarche, l'apport et les conclusions d'Elias, dans une somme de quatre tomes (1984-1995), dont un seul est disponible en français, *Nudité et pudeur. Le mythe du processus de civilisation* (importante préface d'André Burguière, qui signe d'excellentes contributions dans les deux ouvrages collectifs déjà mentionnés, Éditions de la Maison des sciences de l'homme, 1998). Hans Peter Duerr mobilise une somme incroyable d'informations mondiales, alors qu'Elias est surtout attentif à l'Occident, pour démontrer l'erreur simplificatrice d'Elias, tant au sujet de la nudité, de la sexualité que de l'ensemble des attitudes corporelles que l'un adopte face aux autres. En fait, il montre que le « processus de civilisation » justifie la colonisation entreprise par les États occidentaux pour justement « civiliser » les indigènes, ces « enfants » indisciplinés. Duerr rapportent de très nombreux exemples empruntés à des sociétés « traditionnelles » où la contrainte, l'interdit, la répression sont également manifestes et ne relèvent pas nécessairement de la division du travail et de l'édification d'un État extérieur aux sujets. En complément l'article d'Étienne Anheim et Benoît Grévin, « Le procès du "procès de civilisation" ? Nudité et pudeur selon H. P. Duerr » (*Revue d'histoire moderne et contemporaine*, 48-1, janvier-mars 2001, p. 160-181).

Deux auteurs vont directement aux sources (Érasme bien sûr, mais aussi et bien avant lui, Marie de France, Chrétien de Troyes, Robert de Blois, Philippe de Novare, Jean Renart...) et analysent les principaux ouvrages de conseils pour « bien se tenir » : *La Civilité, l'étiquette, la mode, le bon ton du XIIIe au XIXe siècle*, par Alfred Franklin (deux tomes, Émile-Paul éditeur, 1908) et Henri Dupin, *La Courtoisie au Moyen Âge (d'après les textes des XIIe et XIIIe siècles)* (Éditions Picard, 1931). À compléter par un riche article de Bernard Valade, « Aux origines de la science des mœurs : les enseignements de la civilité » (*L'Année sociologique*, n° 43, PUF, 1993, p. 29-53). « La courtoisie dans la ville : un modèle complexe », par Daniela Romagnoli ; « Flatter, louer ou comment communiquer à Paris à la fin du Moyen Âge », par Mireille Vincent-Cassy (*La Ville et la cour. Des bonnes et des mauvaises manières*, sous la direction de Daniela Romagnoli, préface de Jacques Le Goff, Fayard, 1995) et *La Société policée. Politique et politesse en France du XVIe au XXe siècle*, par Robert Muchembled (Seuil, 1998) complètent utilement les précédentes références. Robert Muchembled accepte la thèse d'Elias, et écrit : « Véritable révolution des mœurs et des comportements dans le monde des dominants, cette liaison intime du principe de civilité avec celui de l'adhésion à l'État et à la nation se diffuse ensuite vers le bas, ce qui explique la pérennité de l'Ancien Régime jusqu'en 1789. » Mais, plus loin, il corrige un peu le tir en accordant plus d'importante à Louis XIII et à l'*esprit de la ville* qu'à Louis XIV et l'étiquette de la cour. Il est plus délicat de trouver de telles études pour d'autres aires civilisationnelles, là le glanage se révèle fructueux, mais incomplet et désordonné : ainsi l'*Histoire de l'Espagne musulmane* d'E. Lévi-Provençal (trois tomes, Maisonneuve & Larose, 1950-1967), les récits de voyage, les monographies d'historiens sur la vie quotidienne de telle population à telle époque, tout ces ouvrages nous fournissent des indications sur les façons de vivre dans les villes.

Les travaux sur le voisinage sont principalement anglo-saxons : un article d'un membre influent de l'École de Chicago, R. McKenzie, « The neighbourhood : a study of local life in the city of Columbus, Ohio » (*American Journal of Sociology*, n° 27, 1922), un ouvrage collectif, *Neighbourhood and Community* (Social Research Series, The University Press of Liverpool, 1954), une célèbre monographie, *Family and Kinship in East London* (1953), par Michael Young et Peter Willmott (traduction française, *Le Village dans la ville*, CCI-Centre Georges-Pompidou, 1983), un article généraliste (« The local community : a survey approach », par H. L. Ross, *American Sociological Review*, 27-1, février 1962), plusieurs enquêtes sociologiques d'Herbert Gans, *The Urban Villagers* (Free Press, New York, 1962) et *The Levittowners* (Pantheon Book, New York, 1967) et l'important travail de Suzanne Keller, *The Urban Neighborhood* (Random House, New York, 1968) constituent un bon point de départ. En français, je signale l'article « classique » de Jean-Claude Chamboredon et Madeleine Lemaire, « Proximité spatiale et distance sociale, les grands ensembles et leur peuplement » (*Revue française de sociologie*, XI, 1970, p. 3-33, repris dans l'anthologie, *Villes et civilisation urbaine XVIIIe-XXe siècle*, par Marcel Roncayolo et Thierry Paquot, Larousse, 1992) et l'éclairage qu'en donne Jean-Marc Offner dans « Histoire d'un best-seller » (*Métropolis*, n° 98/99), les travaux de Jacques Retel (« Rapports de voisinage et vie collective », *Famille et habitation*, sous la direction de Paul-Henri Chombart de Lauwe, t. 2, CNRS, 1960, p. 239-256), Paul-Henri Chombart de Lauwe (*Des hommes et des villes*, Payot, 1963, en particulier le chapitre 2, « Les milieux d'habitat ancien et le voisinage »), Michèle Huguet (*Les Femmes dans les grands ensembles, de la représentation à la mise en scène*, CNRS, 1971), Michel Pinçon (*Cohabiter : groupes sociaux et modes de vie dans une cité HLM*, Plan Construction, 1982), de Jean-Claude Kaufmann (*La Vie HLM : usages et conflits*, Éditions ouvrières, 1983), Alain Morel (« La civilité à l'épreuve de l'altérité », *La Société des voisins*, sous la direction de Bernard Haumont et Alain Morel, Éditions de la Maison des sciences de l'homme, 2005, p. 1-20). J'ai rendu compte de l'article « Le voisinage dans l'espace parisien à la fin du Moyen Âge : bilan d'une enquête », par Yvonne-Hélène Le Maresquier-Kesteloot (*Revue historique*, CVXCIX/1, janvier-mars 1998, p. 47-69). J'aurais pu puiser dans les ouvrages de l'historienne Arlette Farge pour donner des exemples de relations de voisinage à Paris au XVIIIe siècle (*Vivre dans la rue à Paris au XVIIIe siècle*, Julliard/Gallimard, coll. « Archives », 1979, réédition, coll. « Folio », Gallimard, 1992). À propos du NIMBY, je ne mentionne ici que quelques articles : « From "not in my backyard !" to "not in anybody'backyard !" Grassroots challenge to hazardous waste facility siting », par Michael Heiman (*Journal of the American Planning Association*, vol. 56, n° 3, 1990, p. 359-362), « The NIMBY syndrome : Facility siting and the failure of democraty discourse », de Daniel Mazmanian (*Environmental Policy in the 1990s : Toward a New Agenda*, sous la direction de Norman Vig et Michael Kraft, CQ Press, Washington, 1990), « Rethinking NIMBY », par Robert W. Lake (*Journal of the American Planning Association*, vol. 59, n° 1, 1993, p. 87-93) et un original point de vue opposé, *WIMBY ! Welcome into My Backyard !* (Nai Publishers, Rotterdam, 2000) qui expose le projet urbain de la ville-satellite de Rotterdam, Hoogvliet, cité qui mise sur l'accueil pour se redynamiser...

Pour étudier la figure de l'étranger, j'ai utilisé les trois volumes du remarquable *Recueil* de la Société Jean-Bodin (*L'Étranger*, deux volumes, Bruxelles, 1958). John Gilissen, dans son ample introduction, explique que « partout et toujours, il y eut des étrangers jouissant d'un statut plus ou moins particulier, différent de celui des personnes qu'on ne considère pas comme étrangères ». Plus loin, il propose une définition négative : « Est étranger celui qui ne fait pas partie du groupe social politique par rapport auquel son statut est envisagé. » Jacques Pirenne traite de « L'étranger dans l'ancienne Égypte », Guillaume Cardascia de « L'étranger dans la Mésopotamie ancienne », Armand Abel de « L'étranger dans l'islam classique », Jean Portemer de « L'étranger dans le droit de la Révolution française »... Au texte de A. Aymard sur « L'étranger dans la Grèce ancienne », toujours pertinent, il convient de le compléter par *Symbola. Les étrangers et la justice dans les cités grecques*, par Philippe Gauthier (*Annales de l'Est*, université de Nancy-II, mémoire n° 42, 1972), *L'Étranger dans la Grèce antique* par Marie-Françoise Baslez (Les Belles Lettres, 1984), *La Question des étrangers*, par Henri Joly (Vrin, « Études platoniciennes », 1992), *Espace et temps. La cité aristotélicienne de la* Politique, par Sylvie Vilatte (Centre de recherches d'histoire ancienne, vol. 141, Annales littéraires de l'université de Besançon, 1995) et *Les Rapports avec autrui dans la philosophie grecque d'Aristote à Panitrius*, par André-Jean Voelke (Vrin, 1961).

Le thème de l'altérité et de l'étranger sont abondamment traités, je ne suggère ici que quelques lectures :

Badie Bertrand et Sadoun Marc, *L'Autre. Études réunies pour Alfred Grosser*, Presses de la Fondation nationale des sciences politiques, 1996 (en particulier le texte de Thierry Leterre, « L'autre comme catégorie philosophique » et celui de Marie-Claude Smouts, « Le soi, le nous et l'autre dans les brumes de la mondialisation »).

Balibar Étienne, « Sujet, individu, citoyen : qu'est-ce que l'*homme* des philosophes au XVIIe siècle ? », *L'Individu dans la théorie politique et dans la pratique*, sous la direction de Janet Coleman, PUF, 1996.

Bourdin Alain, *La Métropole des individus*, Éditions de l'Aube, La Tour-d'Aigues, 2005.

Bottin Jacques et Calabi Donatella (dir.), *Les Étrangers dans la ville. Minorités et espaces urbains du bas Moyen Âge à l'époque moderne*, Éditions de la Maison des sciences de l'homme de Paris, 1999.

Chebel Malek, *Le Sujet en islam*, Seuil, 2002.

Contamine Philippe, « Qu'est-ce qu'un étranger pour le Français de la fin du Moyen Âge ? Contribution à l'histoire de l'identité française », *Peuples du Moyen Âge, problèmes d'identification*, publications de l'université de Provence, 1996.

Dieterlen Germaine (dir.), *La Notion de personne en Afrique Noire*, CNRS-Éditions, 1973 ; réédition L'Harmattan, 1993.

Foucault Michel, *Le Souci de soi (Histoire de la sexualité*, t. III), Gallimard, 1984.

Fraisse Jean-Claude, *Philia. La notion d'amitiés dans la philosophie antique*, Vrin, 1974.

Hall Edward T., *Au-delà de la culture*, traduit de l'américain par Marie-Hélène Hatchuel, Seuil, 1979 (première édition, 1976).

Kristeva Julia, *Étrangers à nous-mêmes*, Fayard, 1988.

Lahbabi Mohamed, *Le Personnalisme musulman*, PUF, 1964.

Leenhardt Maurice, *Do Kamo. La personne et le mythe dans le monde mélanésien*, Gallimard, 1947.

Lévi-Strauss Claude (dir.), *L'Identité*, avec des contributions de Jean-Marie Benoist, Michel Serres, Françoise Héritier, André Green, Jean Petitot, Christopher Crocker, Antoine Danchin, Julia Kristeva, Françoise Zonabend, Paul Henri Stahl, Michel Izard, PUF, 1983.

Levinas Emmanuel, *Entre nous. Essais sur le penser-à-l'autre*, Grasset, 1991.

Levinas Emmanuel, *Altérité et transcendance*, Fata Morgana, 1995.

Massignon Louis, « Le respect de la personne humaine en islam et la priorité du droit d'asile sur le devoir de juste guerre » (1952), *Opera Minora*, textes réunis par Y. Moubarac, PUF, vol. III, 1969.

Mauss Marcel « Une catégorie de l'esprit humain : la notion de personne celle de "moi" », *Journal of the Royal Anthropological Institute*, vol. LXVIII, 1938, repris dans *Sociologie et anthropologie*, PUF, 1950.

Meyerson Ignace (dir.), *Problèmes de la personne*, avec des contributions de Jean-Pierre Vernant, Marcel Détienne, Gabriel Le Bras, Louis Dumont, Madeleine Biardeau, André Bareau, Michel Meslin, Jean Daniélou, Pierre Hadot, Émile Poulat, Jean Duvignaud, Étienne Souriau, René Zazzo, Jean-Daniel Reynaud, Michel Zéraffa, La Haye, Mouton, 1973.

Milon Alain, *L'Étranger dans la ville. Du rap au graff mural*, PUF, 1999.

Paquot Thierry, « De l'accueillance. Essai pour une architecture et un urbanisme de l'hospitalité », *Éthique, architecture, urbain,* sous la direction de Chris Younès et Thierry Paquot, La Découverte, 2000.

Paquot Thierry, « Cosmopolitisme et urbanisation planétaire », *La Ville en débat,* sous la direction de Nabil El-Haggar, L'Harmattan, 2003.

Paquot Thierry, « L'*autre* comme *ailleurs* », *Villes, voyages, voyageurs,* sous la direction de Pierre Gras, L'Harmattan, 2005.

Pitt-Rivers Julian, « La loi de l'hospitalité », *Les Temps modernes,* n° 253, juin 1957.

Pitt-Rivers Julian, *Anthropologie de l'honneur. La mésaventure de Sichem,* traduit de l'anglais par Jacqueline Mer, Le Sycomore, 1983.

Poitevin Guy, *Sortir de la sujétion. Essais sur la désubordination des parias de l'Inde, femmes et intouchables,* préface de Thierry Paquot, L'Harmattan, 2001.

Ragi T., « L'étranger dans la ville ou le regard de l'autre sur soi », *Désordre(s),* CURAPP, PUF, 1997.

Ricœur Paul, *Soi-même comme un autre,* Seuil, 1990.

Roche Daniel (dir.), *La Ville promise. Mobilité et accueil à Paris (fin XVIIe-début XIXe siècle),* Fayard, 2000.

Simmel Georg, *Sociologie. Étude sur les formes de la socialisation,* traduit de l'allemand par Lyliane Deroche-Gurcel et Sibylle Muller, PUF, 1999 (le chapitre 9 : « L'espace et les organisations spatiales de la société », dont l'« excursus sur l'étranger »). La première édition allemande date de 1908 et celle qui fait autorité de 1992.

Taguieff Pierre-André, *La Couleur et le sang. Doctrines racistes à la française,* nouvelle édition refondue, Mille et une nuits/Fayard, 2002.

Torga Miguel (1986), *L'universel, c'est le local moins les murs,* traduit du portugais par Claire Cayron, William Blake and C° & Barnabooth Edit.

Urry John (2005), *Sociologie des mobilités. Une nouvelle frontière pour la sociologie ?,* traduit de l'anglais par Noël Burch, préface de Patrick Le Galès, Armand Colin (première édition en 2000, sous le titre *Sociology beyond Societies*).

Au-delà de ces cinq défis

Je suis redevable à Félix Guattari (1930-1992) de l'ambition de construire une écosophie qui partirait de son essai *Les Trois Écologies* (Galilée, 1989), dans lequel il regroupe l'écologie environnementale, l'écologie sociale et l'écologie mentale, et qui emprunterait à d'autres auteurs des composantes novatrices. Je songe ici à André Leroi-Gourhan, Bernard Charbonneau,

Ivan Illich, Jean Chesneaux, Paul Virilio, Jean Duvignaud, Jean-Pierre Dupuy... Félix Guattari en compagnie de Gilles Deleuze (1925-1995) fonde la géophilosophie (*Mille plateaux*, Minuit, 1980 et *Qu'est-ce que la philosophie ?*, Minuit, 1991) qui saisit les pulsions de la territorialisation/déterritorialisation en lui ménageant une dimension inédite du politique.

Pour les langues et leur importance dans une écologie existentielle à définir, je m'inspire d'un remarquable essai de Martin Heidegger, *Acheminement vers la parole* (traduit de l'allemand par Jean Beaufret, Wolfgang Brokmeier et François Fédier, Gallimard, 1976, première édition allemande, 1959), d'une étude d'une grande intelligence, *ABC, l'alphabétisation de l'esprit populaire*, par Ivan Illich et Barry Sanders (traduit de l'anglais par Maud Sissung, La Découverte/Boréal, 1990, première édition canadienne, 1988), de *The Ecology of Language*, par Einar Haugen (Stanford University Press, 1972) et du stimulant travail de Louis-Jean Calvet, *pour une écologie des langues du monde* (Plon, 1999).

Pour la maîtrise du temps, je pars des analyses de William Grossin dans *Pour une science des temps. Introduction à l'écologie temporelle* (Octares-Éditions, Toulouse, 1996) et je me permets de mentionner quelques-uns de mes travaux : *L'Art de la sieste* (Zulma, 1998), *Le Quotidien urbain. Essais sur les temps des villes* (sous la direction de, La Découverte, 2001) et *Éloge du luxe. De l'utilité de l'inutile* (Bourin Éditeur, 2005).

Enfin, comment ne pas citer Hannah Arendt qui m'accompagne depuis si longtemps (*Condition de l'homme moderne*, traduit de l'anglais par Georges Fradier, Calmann-Lévy, 1961), Ulrich Beck, pas toujours d'une grande clarté (*Qu'est-ce que le cosmopolitisme ?*, traduit de l'allemand par Aurélie Duthoo, Aubier, 2006, première édition originale, 2004) ou encore Peter Sloterdijk (*La Mobilisation infinie. Vers une critique de la cinétique politique*, traduit de l'allemand par Hans Hildenbrand, Christian Bourgois Éditeur, 2000, édition originale, 1999 et aussi les trois volumes de *Sphären*).

Avant de se quitter, je tiens à signaler l'importance des revues dans le combat des idées : *Urbanisme*, bien sûr, mais aussi *Les Annales de la recherche urbaine*, *Informations sociales*, *La Revue durable*, *Esprit*, *Diversité* et *Le Monde diplomatique*, pour ne rester que dans le domaine francophone.

Faut-il s'arrêter là ? Non, d'autres compagnons sont à fréquenter, les romanciers et les poètes. Ils révèlent ce que les chercheurs et les savants cernent de leurs mots techniques, ils sont les voyants qui complètent les observateurs. Bonnes lectures, bonnes découvertes !

Table

BUSSIÈRE
GROUPE CPI

Composition Facompo, Lisieux
Impression réalisée par Bussière
à Saint-Amand-Montrond (Cher)
en octobre 2006.
Dépôt légal : octobre 2006.
N° d'impression : 063606/1.
Imprimé en France